Belas Letras.

MÚSICA CULTURA POP ESTILO DE VIDA COMIDA
CRIATIVIDADE & IMPACTO SOCIAL

JOH

M

NNY

A autobiografia

ARR

SET THE BOY FREE

Tradução: Adriana Buzzetti

Belas Letras

Publicado mediante acordo com Century, Penguin Random House.

O autor e os editores agradecem a permissão de citar as letras das seguintes músicas:
"Work is a four-letter word" (composta por Guy Anthony & Don Black; publicada por Universal Music Publishing)
"Slow Emotion Replay" (composta por Matt Johnson; publicada por Lazarus Music Ltd/Sony ATV Music)
"Heartland" (composta por Matt Johnson; publicada por Universal Music Publishing)
"Suicide" (composta por Clive Robertson; publicada por Copyright Control)
"Missed the Boat" (composta por Tom Peloso, Isaac Brock, Jeremiah Green, Johnny Marr, Joe Plumber & Eric Judy; publicada por Sony/ATV Harmony UK, Chrysalis Music Ltd, Schubert Music Publishing Ltd & Sony/ATV Music Publishing (UK) Ltd)

Este livro é o resultado de um trabalho feito com muito amor, diversão e gente finice pelas seguintes pessoas:
Gustavo Guertler (*publisher*), Adriana Buzzetti (tradução), Celso Orlandin Jr. (capa e projeto gráfico), Marcelo Barbão (preparação), Paola Sabbag Caputo (revisão), Mariane Genaro (edição), Mat Bancroft e Laura Turner (design da capa original).
Obrigado, amigos.

Foto da capa: Alexandre Fumeron
Foto da quarta capa: Dan Massie
Fotos do encarte: Johnny Marr (exceto quando informado)

2022
Todos os direitos desta edição reservados à
Editora Belas Letras Ltda.
Rua Antônio Corsetti, 221 – Bairro Cinquentenário
CEP 95012-080 – Caxias do Sul – RS
www.belasletras.com.br

Dados Internacionais de Catalogação na Fonte (CIP)
Biblioteca Pública Municipal Dr. Demetrio Niederauer
Caxias do Sul, RS

M363a Marr, Johnny
Set the boy free: a autobiografia / Johnny Marr, tradutor: Adriana Buzzetti. - Caxias do Sul, RS: Belas Letras, 2022.
368 p.

ISBN: 978-65-5537-204-5
ISBN: 978-65-5537-206-9

1. Mars, Johnny, 1963-. 2. Autobiografia.
3. Rock (Música). 4. Músicos de rock - Inglaterra – Biografia. 5. Smiths (Conjunto musical).
I. Buzzetti, Adriana. II. Título.

22/25 CDU 929Marr

Catalogação elaborada por Vanessa Pinent, CRB-10/1297

Para Angie.

SUMÁRIO

A LOJINHA DA EMILY

Fiquei em pé do lado de fora, vidrado, numa daquelas manhãs em que o sol queimava o chão e os moradores de Manchester costumavam dizer que era um "sol de rachar".

Era o verão de 1968, eu tinha quase cinco anos, e todo dia passávamos pela lojinha da Emily. Minha mãe costumava parar e esperar enquanto, pela vitrine, eu olhava atentamente para uma pequena guitarra de madeira encostada na prateleira entre esfregões, baldes e vassouras. Minha mãe já tinha se acostumado a parar na Emily, e ela e meu pai admiravam como o filho deles ficava tão encantado pela guitarra de brinquedo. Era sempre assim: a gente ficava parado do lado de fora enquanto eu ficava admirando-a... Até aquela manhã, quando minha mãe me levou para dentro, deu o dinheiro à Emily, que tirou a guitarra da prateleira e a entregou para mim.

A partir do momento em que tive minha primeira guitarra, eu a levei para todos os lados, do mesmo jeito que as outras crianças carregavam seus caminhões de bombeiro e suas bonecas. Não sei por que eu precisava tê-la, mas fiquei enlouquecido com ela e, desde então, não me lembro de um só momento em que não tivesse uma guitarra.

ARDWICK GREEN

Nasci no Halloween, 31 de outubro de 1963, no bairro de Longsight, em Manchester, e depois me mudei com meus pais, John e Frances Maher, para uma casa na área central de Ardwick Green.

Moramos no número 19 da Brierley Avenue, num conjunto de sete casas, com uma oficina mecânica em um extremo e oito casas nos encarando do outro lado da rua. A porta da frente dava para o cômodo principal, que tinha uma pequena lareira e uma televisão preto e branco, mas passávamos a maior parte do tempo na sala dos fundos, onde ficava o rádio. Ao lado dessa sala, havia uma pequena cozinha. O banheiro era do lado de fora, no quintal, e na parede da sala havia uma banheira de alumínio atada a ela, onde tomávamos banho, em frente ao fogo. No andar de cima, ficavam o quarto dos meus pais e, atrás dele, o quarto onde eu e minha irmã dormíamos. No inverno, meus pais nos cobriam com sobretudos para nos manter aquecidos.

A rua era uma mistura de famílias da classe operária de diferentes nacionalidades: inglesas, indianas, irlandesas, e um sisudo senhor polonês chamado Bruno, que havia escapado dos nazistas na guerra. No lado oposto da rua, havia uma fábrica de pneus, com uma saída de emergência em uma das paredes.

Meus pais vinham de uma cidade pequena da Irlanda chamada Athy, no condado de Kildare. O nome de solteira de minha mãe era Frances Patricia Doyle, era a terceira mais nova de 14 irmãos. Ela havia crescido lá em uma casa de três cômodos e, com 15 anos, se mudou para a Inglaterra para morar com quatro irmãs e dois irmãos que tinham ido para lá para trabalhar. Uma vez, ela voltou para Kildare para visitar sua família e saiu para dançar. Foi quando conheceu meu pai. Ele era dois anos mais velho que ela. Minha mãe voltou para Manchester, e meu pai foi atrás. Eles se casaram oito meses depois.

O nome de batismo de meu pai era John Joseph Maher. Ele nunca conheceu o próprio pai e abandonou a escola aos 13 anos para trabalhar em uma fazenda, dirigindo um trator e plantando milho para ajudar a sustentar um irmão e três irmãs mais novos que ele. Depois que chegou em Manchester, acabou encontrando trabalho em um armazém e convidou seus irmãos e minha avó para virem para a Inglaterra. Assim a família poderia ficar reunida.

Vários irmãos e irmãs de meu pai e minha mãe começaram suas famílias em Manchester. Todos tinham por volta de 20 anos. Muitos bebês começaram a nascer, e havia uma sensação de descoberta enquanto todos eles iam aprendendo a sobreviver e construir novas vidas nessa nova cidade.

Minha mãe tinha 18 anos quando nasci. Me deram o nome de John Martin Maher, em homenagem ao santo de devoção de meu pai e minha mãe. Nossa família era católica ao extremo, e minha mãe era especialmente religiosa. Nunca perdia a missa, e na porta de entrada da nossa casa havia uma pia com água benta. Passei grande parte da infância em meio a estátuas, cruzes e orações, e na nossa casa havia uma religiosidade permanente, que parecia muito misteriosa e profundamente sobrenatural.

Onze meses após meu nascimento, chegou minha irmã Claire, nós éramos conhecidos como os "gêmeos irlandeses" por termos menos de um ano de diferença. Era bom fazer parte de uma dupla, e eu gostava de ter uma irmã como companhia. Na rua, havia muitas crianças, então sempre algo estava acontecendo. Eu era mais introvertido que minha irmã e ficava feliz em passar o tempo sentado na calçada, enfiando um palito velho de picolé no piche da rua enquanto observava as outras crianças brincando. A travessura preferida de Claire era trocar todas as garrafas de leite e outras entregas nas portas da vizinhança pela manhã para assistir a todos batendo nas portas uns dos outros para pegar de volta suas mercadorias, meio como uma comédia pastelão ridícula. Ela era confiante e descontraída e costumava perseguir com uma vassoura quem nos irritasse. Essas características resumiam bem minha irmã. Ela era engraçada e doce, mas era bom não mexer com ela, e eu sempre ficava impressionado com as nossas diferenças.

Meus pais eram muito trabalhadores. Meu pai nunca conversava muito em casa, embora fosse sociável e muito querido na comunidade. Ele precisou ser durão quando garoto, já que cresceu sem pai em uma família pequena no interior. Para mim, sua presença sempre foi forte e inquietante, fazendo o que fosse necessário para criar sua família. Depois de trabalhar no armazém, arrumou um trabalho para colocar canos de gás nas ruas. Costumava sair de casa às 6h da manhã, quando pegava carona em um caminhão que levava uma turma de colegas seus, e passava o dia cavando. Eu tinha consciência de que o trabalho do meu pai era bastante braçal, mas ele parecia gostar do que fazia. Chegava em casa coberto de pó preto da cabeça aos pés e, enquanto ele se limpava, minha mãe saía para ir ao trabalho dela como faxineira no hospital Royal Infirmary. Ela estava sempre muito ocupada.

Viver em Ardwick significava morar no centro e nas reminiscências da revolução pós-industrial; era uma mistura de ruas e fábricas. Os trilhos da ferrovia corriam sobre os arcos do outro lado da nossa rua, e nós víamos os trens saindo e entrando na cidade. Entre os trilhos da ferrovia e a nossa rua, ficava um pedaço de terra abandonado chamado de "a fazendinha". O local havia sido bombardeado, e era onde as famílias ciganas às vezes estabeleciam suas caravanas. Eu via as crianças ciganas na fazendinha e pensava que devia ser ótimo viver daquele jeito. Eles eram insólitos e não tinham que ir para a escola; viviam livres para fazer o que quisessem. Parecia que a vida na fazendinha era sem lei e perigosa, e um dia reuni coragem para me infiltrar e conversar com eles. Em volta de uma fogueira pequena, estavam alguns adultos. Quando perguntei de onde eles vinham, foi estranho descobrir que havia pessoas que, de fato, não pertenciam a lugar nenhum. À noite, eles faziam festas e colocavam o rádio muito alto nos trailers, com os trens passando perto.

Bem próximo da nossa casa, havia um pequeno parque chamado Ardwick Green, que foi de onde veio o nome do lugar. Minha mãe costumava nos levar para brincar nos balanços e carrosséis quando voltávamos da cidade. Eu adorava porque era a única área verde por perto, e íamos muito lá, mas era também um ponto de encontro de skinheads e eles sempre estavam à procura de pessoas em quem bater. Às vezes havia também bêbados e mendigos por perto, e, em outros momentos, alguns adolescentes ficavam perambulando, geralmente com seus cabelos bagunçados e muito compridos, parecendo muito confusos. Mais tarde, descobri que eram hippies, mas naquela época eu só pensava que eram pobres.

A duas ruas dali ficava o Manchester Apollo, um grande teatro em estilo *art déco* dos anos 1930 que tinha virado um cinema da rede ABC. Em alguns sábados pela manhã, eu ia com Claire assistir a filmes de caubói e antigas ficções científicas com imagem granulada, e toda vez colocavam na minha roupa um adesivo escrito "menor de idade". De vez em quando, um carrão estacionava em frente ao cinema, e uma multidão se aglomerava em volta para tentar conseguir ver algum ator ou alguém famoso da TV britânica, fazendo uma aparição glamorosa na calçada. A maior atração nos anos 1960 em Manchester, no entanto, era o parque de diversões Belle Vue, alguns quilômetros subindo a avenida. Foi anunciado como a maior "diversão do mundo" e se gabava de ser um circo, o que eu achava o máximo, e um zoológico, o que na verdade era sinistro, e o famoso Kings Hall, onde tocaram todos os grandes artistas pop dos anos 1960, como Manfred Mann, The Kinks e The Animals.

Passei quase toda a infância com minha família de Kildare. Cinco da família de meu pai e 14 da família de minha mãe significavam que havia muitas tias e tios e um número cada vez maior de primos. Frequentemente, eu estava na casa dos avós ou na de algum outro parente, e como mais bebês chegavam, todos contavam uns com os outros para ajudar a cuidar das crianças. Às vezes, eu ficava incumbido de ficar de olho nos mais novos, mesmo sendo uma criança.

Minha tia Josie e meu tio Patsy Murphy moravam na rua ao lado com meu primo Pat, alguns anos mais velho que eu. Pat tinha chegado da Irlanda e gostava de andar por aí de bicicleta. Eu levava minha guitarra de brinquedo para a casa deles e ele me mostrava as melodias novas que tinha aprendido na gaita. Duas casas acima moravam o tio Christie e a tia Kathleen com seus três filhos, Chris, John e Brian. Cerca de um quilômetro depois da linha do trem era onde minha tia May residia com o marido Denny e meus primos Dennis, Ann, Mark, Geraldine e Jane, e algumas casas abaixo ficavam a irmã mais nova do meu pai, Ann, o marido, Martin, e meu primo mais novo, Siobhan. Duas irmãs da minha mãe moravam a alguns quilômetros de distância em Chorlton, e íamos visitá-los de ônibus: tia Cathleen, tio Timmy e os primos Michael, Paul, Joseph e Tim, e a tia Tess e o tio Christie Brennan e os primos Gerry, Tony, Martin, Mary e Shane. Ter tantos parentes por perto nos fez construir nossa própria comunidade e compartilhar um senso de origem e história que nos fazia parecer uma tribo.

Numa manhã, eu estava na sala dos fundos, sentado no chão mexendo em alguns brinquedos, quando minha mãe surgiu com a tia May. Havia um toca-discos da marca Dansette sobre um armário e as observei em volta dele muito animadas enquanto minha mãe colocava um disco 45 rotações com um selo vermelho para tocar. Ouvi um som simples de guitarra de "Walk Right Back", com The Everly Brothers, começar a tocar. Observei bem atento as duas mulheres enquanto elas ouviam a canção e percebi que minha mãe era uma grande fã de música. Adorei aquela alegria pura que demonstraram ao tocar o disco. Quando terminou, colocaram para tocar de novo. Continuaram tocando, destacando partes e cantando junto até que eu memorizei a música. Nunca tinha visto ninguém tocar o mesmo disco várias vezes seguidas e nunca tinha presenciado ninguém identificando partes de uma música enquanto ela era tocada. Era uma canção pop contagiante com um som divertido e grandes vocais, mas o melhor para mim no disco do Everly Brothers era o tema de guitarra alto. Depois desse episódio eu procurava por isso em todo disco que ouvia.

Sempre havia música na nossa casa. Meus pais eram obcecados por cantores e bandas, e minha mãe comprava discos o tempo todo. Ela mesma criava suas listas de melhores artistas pop e comparava com o verdadeiro Top 20. Num sábado, ela decidiu que tinha que comprar um disco recém-lançado, e eu e Claire andamos com ela por todas as lojas para encontrá-lo. Em todos os lugares que fomos, o disco havia esgotado, mas ela estava determinada a consegui-lo, e acabamos andando os quase 5 quilômetros até Gorton para ir à última loja de que ela conseguia se lembrar. Quando chegamos, a loja estava fechando, mas havia o disco e ela exigiu que ficassem abertos para que pudesse comprá-lo.

Em casa, quando a música não vinha dos discos, ela vinha do rádio. Minha mãe me colocava em uma cadeira na frente dele e eu ficava ali por horas enquanto o top 30 britânico soava nos meus ouvidos. Qualquer coisa que tivesse uma guitarra mais diferenciada me deixava encantado, e desde os 4 anos de idade eu sabia as letras de todas as canções das paradas, fossem elas do Love Affair, do The Four Tops ou de qualquer outra banda. Ficar em frente ao rádio se tornou um hábito, e minha mãe me deixava ali e fazia o serviço de casa sem se preocupar com onde eu estava.

A televisão era outra fonte de música. Muitos dos programas de TV daquela época eram diversão leve para toda a família, como *Sunday*

Night at the London Palladium ou *Happening for Lulu*, e eu esperava ansioso durante as apresentações de comediantes, mágicos ou dançarinos na esperança de que esses quadros populares incluíssem alguém segurando uma guitarra ou um violão. Às vezes, havia bandas com todos os instrumentos, e eu prestava atenção nas guitarras sem importar quem eles eram e que música estavam tocando. Se tivesse bastante sorte, haveria uma banda pop como Amen Corner ou The Move, mas também havia muita decepção quando alguma apresentação solo acontecia com uma versão mais suave, cantando uma balada sentimental com o som da orquestra da BBC por trás.

Não tenho a menor ideia se o gosto por música é algo que nasce ou é criado com a gente, mas a fascinação que eu tinha pela música era completamente pessoal e natural, e eu sabia que se quisesse transformar isso em algo real, minha guitarra de madeira teria que se tornar elétrica, ou pelo menos se parecer com uma. Com cuidado, tirei as cordas dela e a deitei no chão de concreto da sala dos fundos. Peguei uma lata de tinta do meu pai e pintei minha guitarra de branco com um pincel velho e enorme, depois colei duas tampas de garrafas de cerveja por cima para parecer o volume e os botões. Fiquei todo pintado de branco, assim como o chão, mas sentia que tinha avançado um nível e achei fantástico.

Como morávamos a uma distância do centro que dava para ir a pé, sempre íamos para lá para ir à Lewis, a grande loja de departamento, na esquina da Market Street. As ruas no centro eram barulhentas por causa dos caminhões e ônibus, mas eu amava ver todos os prédios e as ruas agitadas, e sempre havia muitas pessoas interessantes na praça Piccadilly Gardens. Quando chegávamos na Lewis, subíamos as escadas rolantes até o quarto andar, onde ficavam os artigos elétricos, e minha mãe me deixava ficar olhando os amplificadores sozinho. Ela estava acostumada com minha obsessão pelas guitarras, mas começava a pensar que havia algo um pouco estranho em uma criança que gostava de ficar parada olhando grandes caixas pretas com alto-falantes enquanto sua mãe fazia compras.

Claire e eu frequentamos a escola St. Aloysius, uma construção pré-fabricada térrea na Stockport Road, logo depois da garagem de ônibus. Eu não era louco pela escola, mas fui esperto o bastante para sobreviver. Era frequente as pessoas na escola pronunciarem meu sobrenome errado. Me chamavam de *Ma-her* e *May-er* e até mesmo *Mather*. Era um saco, e nunca entendi direito porque era tão difícil falar da forma correta. Acontecia quando ia ao dentista e ao médico também – em todos os lugares.

Meu professor era o Sr. Quinlain. Um homem excêntrico que todos os dias levava um papagaio verde e grande chamado Major para a escola com ele. Major era falador e tinha uma gaiola na sala de aula, e toda hora o Sr. Quinlain o deixava voar pela sala, causando tumulto e pousando nas cabeças dos alunos. A maioria de nós se divertia, mas minha irmã odiava, e isso causou nela uma fobia a pássaros pelo resto da vida.

Ardwick era um pouco perigosa, e mesmo sendo criança, eu tinha que me cuidar. Estava na rua um dia quando um menino bem mais velho me agarrou sem motivo e começou a bater minha cabeça nos faróis pontiagudos de um Ford Anglia estacionado. Não consegui me safar, e Claire correu para casa para avisar alguém. Quando ele por fim parou, estava escorrendo sangue pelo meu rosto. Minha mãe apareceu e, como não tínhamos carro ou telefone, ela correu para o meio da avenida principal e ficou acenando para um carro que estava vindo. O veículo parou e ela gritou para o motorista nos levar ao hospital. Quando chegamos lá, o médico deu pontos no corte aberto em meu nariz, o que deixou uma cicatriz permanente.

Eu andava sempre pela casa da minha avó. Ela gostava de beber, era bem divertida e deixava as crianças fazerem o que quisessem. Ela morava perto do Apolo com o irmão mais novo de meu pai, Mike, e minha tia Betty, e na casa dela era comum tudo acabar em festa. Meu tio Mike era adolescente e, por ser tão jovem, era mais como um irmão mais velho para mim do que tio. Mike parecia ser exemplar: ele recebia mais atenção que seus irmãos mais velhos e tinha as roupas e acessórios da moda. Ele havia se mudado de Kildare, e sem um pai por perto e com a vovó sendo tão livre, ele podia fazer o que quisesse e aproveitou bem. Era ótimo ter alguém mais velho com quem sair, principalmente alguém que podia fazer o que quisesse. Ele me levava para as pistas de corridas do Belle Vue nos sábados à noite, e era um grande fã de George Best. Eu achava Mike o cara mais descolado que existia.

No entanto, outras coisas que havia perto de casa eram bem mais perturbadoras. Tendo sido criança em Ardwick e Longsight nos anos 1960, era impossível não estar ciente dos Assassinatos da Charneca. O horror do que tinha acontecido mexeu com todo o país, mas o choque foi sentido de forma muito mais aguda no noroeste, onde tudo aconteceu. As fotos de Myra Hindley e Ian Brady apareciam sempre nos jornais e na televisão, e eu captei alguns comentários discretos na conversa dos adultos sobre crianças torturadas e fitas gravadas. A depravação era difícil de compreender, mas entendi que algo monstruoso estava acontecendo, e o pior era que uma das vítimas, Keith Bennett, havia morado perto de nós e estava próximo da casa de minha avó quando foi levado.

Na casa da minha avó, vi alguns instrumentos musicais que pertenciam à minha tia Betty e a seus amigos. Betty era a musicista principal da família e conhecia muitos dos músicos irlandeses que tocavam por Manchester. Era ótimo passar tempo com ela, minha tia conseguia tirar uma melodia de qualquer coisa. Todos os meus parentes estavam bem cientes da minha obsessão por música e, apesar de eu ser uma criança, conversavam comigo como se eu fosse adulto. Havia muitas reuniões, muito cigarro e bebida. Não havia limites para assuntos nem tipo de linguajar utilizado.

Havia festas em muitas noites, com todos tocando instrumentos e cantando. Eu ficava em volta dos adultos, absorvendo a confusão e ouvindo os gracejos sobre quem virou as costas para quem e "os mandou dar o fora". Eram noites muito animadas, e eu ficava sentado no chão, observando e ouvindo homens bonitos e lindas moças se sacudindo conforme a noite ficava mais alta e as tampas de garrafas voavam. Um dos benefícios de ficar na companhia de jovens irlandeses naquela época era que meus pais não gostavam de música tradicional e canções rebeldes — eles achavam que isso pertencia a outra geração. Minha família gostava de música pop, rock e country. Ouvir os riffs de guitarra nas canções de rock 'n' roll me marcou muito, e eu ficava sempre tentando entender o que estava ouvindo. Quanto mais eu notava as guitarras, mais fascinante tudo se tornava, e a combinação do som e da exuberância selvagem que ele fazia aflorar em todo mundo me fez desejar eu mesmo criar música que evocasse os mesmos tipos de sentimentos.

Minha avó geralmente estava a fim de dançar, e por dançar eu quero dizer rodopiar, bem rápido. Todas as mesas e cadeiras eram afastadas, e ela ia pra lá e pra cá de um jeito selvagem, cotovelos balançando e ombros se mexendo enquanto ela girava pelo chão. Eu tinha 7 anos nessa época e aquilo era um espetáculo incrível. Nem todos os homens se levantavam, mas se meu pai estivesse no clima e a música certa de Elvis Presley tocasse, ele e minha mãe rodopiavam, e eu os achava fantásticos.

Conforme a noite avançava, os instrumentos apareciam, e todos cantavam. May, uma das irmãs de meu pai, gostava de cantar em dupla, então minha tia Ann acompanhava. Eu gostava das canções que Ann cantava, como "Black Velvet Band", e ficava esperando a vez dela. Minha tia tinha uma maneira contundente de interpretar uma canção, um jeito de cantar que tinha um toque de tristeza. Então meu pai pegava sua gaita, me dava e me ensinava a tocar a música. Naquelas noites longas, sentado em meio às pessoas tocando e cantando, as melodias mais lentas me levavam para outro lugar, um espaço de desejo e de uma bela melancolia que eu entendia, mas que só eram expressos em música. Naquelas melodias, descobri um lado diferente da vida, e o mundo exterior se apagava. Era algo que eu julgava real e implícito, e aprendi que podia me esforçar para obter aquela sensação. A música era meu passaporte para entrar e sair de qualquer lugar.

Vi minha primeira guitarra elétrica no pub Midway na Stockport Road, em Longsight. O pub tinha uma sala grande no topo onde costumávamos ir às festas, e Betty contratava a banda de seus amigos, The Sweeneys, para tocar. As festas no Midway eram ótimas. Os adultos as consideravam a grande noite, e todos se vestiam com as roupas da moda. No início, a sala ficava praticamente vazia, pois a maioria das pessoas estava no pub no andar de baixo. Eu e Claire ficávamos esperando em cima a banda começar a tocar, tomando refrigerante com nossos primos Dennis e Ann enquanto "The Israelites", de Desmond Dekker, e "Baby Come Back", de The Equals tocavam entre as luzes coloridas.

Quando a banda chegava, eu os observava carregando seus instrumentos escada acima e arrumando os equipamentos no palco, à espera do grande momento: quando o guitarrista abria seu case e tirava a Stratocaster Fiesta Red. Era a coisa mais valiosa que eu já tinha visto, bela, brilhante e delineada — era melhor que um carro, melhor do que um jukebox, melhor do que tudo. Para mim, era maravilhoso observar a banda nos preparativos para tocar. Parecia um negócio bastante sério deixar tudo funcionando certinho, e porque eles eram adultos, isso se parecia com um emprego, uma profissão — e se aquilo era uma profissão, por que alguém iria querer fazer outra coisa?

A banda começou sua apresentação quando todos estavam se sentindo bem e prontos para festejar. Pela primeira vez na noite, tudo ficaria mais acelerado, uma mistura de canções das paradas e algumas de cantores de casas noturnas irlandesas. Eu observava todos da banda, mas o guitarrista era aquele que eu realmente analisava enquanto ele ligava e ajustava os botões na sua Strato.

Uma vez, quando terminaram a primeira entrada e a banda fez uma pausa, me lembro, como de costume, eu só tinha uma ideia na cabeça: precisava ver aquela guitarra de perto. Fiquei rodeando, apenas observando o case, de forma que pudesse estar ali quando o guitarrista voltasse para abri-lo. Quando ele se aproximou do palco e me viu esperando, perguntou se eu queria dar uma olhada. Ele correu para abrir a trava, ergueu a tampa e lá estava, bem na minha frente: brilhante, vermelha e cromada, com suas cordas e botões em seu case revestido, um tesouro absolutamente de outro mundo. Fiquei examinando pelo maior tempo que pude. Era linda.

Meus pais sempre iam a casas noturnas em Manchester para ver bandas. Os dois locais principais eram o Airdri e o Carousel, que atendiam predominantemente a comunidade irlandesa. Nos anos 1960, a cena das casas noturnas para irlandeses em Manchester ainda estava centrada em bandas, que tocavam uma mistura de rock 'n' roll estadunidense, country e baladas. O principal vocalista seria alguém como Joe Dolan ou Johnny McEvoy, e as bandas de apoio eram o The Big 8 ou The Mainliners. Eu e Claire estávamos acostumados com nossos pais saindo, era parte da rotina deles, e eu adorava vê-los se arrumar e sentir o perfume da minha mãe quando ela me dava um beijo antes de sair.

Eu costumava ficar acordado com a tia Josie até eles voltarem, e então escutava tudo sobre as bandas e as músicas, e minha mãe dizia "John, você teria adorado o guitarrista". Às vezes, se era uma das bandas mais conhecidas, minha mãe levava seu livro de autógrafos. Ela me contava sobre o encontro com o artista para que ele assinasse uma foto, e toda a animação dela me levava a imaginar que sair para ver uma banda tocar era o que havia de mais legal e mais glamoroso no mundo.

Conforme o tempo foi passando, eu ficava mais ciente de que vinha do centro da cidade. Tinha parentes que viviam muito mais longe de nós e, quando tomávamos o ônibus para uma longa jornada a fim de visitá-

-los, era um mundo todo diferente. A vida deles girava mais em torno das montanhas e árvores, e a minha, de ruas, avenidas e caminhadas pelo centro da cidade.

Toda a minha família voltava para a Irlanda com frequência. Pegávamos o trem noturno da estação Victoria em Manchester para Holyhead, no País de Gales, e lá subíamos no barco para Dublin. Eu ficava no deque de noite com meu pai, no vento vociferante, e olhava para a lua refletida no mar. Meu pai protegia a mim e a minha irmã com seu casaco, e isso parecia uma deliciosa aventura.

Kildare não podia ser mais diferente de Ardwick. Meus parentes moravam em casinhas espalhadas pelas estradas do interior, cercados por campos verdes. A água que vinha de um poço era fervida no fogo, e havia um cano no jardim dos fundos com água da chuva para lavar o cabelo. Lá, vi muito da natureza pela primeira vez. Eu andava de bicicleta pelas estradas com minha tia Josie e brincava à beira de um rio. Não sabia muito bem o que dava para fazer no campo, mas passei a gostar da tranquilidade do interior e do cheiro de madeira queimada flutuando no ar do final da tarde. Foi legal conhecer minhas raízes e ver como era a vida da geração anterior à minha.

De volta para casa, eu estava brincando sozinho um dia quando duas lambretas pararam no final da rua com três garotos mais velhos nelas e eles me chamaram. Quando me aproximei deles, notei que se vestiam iguais, com cabelo curto, e um usava um terno brilhante. Eu carregava minha bola e um deles me perguntou se eu queria me sentar na lambreta. Ele, então, me ergueu para que eu pudesse ver a parte de trás, acelerou e me mostrou onde as placas laterais foram tiradas para que eu pudesse ver o motor. Gostei da lambreta, mas o que eu realmente notei foram as roupas dos meninos. Um deles tinha uma rosa vermelha bordada no bolso do seu casaco. Perguntei o que era e ele disse: "É a rosa de Lancashire. Tá vendo isso?", ele prosseguiu, abrindo o casaco para me mostrar o forro vermelho. "É um Crombie." Depois, ergueu seu sapato e falou: "Esses são Royals, e precisam ter esses cadarços". Olhei para os cadarços pretos e vermelhos entrelaçados e vi que um dos seus amigos usava um exatamente igual. Quando notei sua camisa preta com colarinho abotoado, o menino tirou seu casaco para me mostrar a prega que descia pelas costas e disse, "Esse é um Black Brutus". Não sei por quê, mas pareceu importante para eles que eu tivesse a informação correta sobre tudo isso, e eu senti como se tivessem passado algum conhecimento secreto a mim. Observei-os ir embora e pensei que pareciam fantásticos.

Corri para minha casa e cheguei gritando:

— Pai, pai... quero um Crombie. Posso ter um Crombie? — Meu pai não fazia ideia do porquê seu filho de 8 anos estava doido por causa de um sobretudo.

— Um Crombie? — ele perguntou. — Um casaco Crombie, você quer dizer?

— Sim — eu disse. — Você tem que bordar uma rosa nele.

— Você não pode ter um Crombie, é um casaco de homem adulto — respondeu meu pai rindo. Ele achou que eu estava louco. Depois virei para minha mãe e pedi:

— Mãe, preciso de Royals.

O fato de haver muitas construções industriais em volta me deu inúmeras oportunidades para exploração, e uma noite, eu e alguns garotos estávamos subindo no telhado de uma oficina mecânica. Havia um bloco de três garagens de tijolo antigo, e os telhados eram feitos de ferro corrugado, que formavam pontas como o pico de montanhas. Era tarde da noite e eu pensei que não havia ninguém nos prédios, mas quando ouvi alguém gritando comigo lá de baixo, saltei de um telhado para o outro e passei direto por ele. Girei no escuro e vi a luz do céu sobre mim. Depois acordei no chão com minha mãe e alguns trabalhadores me olhando enquanto eu era colocado em uma ambulância, que saiu correndo no meio do trânsito com a sirene ligada — eu estava ora consciente, ora desacordado. Caí cerca de 9 metros e fui salvo por um mecânico que quebrou a mão ao tentar me pegar. Fui parar em um intervalo de um metro e meio entre enormes folhas de vidro e uma empilhadeira, e se eu tivesse caído meio metro para qualquer um dos lados, estaria tudo acabado. Quando chegamos ao hospital, ficamos sabendo que a situação do homem que me salvou era um pouco pior em termos de ossos quebrados. Ele estava em pé no corredor do hospital em choque e ficava dizendo "ele simplesmente passou pelo telhado... simplesmente passou pelo telhado", enquanto minha mãe o agradecia por ter me salvado.

AZUL-PETRÓLEO

Sempre disse que, quando minha família se mudou de Ardwick para Wythenshawe, a 12 quilômetros de distância, parecia que tínhamos nos mudado para Beverly Hills. Eu tinha 8 anos quando meus pais anunciaram que deixaríamos nossa casa como parte de um esquema de limpeza no centro da cidade, e para mim parecia que estávamos encontrando um novo limite. Minha mãe também anunciou que logo teríamos outro irmão ou irmã. Tudo era excitante e muito misterioso. Wythenshawe era uma área de classe operária nos subúrbios do sul de Manchester e o maior conjunto residencial da Europa.

Era Páscoa quando nos mudamos, o que significava que os dias estavam ficando mais longos e o clima, melhor. O chefe do meu pai deu uma carona para mim, minha mãe e minha irmã em seu carro enquanto meu pai rebocava nossos móveis em um furgão do meu tio. Nossa nova casa era em um conjunto habitacional com três quartos no andar de cima e uma sala principal embaixo, com uma grande janela que dava para um quintal nos fundos, também havia um pequeno jardim na frente. Tínhamos aquecimento central, e o melhor de tudo é que a privada era do lado de dentro e possuía uma banheira de verdade, portanto não éramos mais obrigados a encher um enorme balde de alumínio, como fazíamos no endereço anterior.

Todos os meus parentes decidiram se mudar para casas novas mais perto de Ardwick e, embora minha avó e alguns outros parentes viessem visitar, o resto da família começou a seguir seu próprio caminho. Havia outras famílias da nossa rua que tinham sido realocadas conosco, e as novas casas no nosso quarteirão logo formaram uma comunidade. Enquanto na antiga casa eu passava muito tempo sozinho na nossa ruazinha ou dentro de casa com o rádio, agora havia crianças por toda parte. Comecei a brincar por todo o conjunto habitacional, o que incluía muitas casas vazias que os mais intrépidos conseguiram explorar antes que o resto dos vizinhos se mudasse. Senti como se fosse outro começo para nós: novas oportunidades em um novíssimo ambiente.

Embora a nova comunidade fosse tão diversa quanto a que havíamos deixado para trás, com famílias britânicas, asiáticas, jamaicanas e irlandesas todas juntas, o início dos anos 1970 foi uma época de muita violência e racismo no Reino Unido, e ficou muito pior para algumas pessoas irlandesas com as notícias de bombas e terrorismo na Irlanda. Eu estava na casa de um amigo certa tarde quando a mãe dele começou a reclamar bem alto de uma das famílias do conjunto habitacional. O tom dela foi ficando mais maldoso, e quando ela terminou suas reclamações com um mordaz "porcos irlandeses", compreendi que estava se referindo a mim. Fiquei chocado: senti como se fosse um ataque cruel à minha família. Meus pais não tinham filiação política nenhuma e eram bem respeitados. Claire e eu havíamos sido chamados de "porcos irlandeses" antes por outras crianças, e classifiquei isso como ignorância, principalmente porque nasci na Inglaterra, mas ser chamado disso por um adulto era difícil de aceitar.

Minha nova escola primária, a Sacred Heart, ficava a 20 minutos de caminhada de casa. Uma das vantagens, para mim e minha irmã, de termos idades tão próximas era que o peso de ser um novato poderia ser dividido. Como de costume, minha irmã se adaptou rapidamente à nova situação sem muita comoção, enquanto eu sentia que havia migrado para o Polo Norte, de tão desconcertante que meu novo ambiente parecia. Nos anos 1970, Wythenshawe tinha reputação de ser violenta, mas comparada com Ardwick, todo mundo parecia ser sofisticado e ter boas maneiras. Era legal, mas um pouco estranho. Eu estava acostumado com as outras crianças sendo instáveis e imprevisíveis; mas não com atitude educada e interesse genuíno em mim.

Algumas crianças da Sacred Heart eram um pouco cautelosas conosco e agiam como se Claire e eu fôssemos curiosidades exóticas por causa de nossa aparência. Desde pequenos éramos obcecados por roupas. Prestávamos atenção ao que havia nas lojas e ao que as pessoas usavam nas ruas, e nossos pais tinham que trabalhar para evitar que seus filhos tivessem uma crise caso os sapatos de plataforma da minha irmã não fossem altos o suficiente ou se minha jaqueta precisasse de lapelas mais largas. Quando chegamos para o primeiro dia de aula, não sabíamos que deveríamos usar uniformes comuns. Eu usava um suéter de lã com estrelas que, acredite se quiser, se chamava "pulôver de estrelas", e Claire vestia uma jaqueta xadrez que parecia uma camisa e era chamada de... sim, "jaqueta-camisa". Estávamos mais adequados para ir a uma discoteca do que ao playground da escola, mas estávamos na moda e eu consegui atenção das garotas, o que gostei, e também de alguns professores, o que não gostei.

Ir para a escola no subúrbio mudou a situação para mim. Em Ardwick eu era quieto e sensível ao que acontecia à minha volta. Nem sempre isso era bom, e com frequência eu me sentia estranhamente angustiado sem saber por quê. A cultura pop se tornou uma obsessão mais significativa para mim do que qualquer outra coisa e minha relação com ela era como se fosse um portal para outra dimensão, que fazia mais sentido para mim do que o mundo no qual eu de fato vivia. Meu sonho era ser capaz de fugir de lá se ficasse bom o suficiente na guitarra. A mudança para Wythenshawe me deixou mais confiante e comecei a notar que estava perto de pessoas que consideravam bom o fato de eu encarar a música como algo sério.

Minha nova professora era a Srta. Cocane. Ela era uma mulher muito moderna de quase 30 anos que fumava cigarros após a aula na sala e que, ironicamente, era tão intensa quanto seu nome sugeria. Ela podia ser severa, mas tinha interesse em mim e sempre perguntava como eu estava progredindo com a guitarra. Ela identificou um lado criativo em mim que ninguém mais tinha de fato notado. Uma tarde, eu estava saindo da aula quando me chamou de volta para conversar. Fiquei em pé ao lado de sua mesa, esperando que não estivesse encrencado, e ouvi atento enquanto ela acendia um cigarro e dizia:

— Tem algo em você sobre a qual precisa ter consciência. O que acha de ser artista?

Ouvi o que ela dizia e parecia bom.

— Você pode seguir dois caminhos... — ela continuou — se entediar e arrumar problemas ou encontrar algo de que goste e ser bom nisso, e ser um artista. — Ela soou gentil e preocupada, e eu sabia que estava falando sério. — Mas não é fácil — continuou. — Você tem que trabalhar muito. — O que ela estava dizendo era uma revelação, mas parecia lógico. — Você quer tocar guitarra, mas não ensinamos isso na escola — ela disse. E isso não era um problema para mim já que eu não sabia que existiam coisas como aulas de guitarra —, mas pode fazer algo mais e se me mostrar que se dedicou, pode trazer sua guitarra para a escola. Do que mais você gosta?

Tive que pensar naquilo. Ninguém nunca havia me feito aquela pergunta antes. Queria dar a ela uma resposta genuína, então após uma pausa de um minuto para pensar, eu disse:

— Cores.

— Cores? — ela perguntou. — Que cores? Árvores? Natureza? O que você quer dizer? — Ela ficou intrigada.

Pensei de novo, um pouco inseguro sobre o que dizer.

— Bicicletas — eu completei — e... roupas.

Ela riu, mas fui sincero, e ela disse:

— Está certo, claro.

Fui a pé para casa, pensando na nossa conversa. Um artista... soava bem e dava uma sensação boa, como se uma porta tivesse sido mostrada para mim, uma porta que estava escancarada.

Minha resposta sobre cores, bicicletas e roupas não era, na verdade, tão abstrata quanto parecia. Era fascinado por cores e estava vidrado em um tom específico de verde e azul, do jeito que acontecia com a música. Começou em Ardwick quando meu pai me deu uma bicicleta que havia comprado de um colega. Meu tio Mike tinha me ensinado como desmontá-la e pintá-la de novo, e o que fora uma porcaria roxa havia se transformado em uma máquina deslumbrante bronze metálico, que era uma cor que eu nem sabia que existia. Algumas semanas depois, pintei minha bike de ouro metálico, depois prata com uns toques de vermelho escuro, e depois outra cor, e mais outra, e assim por diante. Eu amava pintar as bicicletas. Examinava as cores de perto e ficava fascinado com elas, e imaginava por que um sentimento diferente surgia diante de cada cor.

Com relação às roupas, meu ambiente não poderia ter sido mais perfeito. Pessoas da classe trabalhadora são loucas por moda: elas usam as roupas para expressar quem são e quem querem ser. Se não for exatamente 100% verdade que "as roupas fazem o homem", pelo menos é fato que as roupas fazem o homem parecer um pouco mais interessante às garotas e aos outros garotos também.

As tendências na minha vizinhança mudavam rapidamente. Era preciso ficar muito atento para acompanhar. Às vezes, era só uma questão de cor, e era esse o caso das calças baggy: largas ao extremo que cobriam o sapato e vinham numa variedade de cores que se tornavam mais desejáveis a cada semana. As vermelho-escuras eram chamadas por todos de "vinho", e eu as cobiçava e ficava obcecado pelas vibrantes "azul-elétrico" e as lindas "verde-garrafa" até meus pais me comprarem um par das calças para eu calar a boca. A melhor de todas, no entanto, era a "azul-petróleo", um tom tão perfeito que sempre foi minha cor favorita. Eu costumava ir a uma loja no bairro

Moss Side chamada Justin's só para olhar essas calças. No que dizia respeito às cores, entretanto, nada era tão bonito quanto as jaquetas e calças chamadas "tônicas", feitas de pedaços de tecido que mudavam de dourado para verde, ou castanho para azul, e eram tão sublimes que às vezes eu as julgava sobrenaturais.

Meu lugar favorito para comprar roupas era a feira de Wythenshawe Park, que acontecia no bairro durante três dias todo ano na Páscoa. Ficava a dez minutos a pé da minha casa e era o ponto alto do ano para as crianças de todo o sul de Manchester, que vinham encontrar aventura e participar de todo tipo de atividade ao mesmo tempo que tentavam evitar a inevitável ameaça de violência que poderia explodir a qualquer momento. Cada minuto era cheio de atividade, e eu ficava lá desde o começo da manhã até a noite. Permanecia perto das pistas de corrida e do carrossel de carros e absorvia tudo. As meninas gritavam quando o brinquedo ia rápido e as músicas "Blockbuster!" e "School's Out" explodiam nos alto-falantes por cima do barulho e da comoção toda. Havia um movimento novíssimo na música pop que se apropriava da energia impetuosa do rock e era construído em cima de guitarras simples, das percussões tribais e das batidas fortes, e eu amava isso. As bandas todas se vestiam de forma chamativa, com muita maquiagem. Elas tinham nomes como Sweet, Bowie e Roxy e tocavam canções com títulos como "Teenage Rampage" e "All the Young Dudes". Eram feitas para a molecada arruaceira que buscava animação e atendiam pelo nome de glam rock.

A melhor banda nova para mim era o T. Rex. O single de "Jeepster" foi o primeiro disco que comprei com meu próprio dinheiro. Eu o encontrei na Rumbelows, uma loja de móveis que vendia artigos elétricos e toca-discos que eram conhecidos como "estereogramas". Eu entrava nesse lugar porque sabia que eles vendiam discos antigos, e em uma caixa com singles que estiveram nas paradas de sucesso encontrei esse disco maravilhoso. O selo tinha a imagem de um cara com uma guitarra, ele estava em pé na grama com seu colega de banda e era óbvio que usava maquiagem. Eu tinha 9 anos e nunca havia visto ninguém com aquela aparência antes. Entreguei minha moeda de dez pence, e enquanto ia para casa ficava tirando o disco da embalagem de papel para olhar para ele. Quando cheguei em casa, corri para a sala da frente, liguei o toca-discos da família e o coloquei para tocar. A música começava com uma batida e depois uma guitarra e umas palmas. Soava como se as pessoas estivessem tocando em alguma sala em um lugar qualquer, diferente de outras canções pop que tocavam por aí com suas orquestras, piano e harmonias de *boy bands*. Essa música soava estranha, mais sedutora, um pouco esquisita. Então eu ouvi a voz do cantor: *You're so sweet, you're so fine*... Imaginei o homem enigmático maquiado do selo do disco, e ele soava como sua aparência. Dentro de segundos o disco pegou o gancho, *Girl, I'm just a Jeepster for your love*, e atingiu uma mudança de acorde inesperada que era estranha e taciturna. Com 45 segundos dela tocando, eu já planejava ouvi-la de novo. Era uma jornada para mim. Ouvir "Jeepster" pela primeira vez não tinha a ver com escutar uma canção, mas descobrir um tipo novo de som. Eu não me importava com o que ele estava cantando, soava adequado à música. A frase que se sobressaía era *You've got the universe reclining in your hair*, o que para um menino de 9 anos era estranha, mas contundente. De alguma forma, tudo fazia sentido.

Marc Bolan se tornou meu ídolo. Colecionei todo pôster e foto dele que pude encontrar, a maioria saiu em revistas para meninas como a *Jackie*, e fui ao cinema para ver seu filme *Born to Boogie*. Como George Best e Bruce Lee, Marc Bolan era pequeno, audacioso e tinha boa aparência, mas o melhor de tudo: ele era uma estrela pop que tocava guitarra. Ele também estava prestes a entrar em uma corrente criativa, lançando uma sequência de singles brilhantes que o tornariam uma das figuras mais importantes da década. Em 1972, não muito depois de eu ter comprado "Jeepster", o T. Rex lançou o single "Metal Guru", um disco que eu achava tão bonito, parecia que tinha vindo de outro mundo, apesar de soar estranhamente familiar para mim. Eu o vi tocar essa música no programa *Top of the Pops* e fiquei tão eufórico depois disso que peguei minha bicicleta e andei pelas ruas até me perder, depois tive que achar meu caminho de volta para casa quando dei por mim. Pouco tempo depois disso, comecei a pensar em como Bolan havia mudado a grafia do seu nome de Mark para Marc e isso me deu uma ideia. Se eu fosse mudar meu nome para algo diferente de Maher, que parecia ser impronunciável, uma boa maneira de grafá-lo seria Marr.

O fato de "Jeepster" ter sido o primeiro disco que comprei foi um total acaso. Tudo poderia ter sido diferente se não fosse pela foto de Bolan e Mickey Finn no selo. Não há dúvida de que eu acabaria sendo um fã de Marc Bolan de qualquer forma, mas a importância de ter aquele primeiro disco naquele momento da minha vida foi mais profunda, já que "Jeepster" e o lado B "Life's a Gas" foram as primeiras músicas que aprendi a tocar na guitarra e isso me colocou no caminho para compor minhas próprias canções.

Um ano antes, meu pai havia me levado na loja de instrumentos Reno na Oxford Road e me comprou um violão. Ele era decente o suficiente para que eu pudesse tocar, e minha dedicação começava a dar frutos. Eu não tinha meu próprio toca-discos, então arrastava o dos meus pais do aparador na sala e o colocava no meio do chão, e quando todo mundo havia saído ou estava na cozinha, me sentava e tentava aprender com os discos que eu havia comprado ou pegado emprestado dos meus amigos do conjunto habitacional – geralmente Mark Johnson e Mike Gallway, cujos gostos eram os mesmos que o meu. Analisando os discos minuciosamente, percebi detalhes incidentais sobre arranjos e a produção e notei que instrumentos diferentes passeavam pelos efeitos ou que uma linha de vocal era dobrada com a guitarra ou o órgão, deixando-a mais forte. Os discos no início dos anos 1970 eram não convencionais e peculiares, e em vez de focarem unicamente no que as guitarras estavam fazendo, eu tentava tocar o que estava ouvindo no disco todo, atribuindo a mim mesmo uma pegada acidental de "banda de um homem só". Quando aquele ato constante de tocar os discos no meio do chão da sala acabou sendo demais para o resto da família, eles me mandaram para o corredor, para que pudessem ver televisão, até que por fim consegui meu próprio toca-discos.

Para mim, ter meu próprio toca-discos no meu quarto era como um cientista ter seu próprio laboratório, e aproveitei ao máximo. Agora poderia experimentar o que eu quisesse e, embora dividisse o quarto com meu novo irmãozinho, ele iria crescer e amar isso.

A chegada do meu irmão Ian foi um novo capítulo para a família e nos deixou ainda mais próximos. Meus pais estavam encantados, e era principalmente legal para mim e Claire ter um novo irmão com quem bagunçar. Com Ian por perto, eu amadureci. Não apenas eu e Claire ganhamos mais responsabilidade em contribuir e cuidar dele sempre que necessário, mas também eu era o irmão bem mais velho do menininho e esse era um papel de que gostei. Eu dava atenção para Ian e ele me seguia por todo canto.

Minha família geralmente viajava para o norte do País de Gales por duas semanas no verão e ficava em um trailer. Ainda não tínhamos carro, então pegávamos carona com meu vizinho ou com o chefe do meu pai. A viagem sempre parecia eterna. Eu gostava daquelas épocas nos trailers. Era uma boa pausa no trabalho para o meu pai, e minha mãe conseguia relaxar na praia enquanto eu e Claire brincávamos com Ian na areia. Ficávamos à beira-mar até escurecer, depois subíamos uma estrada longa e íngreme até um pub que ficava lá no alto, empurrando Ian no carrinho. Passávamos a noite em uma sala de recreação nos fundos, e eu ficava em uma cadeira em frente ao jukebox a noite toda, pegando o dinheiro das pessoas e tocando as músicas que escolhiam. Com frequência Ian vinha engatinhando com uma moeda de dez pence da minha mãe ou do meu pai para eu tocar algo de que eu gostasse. Depois que o pub fechava, descíamos a colina de novo para o trailer, meu pai me carregando nos ombros, e ficávamos jogando cartas e comendo algo. Nessas horas que eu percebia que meus pais eram um pouco diferentes dos das outras crianças. Eles ainda eram jovens e costumavam ficar acordados até tarde, bebendo. Eram bastante descontraídos.

Meu pai se envolveu com as atividades do clube social local e nos levava, Claire e eu, com ele quando ia falar com bandas para agendar apresentações. Nas tardes de domingo, costumávamos ir a um clube fora da cidade e meu pai comprava Coca-Cola e batata frita para nós, nos sentávamos com um bando de agentes e donos de casas noturnas enquanto as bandas e os cantores passavam por audições. Eles se apresentavam usando os aparelhos no palco, agiam como se estivessem no show e cantavam os sucessos do momento. Eu observava como ligavam seus equipamentos e mexiam nos pedais de eco, e pensava que isso era estar na indústria da música.

Meu melhor amigo no conjunto habitacional era Chris Milne. Ele havia se mudado de Ardwick na mesma época que nós e morava a apenas seis casas da minha na praça. Chris era um barato. Era engraçado e extrovertido, também gostava de música pop, e estudamos na mesma sala na Sacred Heart. A família dele era de Manchester. Acolhedora, gostava de fazer gracejos e tinha a política de manter a porta sempre aberta, o que significava que eu frequentava bastante essa casa. Sempre tocávamos algo da coleção de discos de sua irmã Catherine, o que incluía um álbum do The Supremes. Chris tinha três interesses principais: Rod Stewart, o time de futebol Manchester City e garotas. Esses três aspectos significavam que ele era um grande melhor amigo.

Chris e eu andávamos juntos e quando parávamos de chutar bola, eu levava minha coleção de álbuns do T. Rex para a casa dele, que agora incluía "Ride a White Swam", "Metal Guru" e "Children of the Revolution", mais alguma coisa do Sweet e de David Bowie. Chris tocava seus discos do Faces para eu ouvir, escolhíamos faixas do álbum *Greatest Hits* do The Supremes, e ele cantava junto todas as músicas. Não sei quem sugeriu que formássemos um grupo — talvez Chris quisesse cantar com seu amigo guitarrista ou o contrário, o que era mais provável —, mas, de qualquer forma, pareceu óbvio para mim que esse fosse o passo seguinte, portanto me dediquei a aprender como compor uma música que Chris pudesse cantar. Meus primeiros esforços na composição foram basicamente roubados de Bolan, o que era impressionante, visto que eu não tinha a menor ideia sobre o que ele estava cantando. Duvido que ele mesmo soubesse. Eu conseguia fazer isso sem muita dificuldade, e com algumas músicas de minha própria autoria e meu amigo cantando, tudo o que eu tinha que fazer era encontrar alguns outros moleques de 11 anos para formar o resto da banda. Mas antes que eu pudesse fazer isso, Chris e eu tivemos que adiar a dominação mundial. Tínhamos um outro lugar para ir: Maine Road, casa do Manchester City Football Club.

ARQUIBANCADAS

Tinha 10 anos quando fui ver o Manchester City jogar pela primeira vez. Já gostava muito de futebol, mas ainda não havia me decidido pelo City ou pelo Manchester United. Todos na minha família eram torcedores do United, e eles tinham certeza de que eu seguiria na mesma linha.

Meu tio Mike tinha até me dado uma de suas camisetas do United, que por algum motivo nunca tinha usado. Não me entendam mal, eu achava o George Best um cara muito legal, mas todo mundo sabia disso. Eu tinha até ido a um jogo do United com meu primo Martin e meu tio Christie, quando o United jogou contra o Chelsea no Old Trafalgar e perdeu por um a zero. Mas em vez de isso ter me seduzido para me juntar à fraternidade dos Red Devils, a experiência acabou tendo justamente o efeito contrário: quando cheguei em campo, simplesmente não gostei... do clima. Não sei por quê, mas aquilo não me pegou. Na semana seguinte, Chris Milne e eu fomos sozinhos ver o Man City, e a cerca de 1 quilômetro do campo deles, na Maine Road, eu já sabia que estava no lugar certo e que o mundo seria para sempre azul-celeste. Teve outro motivo que me fez ser torcedor do Manchester City, que foi porque naquela época eles tinham um time melhor. Foi casual eu estar na idade certa no raro momento em que o lado azul de Manchester estava se dando melhor. Comecei a ir aos jogos quando o City estava no auge e tinha jogadores lendários, como Mike Summerbee, Francis Lee e Colin Bell. Eu adorava o fato de que meu time era formidável e tinha estilo. As coisas ficariam ainda melhores com a chegada de Dennis Tueart do Sunderland. Ele era astuto e tenaz, e tinha a quantidade certa de brilho e de atitude que a posição exigia. Dennis Tueart se tornou meu herói do futebol e ganharia um lugar no folclore do Manchester City por ter marcado o gol de bicicleta que rendeu a vitória ao time em uma final em Wembley. A única maneira de ele ser mais descolado seria se estivesse tocando uma Gibson Les Paul enquanto fazia o gol.

Ir a uma partida de futebol no Reino Unido no início dos anos 1970 era assustador para uma criança e diferente de todo o resto. Era um desfile de tribalismo, grosseria e agressão. Meninos e homens com cabelos repicados e skinheads enchiam as ruas usando botas e suspensórios, e com lenços amarrados em seus pulsos e cintos, em uma procissão de ameaça em volume alto. Ninguém ligava para o seu tamanho. Se você estava lá, estava de corpo e alma, e se começasse a levar pontapés, o que sempre acontecia, ninguém se importava se você só tinha 10 ou 11 anos, era melhor correr e estar preparado para chutar alguém ou levar um chute como todo mundo ali — era isso ou conseguir se manter seguro à margem do tumulto. Ser empurrado pelas arquibancadas no meio dos caras mais velhos gritando insultos foi educativo. Nas arquibancadas você via homens usando brincos, cabelos tingidos e sobrancelhas raspadas; calças *skinners* customizadas, dobradas até a canela, com botas Doctor Martens de 24 ilhoses, e tatuagens caseiras feitas com alfinetes e tinta nanquim. Tudo isso serviu para abrir meus olhos.

Fui a todos os jogos locais e, às vezes, em alguns fora. Ir aos jogos fora da cidade era bastante perigoso, já que você estava se arriscando em território inimigo e pedindo para apanhar. Fui ver o City jogar em

Middlesbrough, e do momento em que desci do ônibus no Ayresome Park sabia que tinha sido um erro. Após a partida, os torcedores do City foram encurralados no estacionamento, enquanto cerca de 200 torcedores do Middlesbrough rugiam para nós e tentavam pôr abaixo os portões que nos separavam. Após cinco minutos, uma das cercas foi destruída, e quando os portões vieram abaixo, uma horda de monstros correu em nossa direção. Foi pânico geral. Fui pego entre torcedores do City e arrastado para o meio da rua com todo mundo gritando e policiais montados em cavalos ameaçando ir para cima. Corri para a avenida na maior velocidade até que, completamente perdido e sozinho, cheguei a uma rua secundária. Fui até o final dela, e quando cheguei lá um jovem torcedor do Middlesbrough veio correndo para a rua da direção oposta e parou bem na minha frente. Olhamos um para o outro por alguns segundos e nenhum de nós sabia o que fazer. Eu não queria apanhar, mas também não queria precisar bater em ninguém. Calculei o tamanho do inimigo: tínhamos mais ou menos a mesma idade e ele estava com medo; ambos vivíamos o mesmo dilema. Instintivamente coloquei minhas mãos para cima e deixei claro que não queria problemas, então ele esticou a mão para me cumprimentar. Tirou o lenço vermelho e branco do punho e disse "Quer trocar lenços, amigo?". Obter um lenço de um torcedor adversário em um jogo fora de casa geralmente significava levar um escalpo de uma batalha. Peguei o lenço dele e tirei o meu do punho e entreguei, e ele me deu um tapinha no ombro enquanto nós dois caminhávamos em direções opostas. Corri freneticamente por mais ruas e, por fim, consegui uma carona para casa em um furgão de torcedores do City.

Fui a outros jogos fora da cidade e cheguei a ser perseguido algumas vezes, mas nunca consegui outro lenço nem tive que dar o meu. Guardei o lenço do torcedor do Middlesbrough e o usei em alguns jogos do City. As pessoas o viam como um troféu, mas eu sabia que não era e gostava de como o tinha conseguido.

WYTHENSHAWE

As férias de verão de seis semanas eram a recompensa máxima para os alunos. Depois que as aulas terminavam, um período completo de seis semanas de liberdade dos rigores escolares se estendia de forma gloriosa diante de mim, e eu conseguia imaginar aventuras — algumas planejadas, outras um mistério, mas de qualquer forma eu sabia que algo aconteceria.

As férias de verão de 1975 foram importantes para mim, pois eu havia concluído o curso primário na Sacred Heart e esse seria o último descanso grande antes de começar na escola de ensino médio St. Augustine, onde eu havia sido admitido após passar nos exames. No primeiro dia de férias, havia se tornado um costume para um bando de meninos e meninas seguir de bicicleta até o rio Bollin, que ficava a cerca de 16 quilômetros. Naquele ano, após um dia nadando no rio e tomando sol, começamos a pedalar para casa o mais rápido que conseguíamos. Eu estava com uma bicicleta de corrida de segunda mão grande demais para mim, que havia pintado de roxo. Corri um morro íngreme acima e, quando disparávamos para descer do outro lado em velocidade máxima, me inclinei para a frente para frear e meu pé escorregou para dentro da roda da frente. A bicicleta travou na mesma hora e eu voei no ar por cima do guidão, seguido pela bike, e depois me esborrachei na estrada recém-asfaltada, me arrastando na maior velocidade e ralando um bom tanto de pele do braço e das costas. Quando parei e meus amigos me ajudaram a me levantar, notei que Mike estava ficando verde enquanto olhava meu pulso machucado e minha mão girando na direção oposta. Tudo que consegui fazer foi pedalar 11 quilômetros até o hospital mais próximo, tentando usar o braço para me manter sobre a bicicleta.

Quando chegamos ao hospital e o choque havia passado, eu estava em agonia, e me levaram depressa ao centro cirúrgico para consertar meu braço direito, que estava quebrado em dois lugares. Quando os médicos terminaram, eu tinha ganhado um gesso enorme no braço, me disseram que ele seria retirado em seis semanas, o que significava que ficaria com ele pelo resto das férias, até o início das aulas na minha nova escola. Uma enfermeira me disse: "É muito azar quebrar o braço no primeiro dia de férias"; mas tudo em que eu conseguia pensar era: "Como vou tocar guitarra assim?".

As férias foram uma tortura, pois não apenas não pude tocar guitarra, como tampouco pude andar de bicicleta. Fiquei sentado ao lado do meu toca-discos e ouvi uma pilha de singles de 7 polegadas, mas era muito frustrante não conseguir tocar junto com a música. Teve um disco que foi lançado naquele verão que eu ouvi sem parar: "Disco Stomp", do cantor com o intrigante nome de Hamilton Bohannon. A guitarra era hipnótica e contagiante, e eu mal podia esperar para tentar aprendê-la assim que meu braço tivesse sarado. Ficar sem tocar significava que eu tinha que focar em outra coisa, então aprendi sozinho harmonias vocais ao cantar junto com o álbum *Greatest Hits* do The Hollies, que tinha como bônus a boa guitarra de Tony Hicks.

Finalmente chegou o dia em que pude tirar o gesso e começar a escola média. Saí do hospital e entrei na aula atrasado, usando o novo blazer obrigatório azul-marinho, que a escola havia escolhido para substituir o tradicional com listras azuis e rosa, e que havia sido o pesadelo da vida dos antigos alunos — além de serem conhecidos nas escolas rivais como "garotos de pijamas", os proprietários dos tais blazers listrados se destacavam a um quilômetro de distância e sempre apanhavam por usar algo assim. Adaptei meu novo uniforme de maneira que ele parecia bastante moderno: minha gravata era o mais larga possível e minhas calças tinham boca de 35 centímetros. Eu também parecia ser bem mais alto do que de fato era, já que por baixo das minhas calças boca de sino eu usava sapatos plataforma, com enormes solas, na cor preta, que era a norma.

Eu era ambivalente sobre estudar no St. Augustine. Por um lado, deveria me sentir privilegiado por estar lá devido aos antigos feitos acadêmicos dela, dos quais os alunos eram relembrados com frequência. Por outro lado, todos os meus amigos que não tinham passado no exame de admissão estavam na St. Paul, menos prestigiosa e muito mais interessante. Outro fator com o qual eu tinha problemas era que na St. Augustine só havia meninos, e tendo estudado a vida toda cercado de meninas, era um pouco chocante e me levou um tempo para me adaptar.

O diretor da St. Augustine era o infame Monsenhor McGuiness, também conhecido como Spike, que recebeu esse apelido por causa de seu enorme nariz aquilino, e ficou conhecido por descer o sarrafo nos meninos com cintos de couro. Ele era um barril imponente em formato de homem, que pairava sobre nós nos corredores em seus trajes de clérigo, esbanjando um ar de ameaça sagrada e completando a aparência sinistra com seu cabelo preto lustroso, puxado para trás no estilo de um vampiro gordo. Também era de conhecimento geral que ele ficava bem bêbado com frequência, e você perceberia se tivesse o desprazer de encontrá-lo. O título de Monsenhor significava que, na Igreja Católica, ele estava em uma posição mais alta do que a de um padre, mas inferior à de um bispo, o que a escola considerava como o equivalente a ter um representante no Vaticano.

O fato de a vizinhança e, portanto, a escola estarem recebendo mais pessoas da classe operária era uma grande tristeza para Spike, e ele tentava manter a aparência do título de classe alta e elitismo no velho estilo inglês, apesar do fato de que era óbvio que a escola não garantia isso. Os professores, chamados de "mestres", eram obrigados a usar togas o tempo inteiro. Os mais entusiasmados eram escolhidos para desfilar pela escola com chapéus capelos na cabeça, como se fosse Oxford nos anos 1940, e não a Manchester real dos anos 1970. Havia também a questão deprimente da reputação da escola por violência física dos professores contra os alunos, que eu vi muito, e os rumores de abuso sexual, dos quais havia ouvido falar e que acabaram por serem todos verdadeiros, com pelo menos um professor condenado e cumprindo pena na prisão alguns anos mais tarde.

Levei a nova escola a sério o suficiente e tentei aprender a me adaptar. Pela primeira vez eu estava em meio a crianças que vinham de famílias de classe média ou alta, e descobri que uma bela casa e férias exóticas podem soar maravilhosas, mas regalias às vezes levam à timidez. Também era a primeira vez que eu conhecera crianças com pais divorciados, algo de que nunca se ouvia falar nos círculos da classe operária. Alguns meninos se sentiam intimidados e eu tinha pena deles. Estava aliviado por não estar também daquele jeito. Depois de um tempo, descobri que só me interessava por algumas matérias, sendo literatura inglesa uma delas. Foi inspirador descobrir W. H. Auden e T. S. Eliot e aprender sobre os clássicos, e eu também gostava de toda a poesia que estudávamos.

A primeiríssima aula de arte foi memorável. O professor, Sr. Addis, começou com uma explicação sobre a Union Jack (a bandeira nacional inglesa) e por que o desenho dela é tão pobre. Na mesma hora, me empolguei com o assunto, pois nunca gostei da bandeira nacional por sua associação com skinheads racistas e por entender que esteticamente era preguiçosa e sem charme. O Sr. Addis, então, nos instruiu a criar nossa própria bandeira para o país, e eu me empenhei na tarefa com entusiasmo, pintando um navio sobre um fundo branco, azul e marrom. Alguém depois destacou para mim que essa era uma bandeira criada totalmente para as pessoas de Manchester, pois o navio significava o canal de Manchester. O professor gostou do desenho, e desde esse dia eu visitaria a sala de artes tanto quanto possível nos intervalos para pintar e fazer colagens.

Além de inglês e artes – e matemática, em que por algum motivo eu descobri que era bom –, meus únicos interesses na escola eram futebol e música. Entrei para o time de futebol e fui colocado na lateral direita por ser pequeno e rápido. Gostava de ser lateral, acho que era adequado à minha mentalidade. Apreciava ser rápido e fazer uns giros, ser marcado e marcar. Tinha pouco interesse em ser centroavante e ficava mais do que feliz em deixar essa posição para alguém que fosse se dar muito melhor ali. Eu gostava do melindre e de fazer algo acontecer, ser rápido na lateral e armar para um colega lá na frente, e se o centroavante quisesse levar toda a glória, tudo bem. Para mim, ser lateral era mais descolado, e eu me sentia da mesma forma com relação a guitarristas e vocalistas.

Entrar para o time de futebol foi uma bênção e uma maldição. Ao mesmo tempo que dava um pouco de status e era divertido, também significava ter de renunciar às manhãs de sábado para jogar, algo com que eu não ficava nem um pouco entusiasmado. O professor de esportes que comandava o time era especialmente sádico e entendeu minha atitude como insolência. Ele se dava ao trabalho de me escolher e me punir, me obrigando a longas corridas, que não eram de fato um problema para mim, pois eu não me importava em correr.

Com frequência a viagem de ônibus se tornava notável, quando não espetacular, por causa da presença de um passageiro. Wayne Barrett subia em Sharston Baths e caminhava até o fundo do ônibus, usando uma blusa de bolinhas e calças de veludo pretas, com um cabelo verde brilhante cortado *à la* Ziggy Stardust e sobrancelhas raspadas. Além de sua imagem, ele era notório por ser durão e por ter sido a única pessoa expulsa da St. Augustine simplesmente por ser fodão. Eu já tinha visto os chamados garotos de botas e roqueiros glam afeminados antes, mas nunca na mesma pessoa. Wayne Barrett era o vocalista principal da banda local Slaughter and the Dogs e ele andava para pegar a linha 371 como se estivesse no palco do Madison Square Garden.

Uma desvantagem de vir de Wythenshawe era que sua reputação de violenta era bem-merecida. Você tinha que tomar cuidado ao andar pelo metrô ou cortando caminho pelos parques caso trombasse com as pessoas erradas, mas principalmente na rua se estivesse carregando uma guitarra. Uma noite, voltando da casa de um amigo, peguei um atalho por um terreno baldio perto de casa e vi dois *hooligans* a distância. Eram conhecidos, mas também eram o tipo de cara que era simpático um dia e ia para cima de você no outro, sem nenhum motivo. Quando passei por eles, torcendo para ser um dos dias amigáveis, senti um pedaço de tijolo me atingir na nuca e ouvi um zunido monótono quando outra pedra me acertou de um lado do rosto. Não consegui correr, algo em mim não me deixou fazer isso, e eu sabia que se corresse eles iriam atrás de mim e me dariam pontapés. O sangue escorria do corte na cabeça e estava pelas minhas mãos quando cheguei em casa, e minha mãe me levou para o hospital mais uma vez para levar pontos na cabeça. Eu vi os mesmos caras por aí de novo, e eles agiram como se nada tivesse acontecido. As coisas eram assim.

Meu amigo Tony era um ser humano incrível, outro fã de Bowie, com um corte estilo Ziggy loiro, rosto ossudo e olhos verdes iguais a um gato siamês. Ele usava calças baggy vermelhas com sapatos plataforma brancos e uma jaqueta preta Harrington. Tony era três anos mais velho que eu e foi o primeiro cara que conheci abertamente gay. De acordo com as tendências e o momento, meninos que se pareciam com meninas e meninas que se pareciam com meninos eram até comuns, principalmente se fossem fãs de David Bowie, e muitos homens héteros eram delicados e afeminados. Tony vinha de uma família de três irmãos que eram todos durões e raramente precisavam mostrar isso. A maioria das pessoas entendia que não podia zoar Tony, por causa de seus irmãos, mas logo descobririam que ele não precisava de proteção nenhuma. Tony não era afeminado, mas era frio e tinha um autocontrole sereno que lhe conferia equilíbrio e inescrutabilidade felinos. Muitos garotos o achavam intimidador, e a maioria das garotas que eu conhecia estavam ou apaixonadas por ele, ou queriam ser ele.

Andávamos bastante juntos, e isso gerava fofoca, o que não me incomodava de forma alguma — tínhamos muito em comum e muito sobre o que conversar. Ambos estávamos em Piccadilly Gardens numa tarde de sábado logo após eu ter cortado o cabelo. Esperávamos no ponto de ônibus quando dois grandões feiosos com sotaque do norte de Manchester chegaram e começaram a sussurrar e a mandar beijos. Olhei para a cara de Tony enquanto ele continuava falando comigo e pude ver que ele tinha percebido o que estava acontecendo. "Ei", disse um dos caras, "vocês são veados?". Era óbvio que estavam procurando briga. Me preparei para o inevitável enquanto Tony continuou conversando comigo e ignorando os comentários deles até que um o empurrou pelas costas e disse: "Toma, seu veado do caralho". Nisso, Tony agarrou minha cabeça e me beijou na boca pelo que pareceu muito tempo, depois se virou e atacou o maior deles com socos muito violentos no rosto até que o cara caiu de joelhos. Em seguida, agarrou o outro, que estava se afastando, deu várias porradas na cara e o jogou no meio do trânsito na rua. Achei que o cara fosse morrer atropelado, e quando corremos na direção da estação de trem, Tony virou para mim e disse: "Foi legal", e depois, rindo, acrescentou: "Não se preocupe. Não vou fazer de novo".

Voltando de trem para casa com meus sapatos plataforma e jaqueta Budgie, olhei para o Tony e pensei sobre "All the Young Dudes": *Now Lucy looks sweet 'cause he dresses like a queen. But he can kick like a mule, it's a real mean team.*[1] Eu adorava a música e não havia dúvida, a música pop foi feita para mim e meus amigos.

---

1 "Agora Lucy parece meiga, pois se veste como uma rainha. Mas ela pode chutar como uma mula, é um time bem duro." (N.T.)

O primeiro show a que fui assistir foi do Slaughter and the Dogs no Wythenshawe Forum. Liderados por Wayne Barrett e Mick Rossi, eles eram heróis locais e haviam angariado uma legião de fãs de todo o sul de Manchester. Fui ao show porque o irmão de um amigo tocava na banda de abertura, Wild Ram, que logo mudaria o nome para The Nosebleeds. Embora eu tivesse só 12 anos, meus pais eram tranquilos em relação aos lugares que eu frequentava e pressupunham que eu sabia o que estava fazendo mesmo que não estivesse. A atmosfera no Wythenshawe Forum era de tumulto. O Slaughter and the Dogs foram apresentados por Tony Wilson, que eu reconheci por já ter aparecido na TV, e durante sua apresentação 300 jovens se jogavam uns nos outros de um jeito que era tanto dança quanto briga. Fiquei no entorno do confronto só observando. O Slaughter era exatamente o que seu público queria: uma banda jovem que vinha das mesmas ruas cujos membros pareciam estrelas e com um guitarrista na pessoa de Mick Rossi que sabia o que estava fazendo e que estava sendo pioneiro. Logo depois disso, eles mudaram estilo e imagem, mas para mim eles eram melhores e mais honestos com sua origem como garotos estilo glam da rua. Eu os vi no auge da adolescência e foi um ótimo primeiro show para mim.

Não sei o que teria acontecido se eu tivesse ficado em Ardwick, porque em Wythenshawe havia moleques fazendo música em todo lugar. Diferentes partes do conjunto habitacional estavam representadas por bandas novatas com nomes como Moonchild, The Freshies, Four Way Street e Sad Café, e havia pelo menos duas bandas chamadas Feedback. Pode ter sido a época ou por causa da repentina migração de adolescentes para essa área, mas a qualquer lugar que eu fosse sabia de alguém que tinha uma guitarra ou bateria. Talvez fosse porque eu andava procurando por isso ou eram essas coisas que procuravam por mim.

WEST WYTHY

"Ouvi dizer que você tá formando uma banda. Você devia me chamar pra tocar bateria." Foi assim que Bobby Durkin se apresentou para mim. Fiquei feliz em encontrar um baterista com tanta facilidade, e eu sabia que ele era bom, porque ele me disse: "Sou bom. Venha até a minha casa no sábado e a gente faz uma jam". Bobby era um camarada simpático com cabelo preto no estilo de Bolan e, como eu, vinha de uma família irlandesa. Era um típico baterista, extrovertido e cheio de energia. Isso significava que agora eu precisava de uma guitarra elétrica para poder ser ouvido, e adquirir uma se tornou minha principal preocupação.

Já vinha frequentando uma loja de guitarras na cidade vizinha de Altrincham religiosamente todo sábado de forma que pudesse ficar cercado de guitarras e ouvir as histórias do proprietário sobre sua vida na estrada como técnico de som do The Sweet. Nunca tive dinheiro para comprar cordas e palhetas, mas minha devoção ao local era tanta que por fim o dono, Duncan, me deixava fazer xícaras de chá para ele e sair para comprar sanduíches e cigarros. Após várias semanas de trabalho voluntário, minha persistência valeu a pena e Duncan concordou em me dar um desconto numa Red Vox Ace de segunda mão de que eu gostava muito e era a guitarra mais barata na loja. Minha mãe disse que, se eu arrumasse um emprego de entregador de jornal e guardasse dinheiro, ela e meu pai ajudariam. Eu entregava jornais duas vezes ao dia e guardava todo o dinheiro que recebia, e com meus pais contribuindo comprei minha primeira guitarra elétrica por 32 libras.

Dave Clough foi o primeiro guitarrista que conheci de fato. Ele tinha 16 anos e se vestia como seu ídolo Nils Lofgren com lenços e camisas estampadas. Eu o conheci no centro juvenil, que era o refúgio de Claire e suas amigas e toda a galera antenada. Era conhecido como West Wythy – ou West Wivvy, como todos nós pronunciávamos – por estar localizado na West Wythenshawe College. Assim como na feira, era um lugar para ir arrumado e ouvir música. Aberto três noites por semana, era um viveiro de hormônios e moda.

Era importante chegar lá cedo, porque antes de o DJ começar seu set às 19h30 eu ficava de bobeira com um bando de garotos mais velhos que estavam ao lado do jukebox, tocando discos antigos que não se ouviria em nenhum outro lugar. Fazia um tempo que eu não via pessoas tocando discos antigos, e era fascinante observar esses garotos mais velhos fazerem suas seleções como se fossem grandes conhecedores. Eu olhava para o jukebox enquanto tocava um disco da antiga gravadora Decca ou da Track. "Wishing Well", do Free, "Crosstown Traffic", de Jimi Hendrix, "Substitute", do The Who e, o melhor de todos, "The Last Time", dos Rolling Stones, me apresentaram a uma filosofia musical e ao tipo de discos em que a guitarra era a estrela. Os mais velhos em West Wythy se consideravam guitarristas de verdade, e apesar de eu ser um moleque, eles me tratavam como uma versão júnior deles, e isso significava tudo.

Havia um menino no West Wythy que não tocava nem cantava, mas que era muito descolado. Andrew Berry tinha cabelo vermelho-escuro, no estilo de um fã de soul music, e usava calças de prega e uma camiseta de manga cavada escrito "Roxy" nela. Por ter crescido com três irmãs, ele tinha entendido que a melhor maneira de conhecer as garotas era cortar o cabelo delas, e ele já era um ótimo cabeleireiro aos 15 anos. Andrew e eu nos demos muito bem. Ele era perspicaz e engraçado, e se considerava um nível acima dos desalinhados músicos. Começamos a andar juntos e arranjávamos tempo para conversar sempre que conseguíamos.

Eu precisava de um amplificador para poder tocar com Bobby Durkin, e Dave Clough me deixou pegar o dele emprestado. Foi um gesto legal; era incomum alguém compartilhar seu precioso amplificador durante uma tarde. A casa de Bobby era uma animada residência irlandesa, com seus irmãos gêmeos mais novos correndo em volta e o mais velho, Billy, fazendo áridos gracejos sobre nós tocarmos "no *Top of the Pops* amanhã". Me espremi com o amplificador para subir a escada e entrar no quarto, e quando fiquei na frente da bateria liguei a guitarra no amplificador. Segurei a guitarra e ouvi um zumbido e um estalo e depois *Kraanng!* Bati na corda e a bateria entrou: eu estava tocando uma guitarra elétrica com mais alguém, assim como numa banda. Estava acontecendo, eu era um músico de verdade. Toquei com Bobby pelo resto da tarde. Éramos crus, mas foi bom e eu poderia ter continuado tocando por toda a noite.

Todos ficaram sabendo que eu e Bobby estávamos tocando juntos, e logo recebi uma recomendação sobre alguém que tinha uma guitarra interessado em tocar com a gente. Kevin Williams morava depois da ponte da ferrovia no conjunto habitacional. Magricela e usando óculos de nerd, não se adequava à imagem de estrela do rock, mas isso não o perturbava em nada, já que era um showman natural que vagabundeava pela vizinhança, entretendo todo mundo com canções e piadas que decorava ao ver na televisão e outras coisas que ele mesmo inventava. Kevin e eu passamos por algumas canções dos Beatles de um livro em sua casa e eu vi que ele era bom, então comecei a procurar um lugar para ensaiarmos enquanto tentávamos criar canções que todos nós pudéssemos tocar.

A frente da nossa casa dava para uma avenida de pista dupla do outro lado da Brookway High School, um local grande e moderno dos anos 1960 que a maioria das crianças locais frequentou. Eu queria estudar na Brookway em vez da St. Augustine já que era na porta da minha casa, mas minha mãe não queria nem considerar, pois não era uma escola católica e carregava má fama por mau comportamento dos alunos, o que para mim a fazia parecer ainda melhor. Quase todo mundo que eu conhecia estudava na Brookway, então era apenas uma questão de tempo até que eu conhecesse o restante dos amigos de Dave Clough, que tinham uma banda chamada Four Way Street. O cara principal da banda era um guitarrista e vocalista talentoso chamado Rob Allmann. Rob era um menino da classe média com pais que o apoiavam e deixavam seu filho e os amigos ensaiarem no saguão da casa. Fui convidado para vê-los tocar. A banda toda foi legal, mas ficaram curiosos sobre o visitante nas escadas enquanto ensaiavam, principalmente porque eu tinha adotado o look de um mini Keith Richards e estava fumando cigarros, no que tinha me tornado especialista nos últimos meses. A banda tocava músicas de rock do momento, como "Jumpin' Jack Flash" e "All Right Now". Eu absorvia tudo e gostava de ver como as coisas funcionavam.

Minha atenção então se voltou para o outro guitarrista, chamado Billy, que sabia que era descolado e parecia estar levando a situação mais a sério que os outros. Enquanto todos os músicos jovens que estavam por perto na época copiavam seus heróis, Billy Duffy tinha um jeito único de tocar, seja de propósito, seja por acaso. Eu nunca tinha visto ninguém parecer sério assim enquanto tocava. Quando a banda terminou, Billy e eu ficamos conversando e ele era o único entre todos eles com quem eu tinha afinidade.

Comecei a passar mais tempo na casa de Rob. Seus pais eram gentis, e a casa se tornou um reduto criativo para mim, Billy e alguns outros que tocavam guitarra. O único motivo de ter sido aceito pelos mais velhos só pode ter sido o fato de que eu conseguia tocar bem até e tinha dominado "Rebel Rebel" melhor do que todo mundo. Estar com eles foi educativo. Eles eram bem-informados, amargos e sarcásticos, e logo me tornei capaz de tocar tudo que eles conseguiam. Era incomum para um bando de moleques mais velhos proteger alguém tão mais jovem. Talvez fosse porque eu sabia me cuidar ou simplesmente gostavam de ter um pivete por perto.

Rob Allman era brilhante e musicalmente talentoso, com um ego que fazia dele um frontman natural e um imenso entusiasta do álcool. Eu aparecia no sábado à noite e ele costumava ter uma sacola com seis latas de um melado tóxico chamado Carlsberg Special Brew, que deixava você tão louco que era melhor ficar cheirando cola num carrossel. Eu me mantinha firme após tomar duas latas e tentava tocar uma música de Neil Young ou "While my guitar gently weeps" antes de largar minha guitarra no chão e correr para vomitar do lado de fora. Às vezes não dava tempo.

A atmosfera era mais como um salão para músicos, e todos tinham suas próprias influências e assuntos que dominavam: os guitarristas preferidos de Billy eram Mick Ronson e Paul Kossoff, do Free; Rob era chegado em Neil Young e Richard Thompson; e havia muitos de que todos nós gostávamos, como Nils Lofgren, Pete Townshend e Bill Nelson. Eu curtia muito Keith Richards e era fanático pelos Rolling Stones, após ter descoberto os singles deles que saíram pela Decca no jukebox de West Wythy. Minha primeira impressão de Keith Richards foi uma imagem dele na capa do álbum *Through the Past, Darkly* na casa de alguém. Quando soube que as guitarras no disco foram tocadas pela mesma pessoa da foto e conheci sua reputação como um outsider fora da lei, fiquei fascinado. Ele parecia totalmente heroico, e seu papel de criar riffs e conduzir sua banda foi uma referência para mim. As pessoas esquecem como Keith Richards era esquisitão no final dos anos 1960 e início dos 1970. Era um guitarrista estranho e perigoso, e podia criar um riff melhor do que qualquer um.

Outra grande influência para mim nessa época foi Rory Gallagher. Encontrei seus discos nas lojas e soube que iria gostar dele. Muitas bandas na época eram distantes e envoltas em um imaginário tolkienesco ou faziam um som que ficava abafado por um órgão e outras coisas que não faziam sentido. Rory Gallagher era irlandês e alguém com quem eu podia me identificar. Ele tinha uma guitarra surrada, tocava rock minimalista *lo-fi* e era a própria definição da integridade musical. Parecia viver para tocar guitarra, e para mim ele representava a ideia de que, se quisesse, você poderia viver a vida toda em uma sala com sua guitarra e um amplificador e aquilo poderia ser seu mundo para sempre.

Todos nós líamos a imprensa musical e discutíamos tudo que estava acontecendo, mas um dia ocorreu algo diferente. Na noite anterior, havia tido um show na cidade de uma nova banda de Londres chamada Sex Pistols, e alguns dos rapazes mais velhos tinham ido. Soube que houve uma grande briga com as pessoas jogando copos de cerveja e cadeiras, e pareceu um pesadelo, mas então encontrei Billy e fiquei sabendo de um outro lado da história. Ele havia delirado com essa banda, que tocou músicas curtas e era formada por caras muito jovens. Ele disse: "Eles foram muito bons, John, bons de verdade" como um fato incontestável, e era óbvio que os Pistols o haviam impressionado. Depois, soube da banda de abertura, chamada Buzzcocks, que era de Manchester e teve uma guitarra quebrada, e num único dia compreendi que algo havia mudado. A primeira canção punk que escutei foi "Boredom" dos Buzzcocks num EP de sete polegadas chamado *Spiral Scratch*, que o irmão mais velho do meu amigo tinha comprado. Peguei o disco e olhei para a capa: ao virá-la, o primeiro nome que vi foi John Maher, que tocava bateria. Tinha que mudar a grafia do meu sobrenome. Já estava decidido.

Nesse meio-tempo, eu estava progredindo com minha própria guitarra, tocando e começando a desenvolver um estilo de que eu gostava e que eu até era capaz de identificar como sendo meu. Sempre alternei entre o violão e a guitarra — para mim, significava que você era mais completo; achava que eu tinha que ser igualmente bom nos dois. Uma vez, estava sentado na casa de Rob, tocando um riff, quando Billy entrou e disse pra mim: "James Williamson?". Eu não tinha ouvido aquele nome antes e perguntei o que era. "Aquele riff... Soa como James Williamson", ele disse. Fiquei um pouco incomodado com aquilo, já que o que eu estava tocando era algo que eu estava transformando em uma canção, mas pude ver que ele, de verdade, achava que soava como outra pessoa e eu quis saber quem esse James Williamson era. "Soa como algo de *Raw Power* de Iggy and the Stooges", Billy disse, "você vai adorar". Registrei uma nota mental para procurar esse disco. Se havia alguém por aí que tocava desse jeito, eu queria conhecer.

Na vez seguinte em que fui à Virgin Records, procurei na letra S por Stooges, atrás de *Raw Power*. Uau! Que diabos era aquela capa? A foto era inacreditável, forte, uma criatura estranha, totalmente diferente de tudo que eu já tinha visto. Peguei na mão e algo me disse que eu precisava daquele disco. Comprei por 3,30 libras e, na volta para casa no ônibus, fiquei olhando para a capa, tentando imaginar como soaria. Cheguei em casa, coloquei o disco para tocar no meu quarto e ouvi "Search and Destroy" pela primeira vez. Me deixou de queixo caído e fiquei imaginando por que o mundo inteiro ainda não havia me falado daquela faixa, depois a próxima música começou, "Gimme Danger", e ali estava o violão soando como eu vinha tocando. Como podia? Eles soaram para mim como o melhor grupo que já existira, pesado, sexy, sujo, como os melhores irmãos mais velhos que alguém como eu podia encontrar, e James Williamson tocando era a perfeição. Toquei o álbum todo repetidamente, e ao ouvi-lo sabia que estava no caminho certo e que tudo que eu já senti era real. Iggy and the Stooges estavam indo para um lugar onde eu queria muito estar; *Raw Power* mostrou uma luz.

Ter minha própria banda completa comigo, Chris, Kevin e Bobby era excitante e eu mal podia esperar por fazer aquilo acontecer. Peguei o nome "Paris Valentinos" no ar e ele colou.

Agora que o punk tinha chegado, a moda toda mudou, e Claire furou minha orelha com uma agulha de costura atravessando meu lóbulo esquerdo sem nem se preocupar em colocar um cubo de gelo nele antes. A outra exigência para estar em uma banda era tingir o cabelo de várias cores, e costumávamos roubar embalagens de tinta para cabelo do supermercado e mudar os nossos quase toda semana. Depois que conheci Johnny Thunder and the New York Dolls, comecei a cortar meu próprio cabelo e me acostumei a usar delineador, o que não agradava aos professores na St. Augustine. Também insisti que eles deveriam mudar a grafia do meu nome para Marr no lugar de Maher, mas se recusaram, então simplesmente escrevi Marr na capa dos meus livros escolares e me recusei a responder se um professor me chamasse de Ma-her ou Ma-yer quando fazia a chamada.

Bobby havia convencido a escola Sacred Heart para deixar o Paris Valentinos usar seu salão para ensaiarmos uma vez por semana, e tínhamos o lugar só para nós. O que ele não nos contou foi que em troca ele havia concordado que tocássemos hinos religiosos na igreja ao lado para a congregação na missa de domingo à noite. Acabamos consentido e tentamos parecer solenes enquanto dedilhávamos os hinos, até que algumas semanas depois o padre decidiu que seria melhor sem nós, porque estávamos sempre tendo ataques de risos e Kev ficava passando cantadas nas garotas do coral.

Eu ainda não tinha um amplificador, então Kevin compartilhava seu Vox comigo, e ligávamos o microfone no sistema de PA que a escola usava para as reuniões. Depois de tanto querer e fantasiar, foi bom finalmente pôr em prática o negócio de estar em uma banda e aprender a como fazer essas coisas, embora não fosse tão animador assim: às vezes o pai de Bobby não conseguia trazer sua bateria, e eu tinha que incentivar os outros a vir e ensaiar mesmo tendo uma discoteca em algum lugar próximo.

O primeiro show que fizemos foi no verão de 1977, em uma festa na rua em homenagem ao Jubileu de Prata da Rainha. Eu estava saindo com uma garota chamada Denise fazia umas semanas, e ela me disse que o pai dela queria que alguém tocasse e perguntou se minha banda podia fazer isso. Quando chegamos à casa dela, havia duas mesas colocadas de um jeito que formava um palco, com uns grupos de crianças em volta, observando a bateria. Chris identificou uma caixa de cerveja e prontamente se apossou dela, e Kevin apareceu com uma garrafa de sidra.

Quando chegou a hora de fazer nossa estreia, cambaleamos diante da luz do sol em direção às mesas e mandamos uma versão instável de "Don't Believe a Word", do Thin Lizzy, que felizmente tinha Kevin nos vocais principais, pois Chris, nosso vocalista oficial, estava tropeçando na calçada logo atrás. Seguimos com "Jumpin' Jack Flash" e "American Girl", de Tom Petty antes de termos de parar e sair do palco para juntar as mesas de novo. Em geral, as coisas não estavam indo tão mal, e apresentamos Chris, pois ele tinha feito umas tentativas cômicas de subir nas mesas. Assim que conseguiu, agarrou o pedestal e cumprimentou as 20 pessoas espalhadas na rua com um extravagante "boa noite, pessoal", antes de se lançar em uma confusa versão de "Maggie May". Mas teve que ser carregado por nós antes de terminar o segundo verso. Foi um dia bom. Fomos para casa nos sentindo triunfantes e bêbados. Sabia que éramos ruins, e me senti como um moleque, mas pelo menos era um moleque em uma banda.

Eu só precisava de um amplificador que fosse meu e soube que Billy Duff tinha conseguido um novo da Fender depois que entrou para o The Nosebleeds. Insisti com ele para que me vendesse seu velho Falcon de ensaiar e, por fim, ele concordou em se desfazer dele por 15 libras. Quando cheguei em casa com ele após carregá-lo por mais de três quilômetros desde a casa de Billy, descobri que ele havia colocado junto sua camiseta rosa que eu havia enchido o saco dele por semanas para que me desse.

Em casa, meus pais me observavam indo e vindo, sempre entretido, tentando fazer minha banda acontecer e me tornando ainda mais independente. Meu pai e eu deixávamos cada um fazer suas tarefas e foi assim que funcionou. Enquanto ele entrava em casa depois do trabalho instalando canos, eu saía ou ficava no meu quarto, ouvindo discos e ensaiando. Eu estava começando a ficar bem rebelde, mas conseguimos coexistir; era conveniente para ele e para mim. Minha mãe estava um pouco mais envolvida no que eu estava fazendo, mas ela me deixava levar a vida do meu jeito. Eu tinha 14 anos e era o filho mais velho, ela cuidava de Ian, que estava começando a ir à escola, e também voltou a trabalhar em uma agência dos correios.

Um dia meu pai me perguntou se gostaria de acompanhá-lo em uma semana de trabalho em Liverpool. Ele estava trabalhando na estrada próxima à escola Quarry Bank, onde John Lennon havia estudado, e além de achar que a ligação com a cultura pop me tentaria a ir, também pensou que seria bom para mim trabalhar de verdade nas férias escolares. Considerei-o louco só por sugerir isso, mas ele insistiu e, depois de um tempo, compreendi que o dinheiro seria útil, portanto, concordei.

Às 5h30 na manhã de segunda-feira ele me acordou. Ainda estava escuro. Imediatamente me perguntei por que diabos eu estava acordado e entrando na van do meu pai. Depois de uma hora de estrada, pulei da van para a calçada, onde meu pai me disse:

— Tá vendo lá embaixo? — Olhei para a rua para onde ele estava apontando.

— Sim — respondi.

— Vamos cavar até lá - tudo isso aí - e na sexta-feira ninguém vai nem saber que passamos por aqui.

Olhei de novo para onde ele estava apontando. Era muito longa. Arrastei todo o equipamento pesado para fora da van e já estava todo enlameado mesmo antes de começar. Abaixei a cabeça e comecei a cavoucar a rua. Dois dos colegas de meu pai apareceram a cada dia e observaram um rapaz com cabelo tingido e pulseiras nos braços lutando com uma britadeira enquanto se parecia com um mini-integrante do New York Dolls. Todo dia eu entrava nos buracos e colocava os canos de gás, e todo dia, dirigindo de volta na van, eu pegava no sono com a cabeça encostada na janela. Era estafante. No final da semana, a rua tinha voltado ao normal e meu pai me entregou 125 libras. Foi muito bom – com certeza era mais dinheiro do que eu jamais tivera. Era um dinheiro suado, e meu pai fazia isso todo dia. Isso me impressionou muito.

Depois de alguns anos na St. Augustine, comecei a aprender como a escola funcionava e a lidar com ela. Como todo guitarrista ao longo dos anos, eu era bom em artes e inglês, e poderia ir bem na maioria das situações desde que eu as achasse dignas de interesse. Eu queria muito gostar das aulas de história, mas, naquela época, tudo que ensinavam em uma escola católica tinha uma perspectiva religiosa, portanto, a matéria era basicamente doutrinação em mártires e santos. Meus pais ouviam os mesmos comentários sobre mim da parte dos professores: "Ele é inteligente e está se decepcionando" e "Ele não se dedica aos estudos". Dois dos professores mais legais tentaram uma abordagem mais positiva, me dizendo com boas intenções que eu podia ser um líder, mas não entendi de fato por que disseram isso.

Minha cabeça estava tão cheia de músicas e bandas que nada que meus professores ou pais dissessem me faria pensar que meu futuro seria ligado a outra coisa que não música. Eu colocava um disco para tocar no meu quarto antes de ir para a escola de manhã enquanto Ian já estava lá embaixo se arrumando. "Cracked Actor" de *Aladdin Sane* era uma das minhas favoritas. Eu ligava bem alto e Claire ficava no banheiro gritando "John! John! Abaixa! Será que você pode abaixar? Estou tentando arrumar meu cabelo". Por que "Cracked Actor" atrapalhava tanto seu processo de arrumar o cabelo eu não sei, mas o cabelo era algo que ela levava muito a sério.

Eu costumava ouvir os discos o mais alto que conseguia e os tocava repetidamente enquanto olhava o selo girando. Poderia ter parecido loucura para a minha família, mas eles estavam acostumados e entendiam. Eu ficava em pé ouvindo com meu blazer do uniforme, segurando minha mochila, e então tinha que sair correndo pela porta e cruzar a rua para pular no ônibus. Achava um lugar no andar de cima perto dos fundos, encostava na janela e ficava com a música na cabeça até o ônibus chegar na escola. Era uma técnica útil que me ajudava a chegar ao fim do dia – era como se eu estivesse com fones de ouvido invisíveis.

A maioria dos meninos na escola era legal. Uma das coisas mais duradouras da escola era aprender a reconhecer as diferentes personalidades que surgiam inesperadamente. Alguns eram tagarelas e outros eram quietos. Havia um ou dois meninos de fato engraçados e alguns que eram irritantes. Os mais irritantes eram os que faziam disso uma habilidade. Sempre fiquei imaginando que mentalidade você tinha que ter para ser daquele jeito e suspeitava que quem buscava constante atenção eram os que não estavam totalmente bem com eles mesmos.

Não tive problemas em fazer amizades, mas não havia ninguém com quem eu sentia ter muito em comum. Então, um dia, estava em pé na hora do intervalo quando um menino chegou em mim, olhou para o bóton do Neil Young que eu estava usando e disse: "Tonight's the Night"", ou mais precisamente ele cantou essa música com a mesma voz que Neil Young cantava, o que foi impressionante e também hilário. Seu nome era Andy Rourke. Ele frequentava aulas diferentes das minhas e era o único outro menino do meu ano que não tinha um cabelo de acordo com as regras. Começamos a falar sobre discos e descobrimos que ambos tocávamos guitarra. Essa informação foi suficiente para levarmos a conversa adiante, e Andy me convidou para ir à sua casa no dia seguinte. Ele disse que sua mãe iria me buscar.

Estava esperando do lado de fora de casa com minha guitarra quando um enorme carro branco estacionou. A mãe de Andy saiu – ela se parecia um pouco com uma Elizabeth Taylor de Manchester – e o porta-malas do carro elétrico se abriu como num passe de mágica. Coloquei minha guitarra lá, sentei-me no banco de trás e disse "oi" para Andy. Nunca estivera em um carro executivo de empresa antes e na mesma hora vi que Andy vinha de uma origem de alguma forma diferente da minha. Fomos de carro até sua casa, geminada, no subúrbio de Ashton-on Mersey, e subimos direto para o quarto dele para tocar guitarra.

Uma das primeiras características que notei foi um grande mural com a capa de um álbum do Crosby, Stills, Nash & Young que a mãe dele tinha pintado na parede. Fiquei impressionado por ele conhecer o disco, e ainda mais impressionado por ter uma mãe que havia pintado a capa de um disco na parede do quarto dele. Andy dividia o quarto com um de seus três irmãos, Phil, que também tocava guitarra, e ele perguntou se queria experimentar seu violão Eko que estava encostado na parede. Peguei e toquei "Ballrooms of Mars", do T. Rex. Toquei alguns riffs e, então, Andy tocou "The Needle and the Damage Done", de Neil Young. Ele tocava com segurança e perfeição e ficou óbvio que era um músico natural. Passávamos o violão de um para o outro e naqueles momentos Andy e eu tivemos uma conexão que iria nos levar para situações e lugares que nem podíamos imaginar. Começamos a ficar juntos na escola um pouco, fumar cigarros nos intervalos e falar de bandas e músicas, depois ele ia para suas aulas e eu, para as minhas.

O CENTRO DA CIDADE

Eu ia a lojas de discos e livrarias no centro de Manchester todo sábado, sem falta. A maioria das livrarias era espelunca, cujo proprietário tinha cara de enganador e olhava desconfiado como se você estivesse procurando um livro qualquer de capa mole ou como se quisesse vê-lo fora dali se não estivesse procurando nada. Eu analisava os livros de segunda mão de J. G. Ballard e William Burroughs com títulos como *The Drowned World, The Wind from Nowhere, Almoço Nu* e *Junky*, e imaginava do que tratavam, e então olhava em volta e via meninos mais velhos no final da adolescência com expressões sérias no rosto.

Era parada obrigatória passar na Rare Records na rua John Dalton: lá dava para encontrar fileiras e mais fileiras de joias meticulosamente organizadas dos anos 1950 até o presente — eu entrava sozinho, pois meus amigos não compreendiam por que eu iria ouvir um disco de Dusty Springfield, imagine comprar um.

Alguns de meus amigos eram ladrões incríveis. Eu saía de uma loja alheio a qualquer coisa que tivesse acontecido e, então, passada a esquina, era presenteado com uma capa de disco tirada de dentro de um suéter ou me mostravam um par de jeans debaixo do jeans que eles já estavam usando. Meu amigo Marv era tão talentoso nisso que, uma vez, nos mostrou cinco óculos de sol no ônibus: tinha um em cada manga do casaco, um em cada meia e um na touca de sua jaqueta. Era como um truque mágico. Todos roubavam capas de álbuns das lojas de discos. A Phoenix Records no bairro estudantil era a mais fácil já que ficava fora do caminho e o cheiro pungente no ar significava que a equipe de funcionários já estava suficientemente... preocupada. A gente entrava lá, fingindo procurar as novidades do Jethro Tull ou Ted Nugent, enquanto Marv, com destreza, enfiava na parte da frente de seu suéter e de sua jaqueta o quanto conseguia de capas de discos minimamente decentes. Uma vez entrei lá para comprar um álbum do Mott the Hoople, mas não consegui porque Marv já tinha surrupiado a capa.

Alguns amigos meus estavam na onda de rock pesado e música progressiva, mas eu não conseguia me interessar por esses estilos mesmo que tivessem guitarras. Não gostava daqueles caras com aparência de velhos tocando flauta ou qualquer coisa que tivesse a ver com dragões e mantos. Eu ia para a casa de algum amigo dar uma olhada nos discos e ouvir um monte de tecladistas clássicos inclinando a cabeça, e o que houvesse de guitarras ali soava como se estivesse rodando em círculos sem um objetivo ou um lugar aonde chegar — ou, se havia um objetivo, era mostrar que o músico vinha ensaiando muito. Também notei que, na cena de rock pesado, nunca havia garotas — era uma zona livre de garotas — e isso nunca é um bom sinal.

Meus pais saíam toda sexta-feira à noite e, às vezes, no sábado também. Claire e eu tínhamos que ficar cuidando de Ian. Sentados na frente da TV, com inocência dizíamos adeus; então, assim que as lanternas do carro do meu pai desapareciam no final da rua, uma turma de meninos se amontoava na porta dos fundos com garrafas de sidra e fazíamos uma festa. As amigas de Claire ficavam no quarto dela, e eu e meus amigos, no meu. Ian adorava, porque o deixávamos acordado até tarde assistindo ao que ele bem quisesse na TV.

Uma noite, quando eu e meus amigos estávamos ouvindo Neil Young com devoção sentados no meu quarto com a lâmpada vermelha acesa, ouvi a típica batida de música disco vindo do quarto da minha irmã ao lado. Claire gostava de outros tipos de música, mas gostava mesmo de disco e de dançar. Quando eu tentava perseverar com as meditações introspectivas de *After the Gold Rush*, minha irmã abriu a porta e, depois de observar a cena, declarou: "Parece que você está se divertindo" e saiu dançando. Eu a segui até a discoteca ao lado. A música era maravilhosa, animada e melódica, e a guitarra na hora chamou minha atenção. A banda era Chic e o guitarrista, Nile Rodgers. Fiquei fissurado e ouvi Chic durante semanas até saber cada nota. Amei as mudanças de acordes harmônicos tanto quanto o ritmo contagiante no modo de tocar guitarra, e entendi que quando Nile Rodgers toca, você ouve o coração dele em uma mão e a alma na outra.

Os primeiros punks que vi em Manchester estavam na Market Street em 1976. Era algo surpreendente – não pelas razões comuns como as jaquetas de couro surradas e o cabelo espetado, mas porque os primeiros punks em Manchester se pareciam com bandidos baixinhos e efeminados. O cabelo era curto, o que era estranho na época, e eles normalmente usavam blazers. As jaquetas de couro vieram depois, depois que todo mundo viu os Ramones. Os punks que conhecia usavam brincos de tachinhas e jeans justíssimos, suéteres com gola V sem camisa por baixo e sandálias de plástico ou botas de jogar beisebol, e eles sabiam que eram estranhos.

Meus pais em geral me deixavam ir aonde quisesse. Eu sempre saía, ia a centros juvenis ou à casa de alguém para ouvir discos. Raramente ficava em casa e, se ficasse, era no meu quarto, ensaiando, até que Ian fosse para a cama, então eu achava algum lugar para ir. Todas as bandas vinham para Manchester, que era uma cidade importante na cena de shows. Quando alguém ia tocar, o assunto se espalhava e eu me dirigia ao Free Trade Hall ou ao Apollo e ficava nos fundos, onde uns sete ou oito rapazes esperavam para entrar sem pagar. Havia um grande conjunto de portas duplas no Free Trade Hall, e ficávamos em pé até que a banda de abertura começasse, então alguns garotos empurravam a porta o máximo que conseguissem enquanto outra pessoa tentava enfiar a mão e abrir o trinco por dentro. Quando as portas se abriam, o porteiro, que estava lá fazia anos, tentava em vão agarrar os baderneiros que o desafiavam, mas nunca pegava ninguém. Às vezes a gente ficava chutando e chutando as portas até que o pobre rapaz vinha ver o que estava acontecendo e a gente corria para dentro antes que ele pudesse fazer qualquer coisa. Uma vez lá dentro, arrumávamos lugares ou perambulávamos com discrição até que os guardas desistiam de procurar. Eu via toda banda que vinha para a cidade gostasse dela ou não, e sempre entrava.

Alguém me disse que aquela banda de blues Fleetwood Mac iria tocar no Apollo. Eu conhecia Fleetwood Mac por "Albatross", uma faixa instrumental lenta dos anos 1960, e também conhecia o riff da canção "Oh Well". Supunha que eles fossem um bando de caras de cabelos compridos, mas como não tinha nada mais para fazer, fui até o Apollo e esperei sozinho. Enquanto aguardava nas portas laterais, um enorme Bentley estacionou ao meu lado e um homem muito alto desceu com duas lindas mulheres loiras, uma em cada braço, e uma grande taça de vinho na mão. Eles vieram até mim e o homem ergueu a taça de vinho, depois sorriu e fez um gesto como se dissesse: "Sim, filho, isso é de fato tão bom quanto parece" antes que os três passassem pelas portas. Fiquei embasbacado, atordoado pela beleza das duas jovens mulheres e pensei: "Definitivamente, essa vai ser minha profissão". Eu tinha que ver como era o show e chutamos as portas para abri-las assim que eles começaram. O guitarrista mandava ver em sua Les Paul branca enquanto uma das garotas, que era a vocalista principal, ficava girando pelo palco. Era muito bom e bastante comercial, e nada a ver com antigas bandas de blues. Terminaram a apresentação com o single "Go Your Own Way", que eu tinha ouvido no rádio, e umas semanas mais tarde o álbum *Rumours* dominou o mundo.

Quase todo mundo nos shows e no conjunto habitacional usava drogas. Havia muitos adolescentes bebendo também, mas fumar haxixe era a tendência e se tornou parte intrínseca da vida. O outro passatempo local era comer cogumelos mágicos. Eles cresciam em abundância na Brookway Fields e nós os fervíamos e transformávamos em um fermentado psicodélico, e então ficávamos perambulando por Wythenshawe, tendo alucinações. Gangues de meninos e meninas ficavam do lado de fora das lojas à noite quando não havia mais nenhum lugar para ir. Eu ficava em pé na porta de alguma loja com as amigas de Claire, e alguns adolescentes viravam a esquina doidões, subiam nas latas de lixo e saíam rolando no chão sem ter ideia de onde estavam. Outras pessoas ficavam em estado psicótico e eram evitadas por medo de um confronto aleatório ou uma conversa sem-fim, e alguns ficavam andando pelo conjunto habitacional usando óculos escuros e sandálias como se estivessem na Califórnia no auge do verão.

Além de ser um passatempo, eu gostava de psicodelia e estados alterados, e quando Patti Smith entrou na minha vida, com sua poesia transcendental, citando Rimbaud e William Blake, embarquei nessa. Quando eu tinha 14 anos, fui ver Patti Smith no Apollo e estava tão ansioso que comprei o ingresso com antecedência. Seu álbum *Horses* tinha tido enorme influência em todo mundo, e ela conseguiu até um sucesso nas paradas com "Because the Night". Eu era um grande fã do álbum *Radio Ethiopia*, principalmente pelos vocais, que continham puro abandono rock 'n' roll, e eu o tocava todo dia. Por ser fã de Patti Smith, descobri o CBGB e a cena nova-iorquina com The Voidoids, Talking Heads e Television, cujo guitarrista, Richard Lloyd, era brilhante.

Fui sozinho ao show de Patti Smith, mas quando cheguei lá vi Billy Duff com dois caras no bar. Me aproximei e ele me apresentou para Howard Bates, do Slaughter and the Dogs; Phil Fletcher, que eu reconheci de Wythenshawe, e um cara de óculos chamado Steven Morrissey, cujo nome já havia ouvido, pois ele estava numa nova versão do The Nosebleeds com Billy. Eu disse "oi" e fui ver o que estava acontecendo dentro do salão.

Eu estava bem na frente quando Patti Smith entrou com sua banda, e foi como testemunhar um encantamento. Achei que ela pertencesse a outro plano. O show era eletricidade, rock 'n' roll e ritual, e o palco parecia uma nova dimensão, uma que sabia que eu mesmo tinha que vivenciar. No dia seguinte, o mundo parecia diferente. Era outro sinal ao longo da estrada.

Algo bom do punk é que ficava fácil customizar seu uniforme escolar. Peguei uma camisa branca rasgada da caixa de doações na Sacred Heart uma noite quando estávamos ensaiando, e pela primeira vez todos os garotos na escola estavam tentando encontrar os velhos blazers azuis originais da St. Augustine com listras rosa que era agora a regra e o ponto alto da moda de rua.

Ir para a escola era cada vez mais inconveniente para mim. Meus amigos mais velhos tinham saído da Brookway e ficavam fazendo planos para coisas interessantes durante o dia enquanto eu tinha que me sentar em uma sala de aula com meninos com os quais eu não tinha nada em comum, sendo tratado com indulgência por professores que não significavam nada para mim e que nem faziam um bom trabalho. Passei a sair da escola duas horas antes à tarde e ir para a Biblioteca Central no centro da cidade, ou ficar em casa algumas manhãs e ir para as últimas aulas do dia. A escola pedia uma carta de autorização dos meus pais e eu sempre dizia que ia levar e dava o assunto por encerrado.

Eu tinha que ficar o dia inteiro, no entanto, se quisesse jogar futebol. Gostava de jogar futebol e também dos rapazes no time, mas não gostava muito quando precisava ir para o norte da cidade jogar em outra escola em uma manhã de sábado. Estavam acontecendo seletivas para entrar no time do Manchester Boys, e a escola me colocou nelas. Fui lá tentar e fui escolhido. Depois disso, tentei entrar no time juvenil do Man City. Era demais chegar ao campo de treino e ver alguns dos jogadores pra lá e pra cá. Testemunhar a dedicação dos meninos que queriam ser jogadores de futebol deixou ainda mais claro para mim que eu era músico, e o fato de eu ser a única pessoa usando delineador no campo dizia tudo. Não tive notícias deles. Joguei por duas temporadas com um grupo de caras bem legais no time da liga de domingo da minha vizinhança, mas eu estava muito mais ligado em música e, para mim, futebol era só uma brincadeira.

Uma tarde um professor me disse que eu deveria participar de uma reunião com ele na manhã seguinte. Parecia algo sério. Quando cheguei lá, Andy Rourke estava esperando também. Presumi que estávamos encrencados, mas então o professor nos informou que Andy mudaria para a minha sala e que ele, o professor, gostaria que andássemos juntos. Seus pais tinham acabado de se separar e ele havia lidado com a situação usando muita droga e indo para a aula chapado. Foi uma época difícil para ele, e a escola estava ameaçando expulsá-lo se não conseguisse reverter a situação. O professor também me informou que minhas faltas já estavam inaceitáveis. Portanto, com um pouco de prudência e lógica não convencional, ele chegou à conclusão de que o melhor para nós dois seria se andássemos juntos o tempo todo.

Andy e eu aceitamos o combinado com gosto. Ele pegava um ônibus para a minha casa de manhã, e eu mostrava para ele como não entrar no segundo ônibus para ir para a escola. Esperávamos na esquina até minha mãe ir para o trabalho e nos enfiávamos na minha casa até a hora do almoço. Chegávamos na escola mais tarde e sentávamos juntos nas aulas e, depois, voltávamos para a casa dele à noite. A vida caseira de Andy era bastante incomum, já que ele e seus três irmãos, todos adolescentes, estavam vivendo sozinhos. O pai estava sempre fora e a mãe morava na Espanha. O irmão mais novo, John, tinha 12 anos, e Andy e eu, 14. Seu outro irmão, Phil, tinha 15, e o mais velho, Chris, 17. Tínhamos uma casa confortável totalmente para nós e carta branca para fazer o que quiséssemos, e o que queríamos era tocar música e experimentar drogas.

Minha relação com meus pais a essa altura tinha se tornado bastante turbulenta. Eles desaprovavam minha dissidência e estavam frustrados pelo que viam como minha rebeldia. Meu pai e eu não conversávamos muito. Ele era um cara calado para começo de conversa, mas eu ficava por aí, fazendo o que quisesse e não me dando ao trabalho de ir à escola e, por isso, ele achou que eu estava metido em encrenca.

Até onde meu pai sabia, seu filho era selvagem, e ele estava meio certo. A situação piorou com meus velhos quando cheguei em casa um dia e disse a eles que entraria para uma banda conhecida de Whalley Range chamada Sister Ray.

Minha própria banda estava engrenando e ensaiando no salão da escola. Chris havia perdido o interesse em ser o vocalista, então a banda me elegeu para assumir os vocais e o passo óbvio era Andy ficar na guitarra de apoio. Com duas guitarras, e Andy e Kev nos backing vocals, a banda ficou mais *power pop* e tocava músicas do The Cars, "Suffragette City", do Bowie, "Do Anything You Wanna Do", do Eddie and the Hot Rods, e "Another Girl, Another Planet", de The Only Ones, que tinha se tornado minha banda favorita. Eu gostava de ser o vocalista — tudo bem quanto a isso, e eu gostava de ouvir a banda em volta de mim. Em termos vocais, eu fazia uma linha entre Johnny Thunders e Patti Smith, e o passo seguinte era transformar os riffs que eu tinha em músicas próprias. Kev, nosso baixista, me disse que o Sister Ray tinha ouvido falar de mim e o havia contatado para saber se eu tinha interesse em tocar com eles. Eles iam lançar um novo álbum e estavam planejando alguns shows. Me avisaram que o vocalista deles eram um porra-louca, o que soava um pouco sinistro, mas ele me disse que a banda era muito boa, então concordei em me encontrar com eles.

O Sister Ray já estava na cena de Manchester havia uns dois anos. O vocalista era Clive Robertson, conhecido por ser um maníaco no palco e fora dele, e eles tinham acabado de emplacar uma música em uma coletânea chamada *Identity Parade*. Eles eram adultos, e fiquei imaginando como seria tocar com eles, mas estavam determinados a que eu entrasse na banda e marcamos um ensaio. As músicas deles soavam como uma mistura de Hawkwind e The Stooges, e eu gostei da ideia de tocar algo tão completo e ao mesmo tempo punk, mas não imaginei que fosse ficar com eles por muito tempo, já que quando os conheci senti a energia em volta deles pesada de um jeito estranho. Ensaiamos em um porão sombrio na zona de prostituição de Whalley Range e era claustrofóbico, escuro e intenso. O Sister Ray tocava muito alto e um ar genuíno de ameaça pairava sobre eles. Aos 14 anos, fui jogado no canto mais profundo, e me agarrei à minha guitarra quando cada canção chegava a mim como uma tempestade de retorno confuso e com o cantor berrando coisas como *Gimme some pills to swallow down with booze, gonna get a rope, put it round my neck*[2] — ele não hesitou.

Cruzar Whalley Range à noite com minha guitarra era perigoso. Eu sempre corria do e para o ponto de ônibus e calculava com precisão a hora em que ele passaria para não ficar esperando na rua sozinho. Ensaiamos por algumas semanas, e, quando vi, saiu no jornal local que eu havia me juntado a eles e faríamos um show. O primeiro show de fato em que toquei foi com o Sister Ray, que aconteceu justamente no Wythenshawe Forum. Um grupo de moleques do conjunto habitacional veio testemunhar minha estreia, incluindo os Valentinos, que, como era de se esperar, entraram sem pagar. Foi uma apresentação violenta e um batismo de fogo, já que o cantor perdeu o controle e acabou brigando com uma das bandas depois que tocamos. Saí do show com Andy e Bobby e fiz planos para voltar a tocar com os Valentinos. Eu queria compor minhas próprias músicas e sabia que minha passagem pelo Sister Ray já tinha dado.

2 "Me dê alguns comprimidos pra engolir com a bebida, vou arranjar uma corda e colocá-la em volta do pescoço." (N.T.)

ANGIE

Ficar empilhando prateleiras na cooperativa de consumo do centro cívico de Wythenshawe não era o que eu queria para mim, mas precisava de dinheiro. Só fiquei lá por umas quatro ou cinco semanas torturantes, mas foi um tempo longo o suficiente para que eu chamasse a atenção da supervisora, que se parecia exatamente com a Margaret Thatcher e agia exatamente como ela e cujo nome, para completar, era Maggie.

A mulher odiava todas as formas de vida, e seu ódio por mim e meus jeans justos e sapatos de bico fino não tinha limites. Desde a minha primeira noite no emprego, ela encontrava as tarefas mais humilhantes para mim na esperança de que eu fosse fazer uma cagada e, assim, teria de fazer tudo de novo — fosse subir nas escadas mais altas e empilhar 200 latas de ração para cachorro ou ficar embaixo dos caixas na poeira e na sujeira de forma que meu uniforme escolar informal ficasse imundo. Basta dizer que eu não planejava permanecer lá por muito tempo.

No final de janeiro, depois de algumas semanas de neve intensa, os motoristas de ônibus entraram em greve, o que significava que eu tinha que caminhar os quase 13 quilômetros até a cooperativa. Encarei o frio congelante, e quando eu passei por um ponto de ônibus perto da Brookway High School, algumas garotas gritaram para mim: "Johnny, você vai na festa da Gill?". Eu não estava sabendo da festa e não conhecia Gill, então respondi um simples "Talvez" e deixei por isso mesmo, enquanto continuava na minha missão de chegar ao trabalho a tempo de pegar meu turno.

A noite foi chegando, já estava escuro, as lâmpadas de sódio se acenderam, deixando a neve alaranjada. As ruas estavam vazias, e havia poucos carros nas avenidas. Conforme o tempo passava e eu caminhava e caminhava, fui me sentindo solitário. Tinha acabado de fazer 15 anos e tudo o que eu queria era seguir em frente e ir para algum lugar. Não queria ter de andar quilômetros sozinho na neve para chegar a um lugar em que eu seria humilhado e desrespeitado apenas porque tinha o descaramento de não esconder meus sonhos. Por todo o caminho fiquei com o álbum inteiro do The Only Ones tocando na minha cabeça. Eu amava a banda e sabia cada nota e cada palavra. Sentia que estava refletindo sobre minha vida.

Quando cheguei ao trabalho, recebi um recado de uma das mulheres do caixa que era para eu ir falar com Maggie. Achei que tivesse feito alguma merda e, quando entrei no escritório, ela disse que estava demitido por chegar dez minutos atrasado. Ouvir a mulher dizer isso na minha cara depois da expedição heroica que eu havia realizado era tão ridículo que comecei a rir, a rir muito. O fato de isso deixar Maggie mais irritada me fez rir mais ainda, e quanto mais irritada ela ficava, mais engraçado tudo se tornava para mim. Foi hilário, adorei, foi perfeito, ela ficou uma fera.

Assim fui para o olho da rua — legal. No entanto, não sabia que, quando alguém deixava a cooperativa, o costume era ir até a plataforma de carga nos fundos para enfrentar um esquadrão da demissão composto por toda a equipe, que estava armada com suprimento de ovos quase infinito. Era um supermercado enorme, então tinha muita gente e muito ovo. Assim que apareci, todos me atacaram, sem ceder, avante, impiedosamente, até eu estar todo coberto de ovos. Eles disseram adeus e voltaram ao trabalho, rindo muito, e eu tive que ir para casa. Os ônibus ainda não estavam funcionando, mas de qualquer forma eu não seria admitido em nenhum, então caminhei, um omelete humano na neve.

A alguns quilômetros de casa, me sentia com tanto frio e tão desconfortável que decidi parar na casa do meu amigo Danny Patton, que ficava no caminho. A família de Danny era demais. Não importava a hora que aparecesse na casa dele, os pais eram cordiais e divertidos e o deixavam entrar e ficar. Eles se divertiram muito quando apareci na porta da casa deles. Fui direto para o banheiro e peguei algumas roupas emprestadas. Depois que me recompus, Danny me perguntou:

— Vamos para a festa da Gill? Vai ter umas garotas lá.

— Sim — respondi. — Vamos.

Fui para a casa da Gill com três dos meus amigos: Bobby, o baterista, e os outros dois que só fingiam ter uma banda. Havia mais pessoas mais jovens e mais conservadoras do que eu estava acostumado, e houve uma agitação porque nós aparecemos. A casa era um zumbido de frisson sexual adolescente; o álcool descia rápido. Os pais da Gill não estavam e ela ficou preocupada se algo seria quebrado ou roubado. Também houve a corriqueira ameaça de violência por parte de uns feiosos que planejaram me matar quando ficassem bêbados o bastante. Eu tinha me acostumado com aquilo, então sempre identificava uma rota de fuga, caso fosse necessário. Fui a uma festa uma vez em que um cara que eu nunca tinha visto quebrou uma garrafa na pia e veio atrás de mim bem devagar enquanto eu subia as escadas de costas. Entrei em um quarto e tive que pular a janela. Naqueles dias, ser conhecido por estar em uma banda podia trazer desvantagens de vez em quando.

A festa estava começando a entrar nos eixos. Dei uma volta antes de me estabelecer em um sofá na sala principal, onde o novo álbum do Blondie, *Parallel Lines*, estava tocando. Afundei ao lado do meu baterista e, em alguns segundos, aconteceu algo que seria o mais importante da minha vida: do outro lado da sala notei uma garota em pé de lado. Fiquei atordoado por sua beleza e, como em um filme, o resto da sala pareceu congelar e vi um brilho em volta dela. Tudo em que eu pensava era: "Você achou". Foi a maior sacada. Virei para Bobby e disse "Vou me casar com aquela garota".

Impressionante como o rumo da sua vida muda dentro de instantes. Num momento, tudo está normal, e então uma ligação telefônica, um encontro, destino ou sorte, e tudo está diferente. Paralisei naquele momento. Tinha que falar com ela, e esperava que ela quisesse falar comigo. Não me lembro o que disse primeiro porque eu nem escutava o que estava falando. Fiquei fascinado. Ela era linda, segura e muito descolada. Percebi que era mais jovem que eu e, depois de dizer algo, perguntei quando era seu aniversário. Ela me falou que era em outubro.

— Que dia? — indaguei.

— 31. Halloween — ela disse.

— O quê? A gente nasceu no mesmo dia.

Pensei na hora que era algo além da relação garoto e garota. Tinha a ver com alma. Eu precisava que ela gostasse de mim o mais rápido possível, mas não podia deixar que notasse porque eu ia parecer um idiota. Descobri mais tarde que ela sabia quem eu era e também estava interessada em mim da mesma maneira. Ela simplesmente não fingiu.

Pelas semanas seguintes, eu sempre estava aonde ela ia. Quando ela caminhava para a escola de manhã, eu ficava na janela para vê-la passar, imaginando que olharia. Ela sempre olhava e acenávamos um para o outro. Me certificava de estar esperando no portão da escola quando ela saía na hora do almoço para ir a uma loja. Andy tinha que estar comigo para não me sentir totalmente desesperado, mas ela sabia que eu estaria lá e eu sabia que ela esperava que eu estivesse. Sempre andávamos em turma — alguns dos amigos delas, eu e Andy — e sabíamos que assim eu e Angie podíamos passar 40 minutos juntos. Depois, eu esperava até as 15h45 quando poderia acompanhá-la para casa.

Esse ritual rolou durante semanas. Não importava que, na verdade, eu mesmo devia estar na escola, nem considerava essa possibilidade. Cada vez me ausentava por períodos mais longos da St. Augustine, mas não parecia incomodar a escola que seu herói da guitarra local estivesse ausente. Se o dia estava lindo, Andy e eu olhávamos um para o outro e declarávamos "O dia tá muito bonito para entrar na escola hoje", e então saíamos e dávamos uma volta no Wythenshawe Park. Se estivesse chovendo, virávamos um para o outro e dizíamos "O tempo tá ruim para entrar, não tá?", então ficávamos em casa.

Se algum de nós tinha crise de consciência, ela seria aliviada pelo outro até que ele recobrasse o juízo. Contanto que eu aparecesse na secretaria da escola de vez em quando com um bilhete manuscrito dizendo "Prezado senhor, Johnny teve conjuntivite" e assinasse de forma não identificável, tudo ficava bem. Quando era Andy que precisava de um bilhete, eu escrevia por ele. Depois que ficou óbvio que fazíamos isso, escrevi "Prezado senhor, Andy estava com Johnny Marr porque ele teve conjuntivite", e uma vez escrevi uma carta que simplesmente dizia "Andy teve conjuntivite também", só para ver se conseguiríamos nos safar dessa e porque era divertido.

Angie e eu começamos a nos ver mais, embora Andy nunca estivesse muito longe. Ele era descontraído, como sempre, e isso lhe deu muitas oportunidades de conhecer várias amigas de Angie, que estavam interessadas em suas próprias atividades hormonais. Ele ficou bem feliz e se mantinha ocupado.

Os primeiros dias quando nos encontrávamos eram mágicos para mim e Angie. Um dia demos uma escapulida e nos sentamos no muro do conjunto habitacional com o céu de primavera atrás de nós e eu expus o plano para nosso futuro: "Vamos nos mandar e sair daqui. Vou ter uma banda e gravar discos. Vamos para Londres e depois para o mundo todo. Sou guitarrista e você é a namorada do guitarrista. É isso que vamos fazer". Ela não duvidou de mim, e isso foi maravilhoso e legitimador. De qualquer forma, não havia outra opção para mim, e agora que eu tinha esse plano, ele era ainda mais necessário porque ela também precisava disso. Eu acreditava que podia fazer. Ela me fez corajoso.

A política dos meus pais quanto a ter amigos em casa era muito na linha *persona non de jeito nenhum*, mas para Angie as portas estavam abertas. Minha família toda a adorava. Eles a tratavam como se ela fosse da família e gostavam mais dela do que de mim. Estava tudo bem para mim, pois significava que ela podia passar a noite sempre que quisesse, e isso acontecia com frequência, o que era perfeito, claro.

A atitude da família de Angie em relação a mim era diferente. Seus pais não sabiam que ela tinha um namorado e não teriam ficado satisfeitos se ela tivesse um que fumasse cigarros e estava prestes a abandonar a escola para tocar guitarra. Angie tinha 14 anos e eles a viam como uma garota convencional com um futuro sensato esperando por ela, não a namorada de um rebelde dissidente que estava vivendo a vida de um membro dos Rolling Stones – se os Stones morassem em um conjunto habitacional no sul de Manchester – e estava planejando fugir de qualquer maneira.

Angie morava com os pais e um irmão mais velho, Pete, que sem surpresa começaram a notar que ela havia tingido o cabelo de preto, tinha se tornado muito pálida e pareceu ter perdido todo o interesse na lição de casa e na comida. Após cerca de seis semanas que tínhamos começado a ficar juntos, ela se parecia exatamente com uma versão adolescente de Siouxsie Sioux nos braços de um Johnny Thunders juvenil, e onde quer que fôssemos as pessoas não paravam de olhar. Ouvíamos New York Dolls, Psychedelic Furs e The Cramps, e o favorito absoluto dela era Iggy Pop. Embora eu não a tivesse apresentado aos cigarros, introduzi outras coisas, como guitarras, capas de discos e shows, e estava tudo bem. Angie queria uma aventura e ela apoiava todas as minhas ideias e curiosidades. E havia muitas.

Na casa de Andy encontrávamos mais e mais formas aventureiras de fumar maconha, e resultados cada vez mais ridículos. Tinha um campo de futebol atrás do jardim dos fundos, e quando os dois times se apresentavam, vestíamos o cachorro, que se chamava Dan, como uma réplica do conjunto do time da casa, fazíamos um furo nos shorts para passar o rabo e o mandávamos para jogar com eles. Esperávamos até que houvesse um momento tenso em especial na partida e observávamos Dan correr direto para a bola e andar no campo com seu conjunto enquanto os jogadores tentavam agarrá-lo em vão. Ficávamos observando de dentro da casa e tínhamos ataques de riso. Eles tinham que esperar até o Dan se entediar com a brincadeira e voltar correndo. O que deixava tudo mais engraçado é que na semana seguinte fazíamos tudo de novo. Uma vez, quando Dan me seguiu todo o caminho de volta para casa tarde da noite, parei um táxi preto e o coloquei no banco de trás, dei ao motorista seis libras e o mandei para casa; quando o táxi parou, o cachorro desceu. Fiquei sem dinheiro nenhum para o resto da semana, mas foi engraçado.

Algo que John, o irmão mais novo de Andy, inventou foi despejar baldes de água na rua quando estava um frio congelante para que a água virasse gelo. Então, ele se escondia atrás das cortinas, espiava pela janela e observava os carros derrapando. Era uma brincadeira estranha para uma criança, e nunca consideramos a seriedade disso, mas era malignamente engraçado, principalmente quando o chato do vizinho vinha chegando de bicicleta.

Foi por volta dessa época que compreendi que minha banda precisava ficar mais séria se quiséssemos chegar a algum lugar. Tocamos umas duas vezes em centros juvenis locais, mas sabia que era necessário nos dedicar mais para ficar tão bons quanto pensávamos que precisávamos ser. Uma ideia foi colocar Andy para tocar baixo. Pareceu óbvio para mim, já que ele era simplesmente brilhante sempre que se apossava do baixo de Kev, e sua pegada com o instrumento não era igual à de ninguém. A princípio ele relutou, mas se tornou um mestre do baixo em poucas semanas.

Rob Allman tinha formado duas bandas depois que a Four Way Street acabou, e ele sabia que eu era sério no que fazia. Ele veio em um de nossos ensaios e, depois de ouvir duas músicas minhas, propôs que formássemos outro grupo com Andy no baixo, Bobby na bateria e eu e ele nas guitarras e nos vocais. Eu queria trabalhar com Rob porque ele era muito bom, e Kev não se importou em não fazer parte, já que estava começando a atuar e acabaria fazendo parte do elenco da novela *Coronation Street*. Começamos a ensaiar na sala dos fundos da casa de Andy, e Rob batizou a banda de White Dice. Não gostei do nome, mas era bom ensaiar com regularidade e compor nossas próprias músicas. Rob trouxe seu amigo Paul Whittle para tocar teclados, e a banda ficou muito boa no arranjo de vocais e nas harmonias. Rob era um grande músico e aprendi muito sobre composição, mas ele era uns anos mais velho do que o restante da banda e, às vezes, nos tratava como se fôssemos seus subordinados e dizia a todos o que tocar. Isso não dava muito certo comigo e acabávamos entrando em conflito com frequência.

Um dia, entrei em casa após a aula e o telefone tocou. Atendi e alguém com um sotaque de Londres disse:

— É o Johnny Marr? Aqui é Jake Riviera, empresário do Elvis Costello.

— Ah, sim — respondi, supondo que fosse Bob me passando um trote pelo telefone.

— É o Johnny Marr quem está falando? — repetiu de forma mais assertiva. — Aqui é Jake Riviera, empresário de Elvis Costello. Recebi uma fita da sua banda e acho que é muito boa. Gostaria que vocês viessem ao estúdio.

Eu estava prestes a dizer "corta essa, Bobby Riviera" quando me toquei de que a ligação poderia ser real. Aqui estava eu em meu uniforme escolar, 15 anos, conversando com o empresário de Elvis Costello. Endireitei o corpo e respondi:

— Ah, certo, legal.

A banda havia gravado uma música em uma fita cassete meses antes e Rob a tinha enviado para uma gravadora. Jake Riviera havia escutado e gostado o suficiente para nos enviar passagens de trem para Londres e bancar um dia de estúdio. A perspectiva de entrar em um estúdio de gravação de verdade era desconcertante, principalmente porque ficava na casa de Nick Lowe. Difícil acreditar que fosse de verdade, eu não tinha a menor ideia do que poderia acontecer.

Fomos para Londres e nos dirigimos ao estúdio. Depois de esperar por uma eternidade do lado de fora de uma casa que não parecia ser de ninguém, a porta se abriu e fomos recebidos por uma Carlene Carter bastante sonolenta. Ela era esposa de Nick Lowe e enteada de Johnny Cash. Desacostumados a sermos cumprimentados por uma deusa do rock vestida em camisola transparente, nos apresentamos e caminhamos até onde ficava o estúdio designado para a sessão. O dia todo foi surreal e quase demais para ser processado. Eu estava no estúdio de gravação, com guitarras clássicas e amplificadores por toda parte, na casa de Nick Lowe. A sessão foi toda confusa. Tocamos seis canções para o produtor, e ele decidiu que deveríamos tentar completar quatro. Acabei tocando com a Rickenbacker de Elvis Costello, que tinha sido deixada no corredor, e às 22h em ponto corremos para a estação Euston para pegar o último trem de volta para Manchester e esperar por uma ligação para dizer que o Sr. Riviera queria ser nosso empresário. Nunca recebemos a ligação, mas não fiquei desapontado. Não esperava nada e amei toda a experiência.

A banda continuou por um tempo e tentamos ensaiar em alguns lugares diferentes de Manchester. Um deles eram as Salas de Ensaio de T. J. Davidson, e na sala acima de nós estava o Joy Division, que de vez em quando eu via entrando e saindo com seus equipamentos. Eles pareciam bem estranhos e completamente diferentes de qualquer outra banda daquela época. A impressão que dava era que estavam usando roupas de homens mais velhos e seus cortes de cabelo vinham direto dos anos 1930. Entretanto, eram dedicados e aparentavam sempre estar ocupados fazendo shows e ensaiando.

Continuamos praticando e tentando encontrar alguns lugares para tocar, mas não foram muitos. Um problema era que os caras mais velhos da banda pareciam querer apenas se sentar no pub e conversar sobre fazer coisas, enquanto eu queria sair e fazer. Consegui um show para nós em um evento do grêmio estudantil, mas a noite foi um desastre. Rob ficou muito bêbado, a ponto de nos sabotar, e então soube que teria de encontrar outra coisa. Fiquei decepcionado e triste com isso, mas vínhamos trabalhando muito e a música era importante demais para mim para deixar que estragassem tudo. Era uma chance de descobrir minha própria música para minha própria geração. Na minha banda seguinte, eu seria o líder, tocaria guitarra e comporia as músicas, e procuraria por um cantor para estar na frente.

ROUPA DE SHOW PARA USAR NA RUA

Para mim, meus dias na escola finalmente haviam acabado. Eu ainda tinha 15 anos e mais um ano escolar pela frente, mas saí pela última vez em uma manhã de verão e disse a Angie que não voltaria. Eu e ela andamos pela cidade sentindo que tudo era possível, e reafirmei meus planos para o futuro: fazer música e visitar outros lugares. Estava determinado a ter um grupo decente e sabia que tinha que acontecer. Havia uma ressaca punk em Manchester.

A geração mais velha de músicos agia como se tivesse ganhado a guerra, e era impossível sair para um show ou ir a uma loja de discos sem ouvir histórias de dias de glória de algumas pessoas que já faziam parte da cena havia algum tempo. Eu achava que alguns punk eram hipócritas: pareciam querer o mesmo estilo de vida e status que os astros do rock que eles supostamente queriam desbancar. Também fiquei entediado com o que tinha se tornado a cultura da guitarra. Respeitava os guitarristas que tinham sido pioneiros nos anos 1960, mas o rock tinha ficado muito másculo e desesperadamente ultrapassado para mim. Eu queria algo para a minha própria época e estava muito ciente de ser jovem e de pertencer a uma geração diferente com valores diferentes.

Meus pais não iriam me bancar, portanto eu precisava encontrar um emprego para sobreviver. Claire estava seguindo seu caminho também e saindo mais com seu próprio círculo de amigas.

Conforme o ano de 1979 passou, a Grã-Bretanha começou a sentir o efeito do novo governo conservador, conduzido por Margaret Thatcher. Apelidada de "A Dama de Ferro", ela aboliu o leite de graça para as crianças na escola e era tão desdenhosa que você chegava mesmo a imaginar se a nação toda não tinha perdido a cabeça ao eleger a líder do país. No curto período em que esteve no poder, já houve uma mudança na comunidade em que cresci, já que as famílias sofreram com o desemprego e uma sensação real de apreensão tomou conta. Ela tinha um ego colossal, e sua filosofia se baseava nos piores aspectos da natureza humana. Ela sabia que, se você infligisse enorme dificuldade sobre as pessoas, elas se virariam umas contra as outras a fim de proteger os próprios interesses. A visão dela, como a de todos os governos conservadores, era autenticamente cínica no sentido de que recorria ao medo, à ganância e à indiferença pelos outros — como alguém escolhendo sua nova casa com garagem para dois carros sem levar em conta a necessidade de um pai de família desempregado com três filhos logo ao lado — e as terríveis consequências de sua visão afetariam os britânicos por bastante tempo.

Comecei a trabalhar aos sábados em uma loja de roupas chamada Stolen from Ivor, cuja clientela era formada basicamente por meninos que gostavam de soul music. Vendíamos jeans de perna reta e camisas de botão e tínhamos uma bela linha de suéteres em tons pastel que eram populares com os chamados garotos Perry, que queriam se parecer com Brian Ferry. Eu não usava as roupas da loja, mas encontrei uma jaqueta de couro preta que consegui comprar com um pequeno desconto depois de tê-la escondido para que um cliente não a comprasse antes.

Não ganharia dinheiro suficiente trabalhando um dia na semana, então me matriculei temporariamente na Wythenshawe College a fim de me tornar elegível para uma bolsa de 200 libras que dei a Angie para poupar. Precisava estudar três disciplinas, então escolhi inglês, artes e sociologia, mas depois mudei de sociologia para o teatro, pois a professora era legal e com ela aprendi algumas coisas interessantes sobre escrever e atuar. Minha carreira de estudante não durou muito. O que de mais útil fiz foi passar tempo no grêmio estudantil e frequentei duas conferências em cidades diferentes. Eu gostava de política e estava impressionado pelo idealismo em ação de algumas pessoas envolvidas. Fiz amizade com um cara chamado Tony O'Connor, que me deu uma cópia do livro *Arguments for Socialism*, de Tony Benn. Foi uma inspiração. Até então, minhas visões políticas eram instintivas e completamente subjetivas, baseadas na forma como fui criado e no que tinha observado à minha volta. Eu tinha a impressão de que não era esperado que as pessoas da classe trabalhadora questionassem por que a vida delas era do jeito que era, e eu imaginava por que ainda havia uma classe dominante. O livro de Tony Benn de fato me abriu os olhos e me colocou no caminho certo. Eu queria descobrir mais.

Estava na loja um sábado quando uma garota de uma casa vizinha entrou correndo, agitada, dizendo que havia uma gangue de arruaceiros vindo na nossa direção. Dias antes houve brigas nas ruas próximas de Moss Side, e a tensão racial na área era alta após relatos de ação abusiva da polícia. Por volta de mil pessoas tinham atacado a delegacia e um policial havia sido atingido por uma flecha de besta. Podíamos ouvir vitrines sendo estilhaçadas do lado de fora da loja e quando corri para abaixar as persianas os alarmes começaram a disparar. Fora dali era o caos espalhado por todos os lugares com as pessoas correndo, jogando latas de lixo nas vitrines das lojas. Meu chefe pegou o dinheiro do caixa em pânico e nos trancamos até que a polícia veio nos tirar de lá.

Eu não gostava de trabalhar na Ivor. A loja era muito séria e eu me sentia confinado. Tinha conhecido um cara que trabalhava num local chamado Aladdin's Cave que vendia roupas num estilo mais rock 'n' roll, e ele me disse que tinha uma vaga em tempo integral lá. Entrei para conhecer o chefe e ele me contratou na hora. O novo emprego era melhor: a loja era mais alternativa e os clientes, uns tipos mais fora do comum. A música era melhor também, já que tocavam o que eu gostava das casas noturnas de rock alternativo. O dono da loja era um cara bem mais velho chamado Mike, que queria saber tudo sobre minha vida. Ele me perguntava sobre os lugares que frequentava e o tipo de música de que gostava. Estava bastante interessado no que eu usava e por quê.

Supus que suas perguntas eram motivadas por interesses estritamente comerciais, já que tinha começado a vender o tipo de roupa que eu usava e depois deu um emprego para Angie e pegou emprestadas algumas de suas roupas para copiar e vender também. Deu certo, porque a cada semana a loja ficava mais movimentada e logo se tornou o lugar mais popular para os jovens na cidade. Trabalhar em uma loja de roupas era perfeito para mim. Além de estar cercado de roupas, me dava oportunidade para tocar a música que eu quisesse o dia todo. Ia alternando Wire, The Cramps, Magazine e Siouxsie and the Banshees, assim como os velhos favoritos Human League e David Bowie. Outro aspecto bom em trabalhar na Cave é que eu tinha a oportunidade de ir à Johnson's.

Angie e eu havíamos sido frequentadores assíduos da Johnson's por bastante tempo. A loja ficava na King's Road, em Londres, na área conhecida como World's End, e a conheci quando Billy Duff conseguiu um emprego lá e fui visitá-lo. O dono era Lloyd Johnson, um mod original e aficionado por estilo que havia começado com um estande no Kensington Market no final dos anos 1960. Em 1978, ele abriu a loja da King's Road, não muito longe da Sex, a infame loja de Malcolm McLaren e Vivienne Westwood. O estilo de Johnson era uma repaginação do rock 'n' roll clássico retrô, algo que Lloyd chamava de "roupa de fazer show para andar na rua", e gente como Stray Cats, Johnny Thunder e Iggy Pop usavam. A Cave vendia algumas peças da Johnson's. Eram caras, e Angie e eu conseguíamos comprá-las com o salário de várias semanas. A Cave também vendia roupas que se pareciam com as da Johnson's, mas não eram, e tanto Angie quanto eu não usaríamos nem mortos. Às vezes eu fazia um acordo com o chefe: Angie e eu íamos até Londres buscar alguns itens de que gostávamos e os trazíamos para vender na loja, e ele nos dava roupas da Johnson's de graça em troca. Angie dormia na minha casa e acordávamos 5h30 da manhã para pegar o trem para Londres. Quando chegávamos em Euston, tomávamos o metrô até Sloane Square e andávamos a King's Road até a Johnson's, dando uma olhada em uma grande loja de sapatos chamada Robot que ficava no caminho.

As viagens para a Johnson's eram sempre mais do que um evento para nós. Angie vestia uma jaqueta de couro La Rocka e saia de couro, camisa Vivienne Westwood e botas Johnson's. Quando entrávamos na Johnson's, Lloyd nos recebia com um "Ó! Vejam só esse casalzinho, como são adoráveis!" e em uma ocasião nos levou para o estoque para nos mostrar uns modelos nos quais estava trabalhando inspirado nos pilotos kamikazes e que se tornariam sua mais famosa criação. Na loja, pegávamos o quanto podíamos e colocávamos em sacos plásticos. Então, cambaleávamos pela King's Road com os sacos para fazer a viagem de volta a Manchester, onde Mike nos encontraria. Dávamos a ele as roupas que havíamos comprado e pegávamos para nós o que queríamos, sob a condição de usá-las na loja — o que faríamos de qualquer forma. Logo nossos amigos começaram a fazer pedidos para comprarmos roupas em Londres para eles. Fizemos duas viagens e conseguimos vender as roupas mais barato do que a Cave. Era melhor do que se nossos amigos pagassem preços inflacionados e rendeu a mim e a Angie uma renda decente por um tempo. Também ajudou a parar de fazer cópias falsificadas, e de repente havia várias pessoas andando por Manchester parecendo os Stray Cats.

Um dia, em 1981, um homem e uma mulher jovens entraram na Cave com pranchetas nas mãos e me perguntaram em um tom formal se eu gostaria de aparecer em um programa na televisão sobre o desemprego entre os jovens. Fiquei confuso e ressaltei que estava empregado pela loja, mas eles disseram que não importava que estava empregado — eu era o que eles precisavam. A mulher foi ticando uma lista de tipos: "Temos um punk, um estudante, uma garota grã-fina, um skinhead...". Eles não sabiam o que eu era, mas achavam que seria bom para aparecer na televisão. Eu ganharia 30 libras por cada programa por seis semanas, e isso pareceu muito bom para mim. Disse que pensaria e falaria com eles.

Quando o casal estava saindo, Mike apareceu e perguntou o que queriam. Contei a ele e Mike, que nunca perdia uma oportunidade comercial, deu uma sugestão:

— Você deve participar. E cada semana poderia usar uma roupa da loja. Faria uma boa propaganda.

Geralmente, eu aderia ao espírito empreendedor e topava ajudar um amigo, mas fazia tempo que tinha decidido que não queria ter amizade com o chefe.

— Não, não vou usar uma roupa da loja — eu disse. — Vou usar as minhas.

— Que tal algo da Johnson's? — ele propôs. — Podia usar um conjunto diferente a cada semana.

Isso me pareceu excelente e dei uma forçada.

— Vou usar se você me deixar ficar com as peças — eu disse — e me pagar 30 libras.

Ele parou para pensar. Não acreditei que ele estava considerando a possibilidade. Um conjunto da Johnson's de graça toda semana — eu teria aparecido no programa só por uma peça e agora ele ainda estava considerando me pagar 30 libras toda semana além das roupas.

— Vinte libras — rebateu.

— Tudo bem — respondi, e comecei a planejar qual conjunto da Johnson's eu usaria na TV e o que compraria com as minhas 300 libras.

O programa de TV se chamava *Devil's Advocate* e era transmitido ao vivo todo domingo. Eu ficaria sentado com outros 99 jovens enquanto o apresentador, Gus Macdonald, falava sobre assuntos relacionados a desemprego e pessoas jovens no Reino Unido e nós daríamos nossa opinião. Quando disse aos meus pais que iria participar, eles ficaram impressionados por ter sido convidado e pensaram que eu era bastante inteligente. Era uma boa premissa para um programa dar um palanque nacional para adolescentes desempregados, mas me senti um pouco estranho por estar lá, pois tinha um emprego. Minha intenção era abrir pouco a boca e deixar que os outros, que estavam genuinamente mais interessados em participar do programa e desempregados também, falassem. No entanto, os produtores tinham uma ideia diferente. Me colocaram na primeira fileira e eu usava uma roupa que só estrelas do rock podiam usar, na verdade, bancar, até que compreenderam que eu não estava contribuindo muito. Nas duas ocasiões em que dei minha opinião, eu murmurava e parecia bastante nervoso, como se quisesse que a câmera desviasse.

Com o dinheiro que ganhei com o programa e trabalhando na loja consegui comprar uma Gibson Les Paul preta de segunda mão, que foi a primeira guitarra de fato que tive. Eu passaria a maioria das noites no meu quarto tocando-a e trabalhando em novas ideias para músicas. Ficava sentado no chão com minha guitarra e gravava ideias em um cassete enquanto Angie se esticava na cama, folheando revistas e olhando capas de discos. Às vezes eu praticava sozinho e sentia que não estava chegando a lugar nenhum e que tudo já havia sido feito antes, mas então colocava um acorde em um lugar diferente ou mudava sua estrutura e descobria algo. Notei que alguns acordes soavam mais como eu me sentia, como se eu estivesse tocando algo pessoal que fizesse sentido para mim. Estava procurando por coisas que evocassem um sentimento de desejo, mas com uma espécie de otimismo, e isso começou a se desenvolver em uma identidade própria da qual eu gostava. Aos poucos, essas descobertas se tornaram meu vocabulário na guitarra, e cada vez mais eu soava como eu mesmo. Também tinha uma noção de que, se pudesse, deveria fazer algum tipo de declaração. Algo contrário a tudo que já tinha ouvido antes. Eu só tinha que descobrir o que gostaria de dizer.

Por essa época, havia perdido contato com Bobby e conheci um baterista muito bom do sul de Manchester chamado Simon Wolstencroft. Ele soube que eu estava montando uma banda e me procurou uma noite. Si era muito descolado. Tinha a mesma idade que eu e era bastante descontraído, parecia ótimo e seu estilo era puro *bluebeat*. Disse a ele que queria formar uma banda que soasse como rock, mas que não tocasse canções rock de fato – eu estava interessado em algo novo e baseado em *groove*, como Gang of Four ou Talking Heads. O herói de Si era Topper Headon, do The Clash, que àquela época estava percorrendo uma linha semelhante com músicas como "Radio Clash" e "The Magnificent Seven". Ficou muito animado com a ideia da banda e concordou em tocar bateria nela.

A primeira vez que nos reunimos foi no porão de uma loja de tapetes que pegamos emprestado do chefe de um amigo; o lugar era tão frio e úmido que minha guitarra ficava estalando e dando choques elétricos. Insistimos por duas noites até que não consegui aguentar mais e fomos procurar um espaço em um novo local de que tinha ouvido falar, próximo ao centro da cidade. Decibel Studios ficava no prédio de um antigo moinho em Ancoats, no limite do centro da cidade, e pertencia a um francês chamado Philippe. O estúdio estava só metade construído, e Philippe o ofereceu de graça por duas noites na semana se eu o ajudasse no trabalho de construção. Toda noite, depois de terminar meu expediente na loja, eu ia para lá, e após uma semana carregando tijolos e erguendo paredes tínhamos um lugar para ensaiar.

A banda começou comigo, Si e Andy, e meus planos incluíam fazer audições para escolhermos um vocalista. Eu não queria estar à frente da banda e desejava um formato de quatro integrantes com guitarra, baixo, bateria e vocais. Na primeira noite no Decibel, estávamos tocando uma música chamada "Freak Party", que soava como um tipo de Funkadelic no estilo new age, quando Si sugeriu que o título da música seria um bom nome para a banda. Estávamos tocando um tipo novo de música que soava jovem, e dava uma sensação boa estar caminhando para o desconhecido. Eu sentia que fazia parte de algo que estava prestes a acontecer.

Um cara falou comigo um dia na loja e perguntou se eu sabia onde ele conseguiria vender uma pintura que um amigo dele havia encontrado "misteriosamente". Eu havia cometido o erro algumas semanas antes de indicar a ele um traficante de maconha que também era receptador de mercadoria roubada e agora voltava a me procurar com essa história. Disse a ele que iria procurar e esperava que a conversa morresse ali, mas ele era o tipo de pessoa contundente e persistente, de forma que acabei cedendo e concordei em apresentar o receptador para que ele calasse a boca. Umas semanas depois, eu estava ensaiando com a Freak Party quando a porta foi arrombada e três homens bastante agressivos e fortes invadiram a sala e gritaram para nós.

— Parem essa porra agora mesmo!

Paramos.

— Qual é seu nome? — gritou um deles.

— Simon Wolstencroft — disse Si.

— E quem é você? — ele gritou para Andy.

Andy disse a eles, e todos olharam para mim e um deles vociferou:

— Qual é o seu nome?

— Johnny... — eu disse. Com isso os três me atacaram, me espremeram contra a parede e ergueram meus pés do chão.

Não tinha ideia do que estava se passando, mas sabia que era encrenca séria. Um deles vasculhou meus bolsos e pensei "É uma batida policial", mas então vi que não estavam interessados no que poderia estar nos meus bolsos e imaginei que deveria ser outra coisa. Dois deles me mantiveram encostado na parede. Minha guitarra ainda estava ligada. "Klaang!!!... Klaang!!" saía do amplificador e o retorno foi alto demais quando eles a tiraram de mim. Depois, um deles tirou meus sapatos. "Oh-oh", pensei quando compreendi que estava bem encrencado e que acabaria preso.

Angie estava sentada numa escrivaninha na recepção do lado de fora quando dois deles me arrastaram pelo corredor. Os tiras gritaram para ela "Fique aí!" e eu vi a consternação em seu rosto quando eles me puxaram escada abaixo para a porta da frente. Me colocaram no banco de trás de um carro sem identificação, e vi Andy e Si entrarem em outro. Ainda não fazia ideia do que estava acontecendo e decidi ficar quieto já que o policial no banco de trás ao meu lado me batia nas costelas a cada esquina que virávamos.

Foi só quando chegamos à delegacia de Longsight que fui informado de que seria preso por receptação de mercadoria roubada, e o motivo de tanta seriedade era que a pintura era uma obra famosa de L. S. Lowry, um artista de Manchester. Fiquei sentado sozinho em uma cela verde-clara, suja, e pensei "Agora você conseguiu". Passei a noite toda na cela com minha calça de couro e minha camiseta do Only Ones. Um policial diferente aparecia a cada duas horas para me informar com gentileza que eu ficaria preso por bastante tempo. Eles pareciam curtir muito ficar me dizendo "Você vai ficar bastante tempo sem ver sua gatinha" e acharam engraçado que eu tivesse uma banda e usasse maquiagem. Me soltaram na noite seguinte e visitei um advogado dois dias depois. Ele me informou que muito provavelmente eu ficaria de oito meses a um ano em uma prisão juvenil.

Angie e eu passamos a noite anterior ao julgamento dizendo adeus um ao outro, ambos ainda estávamos em choque. As pessoas ficavam me dizendo que conheciam Fulano e Beltrano que me procurariam na prisão, o que era para ser reconfortante, mas não era. Andei com gente inescrupulosa, mas isso era parte de crescer naquele ambiente em que eu vivia. Não conseguia acreditar que um passo impensado tinha me colocado nessa situação. Significaria nada de Angie e nada de guitarra, e uma potencial condenação.

Me apresentei no tribunal de magistrados e vi todo mundo que estava envolvido no caso ser sentenciado à prisão. Por fim, o juiz chegou a mim e como um milagre decidiu me liberar com uma multa de 300 libras. Foi inacreditável: o juiz teve compaixão e saí de lá livre. Estar naquele tribunal naquele dia me fez compreender mais do que tudo o que eu era. Eu era um músico. Não era só isso, mas, pelas minhas contas, ser preso enquanto tocava guitarra significava pelo menos um milhão de pontos no rock 'n' roll.

A Freak Party continuou ensaiando no Decibel e começamos a procurar um cantor. Fizemos audições com duas pessoas. Um cara parecia ótimo, mas insistiu em cantar "The Flowers of Romance" sem parar até que não aguentei mais. Depois do que pareceram horas, dissemos a ele "Obrigado, a gente liga pra você" e ele saiu. Logo depois, ele se tornou um modelo de muito sucesso. Fiquei sem conseguir ouvir "The Flowers of Romance" por muitos anos.

Si me falou sobre um amigo que tinha feito parte de outra banda com ele, chamado Ian Brown. Ele tinha a mesma idade que nós e gostava de música boa. Pedi a Si que convidasse Ian para vir cantar conosco, mas ele já estava começando uma banda. Logo depois, conheci Ian. Tive muito respeito por ele e nos tornamos amigos.

Eu passava a maioria das noites na residência de Andy, que estava virando uma casa de loucos. Continuamos a viver sem limites e, embora tenha sido divertido no começo, chegou a um ponto em que o lugar era uma terra de ninguém e sem lei. Eu andava por lá desde que os pais de Andy se separaram, e os irmãos dele eram como se fossem meus. Considerava o lugar um refúgio criativo tanto quanto uma alternativa para a minha própria vida familiar, mas o uso de drogas estava se tornando mais sério para algumas pessoas lá e a situação começou a ficar sombria. Fui apresentado a umas pessoas das quais tinha um mau pressentimento, uns tipos novos de maus elementos que não tinham nenhum interesse em música e só trariam coisas ruins.

O primeiro sinal de alarme foi quando, do nada, um dos meus amigos disse "Vamos arrumar heroína amanhã". "O quê?", perguntei, e ele continuou a falar sobre conseguir um pouco dessa droga no dia seguinte. Fiquei chocado ao ver que os outros pareciam muito tranquilos com isso e então percebi a razão: eles já a estavam fumando. Naquele momento, eu soube que tinha que sair dali, mas não sabia como. Fiquei bravo e decepcionado com eles todos, principalmente Andy, por esconder isso de mim. Houve então um racha: de um lado eu e Angie e do outro, todo mundo, e observamos nossos amigos logo se transformarem em vampiros já que o traficante despejava heroína neles o dia inteiro, tratando-os como inferiores enquanto eles o seguiam por todo lado rindo de suas piadas ruins. Eu odiava o traficante não só por sua profissão, mas porque ele era completamente idiota e não sabia nada além de vender drogas e roubar as pessoas. Ele não era digno de estar conosco, muito menos de ser admirado. Meus amigos podem ter sido malandros, mas ainda eram jovens e bastante inocentes até a heroína chegar. Continuei a banda com Si e Andy, na esperança de que tudo se resolvesse e voltasse a ser o que era antes. Fiquei furioso com eles por se meterem nisso, mas minha banda era a minha vida e achava que não tinha outra escolha.

Uma noite, nós três estávamos indo para a casa de Andy no carro de Si após um ensaio. Eu ainda queria encontrar um vocalista, mas estávamos no começo; a música melhorava a cada dia e senti que, no final, algo podia virar. Quando chegamos lá, entrei na cozinha e vi um amigo meu injetando heroína em outro amigo meu. Paralisei e eles olharam para mim. Dei meia-volta, encontrei Angie e disse: "Vamos pegar nossas coisas e sair daqui". Angie ficou me perguntando o que havia acontecido quando invadi o andar de cima para recolher nossos pertences, mas eu estava tão furioso que não conseguia falar. Coloquei nossas roupas numa sacola e demos o fora. Não disse adeus a nenhum deles. Uma linha havia sido ultrapassada e não havia mais amigos nem banda. Não sabia o que ia fazer, mas o que quer que fosse, o dia seguinte seria o primeiro dia.

X

Uma nova loja chamada X-Clothes estava prestes a abrir em Manchester. Eu tinha deixado de trabalhar na Cave e rompido com o passado, então precisava achar um novo emprego. X-Clothes era uma empresa independente com uma loja em Leeds e outra em Sheffield. Ela havia construído um séquito fiel de clientes que gostavam de moda alternativa.

Os donos e gerentes eram um casal muito legal chamado Sue e Jeremy. Eles tinham orgulho de sua independência e produziam as roupas sob sua marca própria X-Clothes, além de representarem os melhores estilistas alternativos, como Vivienne Westwood, Susan Clowes e Stephen Linard; sua estética estava em sintonia com o que se produzia da mais alta qualidade em Londres com uma pitada de punk e rock 'n' roll. Fui fazer uma entrevista com os donos e sua eficiente assistente, Gina. Foi mais um interrogatório do que uma entrevista, e eles perguntaram minhas opiniões sobre política, moda e cultura alternativa. Fiquei impressionado como eram exigentes e como queriam que todos os aspectos da loja fossem perfeitos, então quando cheguei em casa e ligaram para dizer que eu tinha conseguido o emprego, fiquei até eufórico.

Claire tinha acabado de deixar a escola e estava trabalhando como assistente de dentista, e Angie era assistente em um escritório de advocacia. Eu tinha que pagar um aluguel para meus pais e liquidar minha multa, então precisava muito de algum dinheiro. Angie fazia uma pausa para o almoço na cidade um dia quando viu um maço de dinheiro na rua. Ninguém mais havia notado, e quando ela pegou e contou, havia 60 libras ali. Foi uma sorte incrível e nos manteve até eu receber meu primeiro pagamento.

Éramos quatro trabalhando na X-Clothes. Lee era o gerente; ele exigia que eu mostrasse respeito por ele desde o primeiro dia, e decidi que o melhor a fazer era não o provocar ou ele me faria pagar por isso. Jules era assistente do gerente. Ela era fã de música de verdade e boa no que fazia, e ela e eu nos demos bem logo de cara. A outra pessoa era Russ, que tinha se mudado de Sheffield para Manchester, pois era seguidor fiel da X-Clothes e queria muito o emprego. Como o mais jovem, me foram dadas todas as tarefas servis num primeiro momento, como separar cabides e carregar caixas. Não tinha problema, alguém tinha que fazer esse trabalho, mas também reconheci que meu novo chefe estava me colocando no meu lugar caso eu achasse que pertencia a uma posição mais alta.

Começar a loja do zero não era apenas um novo início para mim, mas para todos nós. No dia que abrimos, o lugar cheirava à tinta fresca. Todos éramos loucos por estilo e estávamos entusiasmados pelo que vendíamos; estávamos de acordo com a estética e sabíamos que muitas outras pessoas em Manchester ficariam impressionadas. A X-Clothes se estabeleceu de imediato. Músicos de bandas, pessoas de outras lojas e todo mundo que frequentava as casas noturnas apareceram para conhecer o novo local. As pessoas mais impressionantes em termos de estilo eram uns adolescentes dos subúrbios da cidade. Eu achava que qualquer lugar ao norte do centro da cidade estava parado no tempo, mas havia um monte de rockabillies que vinham à loja com o visual alinhado em cada detalhe, das meias à escolha do produto para o cabelo. Cada um tinha sua estrela favorita: Gene Vincent, Eddie Cochran, Montgomery Clift. Fiquei amigo deles e até consegui um emprego aos sábados para um que se chamava Rockabilly Geoff.

Eu amava trabalhar no centro da cidade e já conhecia um monte de clientes da Stolen from Ivor e da Cave. Era bom para a loja, mas me afastava do chefe. Ele cortava minhas asas me mandando fazer alguma entrega ou levar um recado, mas eu ficava feliz com qualquer tarefa delegada a mim. Eu fumava um cigarro e pensava que fazia parte do trabalho.

Adaptar-me à minha nova situação me ajudava a deixar o passado para trás. A vida era incerta e eu ainda iria conhecer novos amigos, mas estava otimista em começar algo diferente. Sentia falta de sair com Andy, mas ele estava em um lugar de onde tive que fugir, e eu gostava da energia e da promessa dessa nova situação. Comecei a pensar no estilo de música que queria fazer da mesma maneira. Não comporia músicas com um baixista e baterista numa sala de ensaio, eu faria sozinho. Sabia que acabaria formando um grupo, mas não estava disposto a começar a procurar por músicos ainda. Decidi escrever um monte de músicas novas e melhorar meu desempenho ao máximo. Voltei para a casa dos meus pais e me dediquei a trabalhar em riffs e melodias sozinho. Aprendi a estrutura de canções em discos de grupos de meninas e singles da Motown e ouvi os discos de Phil Spector com obsessão, tentando entender a mecânica por trás.

Na loja, revezávamos para tocar nossas bandas preferidas. Russ amava Killing Joke, Fad Gadget e quase tudo de sua cidade natal, então tínhamos todas as bandas de Sheffield, como Cabaret Voltaire, Human League e Clock DVA, com uma pitada de Throbbing Gristle. Jules tocava The Stooges e The Fall e qualquer outra coisa desde que fosse Velvet Underground. Lee gostava de The Associates, o que me impressionou, e Kraftwerk, mas então estragava tudo sugerindo Frank Sinatra, que, por algum motivo inexplicável, tinha algum apelo no início dos anos 1980 e era tratado com desdém pelo resto de nós.

Todas as bandas da Factory Records vinham à loja. Tony Wilson me perguntou um dia se eu tinha interesse em entrar para o Section 25, uma de suas bandas. Ele me deu uma fita e eu gostei, mas queria ter minha própria banda e disse que não toparia. Nessa época, o artista gráfico Peter Saville veio com outro cara da Factory chamado Mike Pickering. Eles tinham acabado de sair de uma reunião para tratar de uma nova casa noturna que estavam para construir, e mencionaram o designer Ben Kelly e o New Order. Pegaram um monte de plantas do local e colocaram sobre o balcão da loja. Era impressionante, e Mike e Peter estavam muito animados. Perguntei qual seria o nome do lugar e eles disseram "The Haçienda".

As coisas estavam indo bem e estava na hora de achar um lugar para morar. Com relação ao dinheiro, eu só ganhava o suficiente para ir e voltar do trabalho e pagar minha multa, então eu não sabia como fazer, mas sabia que tinha que ser feito. Foi por volta dessa época que Ollie May, que tinha conhecido na faculdade, começou a frequentar a loja. Ollie não era o típico cliente da X-Clothes de Manchester. Ele era suíço, de uma família com uma situação confortável que tinha se mudado para o condado de Cheshire, na melhor parte do noroeste do país. Ele era intelectual e estranho de uma forma agradável, e seu avô havia sido um famoso filósofo suíço. Estávamos conversando um dia e disse a ele que estava à procura de um lugar para morar. "Você deveria se mudar para a casa onde eu moro", ele disse. "Tem um quarto para alugar no último andar, dez libras por semana – é a casa da Shelley Rohde." Shelley Rohde era jornalista e apresentadora de TV, e Ollie vinha morando lá como hóspede com ela e a família dela fazia alguns meses. Parecia perfeito, mas um pouco estranho simplesmente aparecer embasado no que Ollie disse. Mas ele garantiu que não teria problemas: a família era bem descontraída e era um tipo de residência bastante boêmia.

Carreguei o carro do meu pai com minhas roupas, discos, guitarra e amplificador e ele me levou até minha nova casa. Eu havia crescido com a ideia de que, quando você tinha idade suficiente para ter um emprego, era hora de sair de casa, ou se não conseguisse um emprego, seria expulso, e supus que meu pai ficaria feliz em me ver indo embora. Coloquei minhas coisas na casa da Shelley e, quando disse adeus a meu pai, vi que ele estava triste em me ver partir.

Meu quarto era no último andar. Era pequeno e tinha um teto inclinado, e o quarto de Ollie era do outro lado do patamar. O resto da casa tinha uma atmosfera criativa e boêmia. Nas paredes que acompanhavam as escadas, havia fotografias de filmes e programas de TV de que Shelley havia participado e, no final das escadas, havia um grande pôster enquadrado de uma biografia que ela havia escrito sobre o artista L. S. Lowry, que encarei como um sinal para eu ser grato. Não vi ninguém da família nos primeiros dois dias, até que Gavin, filho da Shelley, veio até meu quarto para se apresentar com seu irmão mais novo, Dan. Eles eram interessantes, simpáticos e gostavam de tocar música, e apreciei as boas-vindas. Finalmente conheci a Shelley que parecia aceitar bem a ideia de ter outro inquilino. Acabamos nos conhecendo melhor, e todos faziam suas próprias coisas e agiam como se eu sempre tivesse estado lá.

Era inspirador estar em um ambiente artístico e legal ter Ollie por perto. Ele era uma pessoa animada e se ocupava em ouvir discos de jazz-funk num volume ensurdecedor. De vez em quando, eu saía com ele, mas, na maior parte do tempo, ficava no meu quarto ouvindo The Shangri-Las e The Crystals e analisando todos os discos que eu pudesse encontrar do chamado pop Brill Building. Esse tipo de música parecia ser de um tempo em que o pop era mais esperançoso, e eu achava esses discos mais incomuns e melhores do que a maioria daqueles modernos em voga. Comprei um sofá-cama barato e não tinha televisão, então minhas noites eram só música. Recentemente, eu havia trocado minha Les Paul por uma Gretsch Super Axe vermelha e um toca-fitas que tinha um recurso para *overdub*. Eu trabalhava numa sequência de acordes até ficar satisfeito e depois gravava uma segunda guitarra por cima. Então, colocava as duas faixas juntas e experimentava pôr mais guitarras. Eu podia construir as faixas assim, juntando e sobrepondo, criando meu próprio muro de som. No final, eu tinha várias fitas com padrões de acordes e riffs, feitas somente com guitarras, e Ollie e eu costumávamos ouvi-las sem parar. Era ótimo ter a liberdade de trabalhar nas coisas, e eu gostava mesmo de ter meu próprio lugar.

Só havia um problema na casa da Shelley: o gato. Era grande, branco e a criatura mais malévola que eu já tinha visto na vida. Sempre tive problemas com gatos, desde que meus pais trouxeram para casa um serzinho briguento que Claire batizou de Fluffy. Eu não confiava no Fluffy, e não entendia por que esperavam que eu acolhesse uma criatura que era completamente manipuladora e queria me morder o tempo todo. Quando ficávamos sozinhos, ele olhava para mim e fazia jogos mentais até que eu cedesse ou saísse de casa de uma vez. Meu amigo Paul tinha um gato que controlava todo mundo. Ele ficava se lambendo com uma atitude do tipo "isso é o que eu quero que façam para mim" e agia como inocente e fingia ser legal.

Eu tentava evitar o gato da Shelley sempre que podia, mas, se tivesse que entrar na sala ou na cozinha, ele estava à espreita, pronto para se lançar. Sua atividade favorita era pular nas costas da cadeira em que você estava e ficar pendurado atrás da sua cabeça, ronronando de forma sinistra. Se tentasse se levantar ou se mexer de repente, ele arranhava e mordia você. Eu ficava parado vendo televisão por horas, e Michelle, filha da Shelley, dizia: "Ah, olha... Ele gosta mesmo de você!", enquanto o suor escorria pela minha testa — até que o animal procurasse outra pessoa para aterrorizar.

CRAZY FACE

Logo depois que a X-Clothes começou a funcionar, passei a visitar a loja ao lado, que se chamava Crazy Face. Era um lugar diferente da X-Clothes, um pouco mais convencional, mas com a própria identidade. Vendia mais roupas retrô, cujo estilo sofria influência norte-americana, e naquela época era uma marca independente e bem-sucedida, com duas outras lojas na cidade e uma fábrica também, onde faziam todo o estoque e mantinham o escritório central. Eu passava lá e conversava com as funcionárias e logo percebi que a música que tocava era uma mistura de rhythm and blues original, rock 'n' roll e soul. Um dia perguntei para a garota o que estava tocando.

— Não sei, alguma coisa antiga que Joe faz a gente tocar — ela disse.

— Quem é Joe? — perguntei.

— O dono. Isso é tudo coisa dele.

Também havia notado um monte de fotografias em preto e branco originais de pessoas como Marlon Brando, Jeanne Moreau, The Shangri-Las e Little Richard. Era bastante incomum em uma loja de roupas na época, e fiquei intrigado sobre quem estaria por trás disso.

Um dia, durante um intervalo, fiquei andando pela Crazy Face e vi um cara mais velho no caixa que nunca havia encontrado antes. Ele estava usando uma jaqueta de aviação de couro original surrada e calças tipo baggy de trabalhador estadunidense — se parecia muito com Jack Nicholson em *Um estranho no ninho*. Como duas das garotas disseram "oi", ele estendeu a mão e respondeu: "Oi, sou o Joe". Ele tinha um jeito acolhedor, então estendi a mão e falei: "Oi, meu nome é Johnny. Sou um músico frustrado". Pareceu algo normal para dizer e estabelecemos uma conversa que, por fim, entrou no assunto de guitarras. Joe contou que tinha um violão Gibson e que vinha tentando aprender a introdução de "My Girl", do The Temptations, sem muito sucesso. "Eu te mostro como tocar", eu disse, e ele ficou tão empolgado que me convidou para ir ao seu escritório do outro lado da cidade no dia seguinte na hora do almoço.

O número 70 da rua Portland era um prédio bonito no limite com Chinatown. Tinha uma enorme porta de madeira azul, parecendo de igreja, que conduzia a cinco andares de máquinas com pessoas cortando e fazendo moldes e a uma loja de porão vazia embaixo. Joe comandava o local com um misto de placidez e um escrutínio. Assim como com sua outra loja, que se chamava Tupelo Honey, o nome Crazy Face vinha de uma canção de Van Morrison. O escritório em si ficava a dez minutos de caminhada da X-Clothes ou quatro minutos se eu corresse, o que geralmente eu fazia com botas de ciclismo e um cigarro na boca.

Aquela primeira vez em que fui lá com Joe não pareceu um dia normal. Ele tinha uns 30 e poucos anos — eu não costumava andar com alguém tão mais velho que eu. Joe era muito legal. Ele era adulto, com uma família e comandava seu negócio, mas ainda era um cara livre e tranquilo. Era alguém que conversava comigo como se eu fosse um igual, mas que já tinha vivido uma vida de verdade. Ele tinha sido um *beatnik* genuíno nos anos 1960 e visto os Stones, os Beatles e o Animals. Já tinha ido para os Estados Unidos também, e parecia que conhecia tudo. Nos demos bem imediatamente, e ele estava tão intrigado comigo quanto eu estava com ele.

Quando eu estava em seu escritório, ele me entregou seu Gibson Sunburst. Peguei o violão, me sentei e toquei "The Tracks of my Tears", do Smokey Robinson. Quando terminei, ele se levantou e pediu: "Toque de novo". Assim o fiz e quando cheguei ao final, ele disse "Nunca ouvi ninguém tocar assim. O que você está fazendo?". Fiquei atordoado por ele ter gostado do meu jeito de tocar, mas eu não considerava aquilo como algo fora do comum. Fazia da forma como tinha aprendido: sozinho e tocando de tudo. Então toquei "My Girl" para ele, que ele queria aprender. Ficou bastante impressionado e me disse que tinha andado com muitos guitarristas nos anos 1960 e 1970, mas que nunca havia visto alguém tocar "com uma melodia em andamento e com outra melodia sobreposta". Quando Joe me disse isso, de forma bastante sincera, foi a primeira vez que de fato acreditei que eu tinha algo de especial. Até aquele momento, parecia que todos com quem eu vinha tocando ou supunham que eu era completamente confiante e então relutavam em me elogiar demais, ou sentiam que competiam comigo por algum motivo. Seja qual for o caso, finalmente havia encontrado alguém em quem podia acreditar quando me dizia que eu era mesmo bom, e essa pessoa era Joe Moss.

MORRISSEY E MARR

A vida no centro da cidade era fugaz e animada. Parecia que havia novas possibilidades na música e na moda para a minha geração, mesmo que não houvesse no emprego e na indústria.

Quanto à música, eu vinha prestando atenção em tudo que dizia respeito a guitarras sendo feito por Siouxsie and the Banshees, Magazine e Talking Heads, que tinha se desenvolvido a partir da cena punk, assim como no novo tipo de pop que vinha surgindo com The Associates, Simple Minds e Grace Jones, que tinha partido da moda e do estilo que estavam surgindo nas casas noturnas. Essa onda de diversidade musical era nova e parecia bastante diferente das demais vozes familiares da cena pós-punk estabelecida, que para as pessoas da minha idade começava a parecer cansativa, mesmo que outrora tivesse sido excelente.

A cultura retrô passava a se desenvolver, com lojas de roupas de segunda mão aparecendo em ruas secundárias. Alguns amigos meus trabalhavam nessas lojas, e se um cliente da X-Clothes estivesse experimentando uma peça que era do tamanho errado ou cara demais, eu o mandava virar a esquina e ir até a Reflex, a loja em que meu amigo trabalhava, ou na Antique Market. Lee ficava irritado quando descobria, mas as pessoas voltavam à nossa loja porque confiavam em mim, o que o irritava de novo.

Uma balada tinha começado a funcionar uma vez por semana em um lugar chamado The Exit, e Angie e eu fomos lá um sábado à noite. O lugar era vibrante, cheio de jovens, a maioria vendedores de lojas e cabeleireiros que trabalhavam no centro da cidade. A música era alta e a atmosfera era ótima, e todo mundo estava vestido para sair. Fazia uns cinco minutos que estávamos lá quando tocou uma música que me prendeu na hora com a guitarra rítmica arranhada. Eu tinha que saber o que era e quem estava tocando, então saí costurando pela pista de dança para chegar ao DJ, que ficava numa cabine elevada, como um pastor num púlpito. Um homem jovem com uma camisa pink e um enorme topete branco com um chapéu em cima se inclinou e gritou:

— Johnny Marr! — Percebi que era Andrew Berry, o cabeleireiro estrela de West Wythy.

— O que está fazendo aqui? — ele gritou.

— Me divertindo no centro — berrei de volta. — Que disco é esse?

— Esse que está tocando agora? É Bohannon, "Let's Start the Dance".

"Ah, Bohannon", pensei. Era o mesmo tipo de guitarra que ouvi em "Disco Stomp", e com isso Andrew convidou a mim e Angie para ficar na cabine do DJ pelo resto da noite para escolher uns discos para tocar, bater papo e tomar coquetéis Harvey Wallbangers de graça. Reencontrar Andrew foi um grande momento para nós dois. Eu nunca o tinha esquecido — era carismático, uma daquelas pessoas de quem todos se lembram depois de conhecer. Tivemos uma certa amizade quando éramos mais jovens e retomamos de onde havíamos parado. Depois daquela noite, começamos a nos encontrar todos os dias, e nós dois compartilhávamos um senso de aventura e uma motivação única para fazer algo maravilhoso acontecer.

Angie tinha saído do escritório de advocacia e conseguido um emprego de recepcionista na Vidal Sassoon, uma rua abaixo de onde eu trabalhava e na esquina de onde Andrew trabalhava no salão de beleza Toni & Guy. Ela e eu nos encontrávamos após o trabalho e íamos, com uma turma, a uma casa noturna gay chamada Manhattan Sound, em

Springs Garden, onde o gerente, Dennis, nos deixava tocar os discos que quiséssemos antes que o lugar enchesse. Dois amigos que iam conosco eram Pete Hunt e Pete Hope. Eles geralmente estavam juntos e, portanto, eram chamados de "os dois Pete".

Pete Hunt tinha uma loja de discos no sul de Manchester chamada Discount Records. Uma noite, ele me disse que iria viajar pela Europa e perguntou se eu podia guardar todos os seus discos no meu quarto na casa da Shelley até que ele voltasse. Fiquei maravilhado: ter todos os discos de uma loja no meu quarto era como um sonho que eu tinha aos 11 anos. O único empecilho era que meu quarto no sótão era pequeno. Mas deixaria para me preocupar com isso quando chegasse a hora. Pete Hunt também me disse que, quando ele estava em Londres na semana anterior, tentando encontrar o Wag Club no Soho, havia conhecido um cara na rua que também estava indo ao Wag. Eles acabaram passando tempo juntos e Pete achou que eu e seu novo amigo nos daríamos bem, então ele o tinha convidado a vir a Manchester para me conhecer. Ele também me contou que o cara tinha gravado um disco incrível e que seu nome era Matt Johnson. Pareceu interessante, e fiquei impressionado em saber que ele tinha gravado um disco. Uns dias depois, Pete tocou o álbum de Matt para eu ouvir, chamado *Burning Blue Soul*, e quando ouvi fiquei ainda mais impressionado. Era bastante inovador, experimental e muito psicodélico. Me nocauteou e fiquei ansioso para conhecer a pessoa por trás do disco.

Pete tinha convidado Matt para ficar na sua casa e disse que depois me encontraria e todos iríamos ao Legends, uma casa noturna em Manchester que nas quintas-feiras tocava eletro e *guitar music* moderna como Cabaret Voltaire, Gang of Four e Psychedelic Furs. O resto da semana era cheio de monstros movidos pela cerveja dançando ao som de Abba. O sistema de som e as luzes eram ótimos, e eu passaria a ir lá a maioria das quintas-feiras e acabaria encontrando as mesmas pessoas toda semana. Matt chegou e se apresentou, e parecia que ele e eu nos conhecíamos desde sempre. Ele era simpático e curioso, e logo saquei que era da classe trabalhadora e tinha raciocínio rápido. Estava usando uma jaqueta Levi's velha, jeans 501 combinando e botas surradas. Começamos a falar sobre música, e ele gostava exatamente do mesmo tipo de música das paradas de sucesso de que eu gostava quando era mais novo — e quando você é apaixonado por algo peculiar e encontra alguém que gosta das mesmas coisas do mesmo jeito, é algo poderoso e significativo. Ficamos na cozinha de Pete por um tempo e comparamos informações sobre como compúnhamos nossas músicas. Quando Pete apareceu com seu violão Höfner ficamos passando de um para o outro e descobrimos que alguns dos riffs que havíamos criado soavam parecidos. Matt e eu sabíamos que algo estava acontecendo e então ele me disse:

— Estou montando uma banda, meus próximos discos sairão sob o nome The The, por que você não toca comigo?

— OK — respondi. — Se eu descobrir um jeito de morar em Londres, tô dentro.

Foi isto: eu tinha encontrado uma verdadeira alma gêmea, alguém da mesma idade que era entusiasmado em fazer um novo tipo de música. Fomos para a cidade e entramos no Legends e continuamos nos conhecendo o restante da noite. Fui sincero quando disse a Matt "Tô dentro". Em 1982 eu só não sabia quando e como isso iria acontecer.

Pete Hunt finalmente tinha levado todos os discos da loja para sua casa e eles estavam prontos para que eu os recolhesse. Angie tinha acabado de tirar sua habilitação e seus pais deixaram que ela usasse o velho Volkswagen Beetle branco para irmos pegá-los. Chegamos na casa de Pete e enchemos o porta-malas e o banco de trás do carro de álbuns e singles. Fizemos algumas viagens, mas, por fim, carreguei todo o lote para meu quarto e os empilhei em fileiras de três ou quatro até que parecesse o esconderijo de um meticuloso colecionador com excelente gosto musical.

Angie começando a dirigir coincidiu com o tempo em que me familiarizava de novo com a gaita. O Beetle era o único lugar em que eu podia praticar sem enlouquecer ninguém, e ela tinha que me tolerar acompanhando uma música do segundo álbum dos Stones aonde quer que fôssemos. Foi ótimo para nós finalmente termos mais mobilidade, já que podíamos nos ver mais, e comecei a ficar bom na gaita a ponto de decidir que eu devia tocá-la em qualquer grupo que viesse a formar.

Ter todos os discos no meu quartinho todo dia era perfeito. Eu ainda estava na correria todas as manhãs e saindo para baladas depois do trabalho, mas gastava algumas noites percorrendo as pilhas de álbuns de The Crystals e The Shangri-Las ou Wire e Can, e depois eu tocava guitarra até cair no sono.

Não ter uma banda e voltar a compor sozinho fez muito bem à minha habilidade de tocar. Consegui explorar trocas de acordes sem ficar amarrado a um baixista e a um baterista. Terminei por preencher as trocas de acordes com melodias e pequenas frases e estava livre para ir aonde quisesse. Eu também estava me afastando de alguns padrões que muitos outros guitarristas vinham reproduzindo e que já soavam desatualizados e óbvios demais. Como eu tinha meu pequeno gravador de fitas de três canais que me permitia gravar uma ideia e depois colocar outro riff por cima, acabei me tornando bastante bom em criar coisas que soavam completas sem que precisassem de muito mais que a guitarra.

Por fim, comecei a juntar uma coleção de partes instrumentais e acabei com umas boas ideias para músicas, que eu tocava na minha guitarra quando Angie e eu estávamos dando voltas por aí no Beetle. Uma noite, quando saía da casa do Joe, disse a ele que queria começar uma banda nova. Não tinha certeza de como faria isso acontecer, mas sabia que estava na hora certa de encontrar um vocalista. Eu não queria estar na frente. Vinha lendo tudo que podia sobre o empresário dos Stones, Andrew Loog Oldham, e fiquei fascinado com sua reputação como um visionário bom de lábia. Ele se tornou uma grande inspiração para mim como qualquer músico. Joe ouvia. Ele sabia do que eu estava a fim de fazer e pensava que daria certo, contanto que a guitarra fosse o destaque e encontrássemos alguém que pudesse cantar bem o bastante no estilo que eu procurava. Comecei a prestar atenção nas pessoas que entravam na loja. Havia dois caras que se imaginavam vocalistas, mas eram ou velhos demais, ou góticos demais. Perguntei a Tony Wilson se conhecia alguém com quem eu pudesse trabalhar e ele ficou entusiasmado em me juntar com uma garota da Factory, mas ela tinha uma pegada mais jazz e bongôs, e eu sabia que procurava por um rapaz.

Um sábado, fiquei conversando com um casal de Liverpool que me disse que os Bunnymen estavam se separando e que eu devia contatar o vocalista deles, Ian McCulloch. Parecia ótimo: Ian McCulloch estaria no topo da minha lista de vocalistas naquela época. Eu gostava da voz dele e seu estilo não estava tão longe do meu. Além disso, Liverpool ficava perto o suficiente para fazer a coisa funcionar, e eles disseram que conseguiriam o telefone do Ian com o empresário da banda. Na semana seguinte, no entanto, fiquei sabendo que os Bunnymen estavam anunciando novos shows, e voltei à estaca zero.

Toda vez que eu estava andando pela cidade ficava pensando em formar uma banda. Andrew disse que eu poderia tocar em um desfile de moda que ele estava planejando para aquele ano, e eu sabia que podia conseguir uma apresentação no Manhattan Sound, em Manchester. Nas horas de almoço e nas noites, eu sempre ia ao escritório ou à casa de Joe para conversar com ele, que ficava ouvindo meus planos. Certa noite, disse a ele que o único cara que eu tinha ouvido e que era bom era alguém chamado Steven Morrissey, com quem Billy Duff, que agora estava em Londres, tinha tido uma banda uns anos antes. Ouvi a mim mesmo falando e percebi que valia a pena tentar, mesmo que fosse algo improvável já que não sabia nada dele havia muito tempo. Tudo que eu sabia era que ele morava em Stretford e que tinha escrito algo sobre o New York Dolls para a revista *New Musical Express*. Pensei sobre isso por uma semana mais ou menos e então comecei a imaginar como localizá-lo.

Uma noite, fui até a casa de Joe para assistir ao programa *South Bank Show* sobre a dupla de compositores Jerry Leiber e Mike Stoller, que ele havia gravado em seu videocassete. Naquela época, gravadores de vídeo eram um item revolucionário e uma dádiva para fãs de música e filmes já que permitem assistir às apresentações de suas bandas favoritas na TV ou a filmes sempre que quisesse. Meus amigos e eu gravávamos qualquer show que estivesse passando. Eu tinha ficado obcecado por Leiber e Stoller; eles tinham composto e produzido discos para The Drifters, Ben E. King, Elvis Presley e The Shangri-Las, e era ótimo ter a oportunidade de ver um programa sobre eles. Num dado momento, Joe me disse: "Veja essa parte". Na tela, Jerry Leiber estava contando a história de como ele conheceu Mike Stoller e como de fato não conhecia seu futuro parceiro, mas tinha ficado sabendo que ele compunha canções. Descobriu onde o outro morava, foi até sua casa e bateu na porta. Bem naquele momento tive um momento eureca: sabia exatamente o que tinha que fazer. O único obstáculo é que eu não sabia onde a porta ficava.

O dia seguinte era minha folga na loja. Peguei um ônibus para a casa dos meus pais e procurei o número de telefone de um cara que morava em Wythenshawe chamado Phil Fletcher, que eu tinha encontrado umas duas vezes com Billy. Liguei para Phil e perguntei se ele tinha o número de Steven Morrissey. Ele me falou que não, mas que a melhor pessoa a quem perguntar seria Steve Pomfret, que morava perto dos meus pais. Fui até a casa dele e toquei a campainha. Steve, ou "Pommy", como era conhecido, atendeu e eu disse que estava procurando pelo endereço de Morrissey. Ele percorreu o corredor enquanto eu esperava no sol. Quando voltou, segurava um papel com o endereço Kings Road 384 escrito nele. Quando me entregou o pedaço de papel e olhei para ele, sabia que faria parte da história da minha vida.

Algumas coisas acontecem sem qualquer significado, enquanto outras você sabe que são para ser. Naquela hora, soube que a banda que eu estava formando seria especial. Soube que seria demais.

Pommy me perguntou quando que eu iria lá e eu disse: "Agora!". Então ele me perguntou se eu sabia onde era e eu disse que não. Ele achou engraçado, e como não estava fazendo nada se ofereceu para ir comigo.

Todos gostavam de Pommy, ele era simpático, um cara legal. Perguntei se ele conhecia algum baixista, mas ele não conhecia, então questionei se sabia tocar um pouco de baixo e ele disse que também não. Falamos de todas as bandas de que gostávamos e fui quase todo o percurso de ônibus falando do The Gun Club, a banda nova que eu achava a melhor do momento.

Fazia um dia lindo mesmo. O verão havia chegado cedo e havia longas sombras nas calçadas enquanto caminhávamos pelo subúrbio do sul de Manchester. Depois de dez minutos, chegamos a uma casa geminada de tijolos vermelhos sem grandes atributos, mas agradável, com um pequeno portão na frente. Abri o portão, caminhei até a porta e bati. Ninguém atendeu, então esperei um pouco mais e tentei de novo. Finalmente, ouvi alguém descendo as escadas e a porta se abriu. Uma jovem mulher com cabelos loiros e um jeito simpático atendeu, e eu disse "oi" e perguntei se Steven estava.

— Vou chamá-lo — ela respondeu. Logo um rapaz apareceu.

— Oi — disse a ele. — Meu nome é Johnny... e você conhece o Pommy.

— Oi, Steven — cumprimentou-o Pommy.

— Ah, oi, Pommy — ele respondeu. A primeira coisa que me chamou atenção nele foi sua voz: ele falava de forma suave e uniforme. Dava para ver que ficou um pouco confuso com os dois visitantes inesperados, mas foi educado.

— Oi, prazer em conhecê-lo — ele disse.

— Desculpe aparecer assim na sua casa — expliquei —, mas estou montando uma banda e estava pensando se você não estaria interessado em cantar nela.

— Entre — ele disse, surpreendentemente tranquilo mesmo tendo acabado de receber uma proposta de entrar para uma banda de um completo estranho na porta de sua casa. O momento parecia bom.

Subi as escadas atrás de Morrissey e prestei atenção às suas roupas. Ele usava calças de terno, uma camisa abotoada com uma camiseta por baixo e um cardigan largo. Não tinha um topete, mas o cabelo era curto, estilo anos 1950, e considerei seu estilo similar aos dos caras mais velhos da cena da Factory, como da banda A Certain Ratio, mais livresco e intelectual do que despojado. Havia um pôster recortado de James Dean em tamanho real do filme *Assim caminha a humanidade* no canto da escada, e reparei que havia uma máquina de escrever quando entrei em seu quarto. Eu estava usando jeans baggy da Levi's dos anos 1950 com botas de motoqueiro e jaquetas Johnson sem mangas. Também estava usando um boné de aviador e tinha um enorme topete tingido de diferentes tons de vermelho. Sentei-me na cama e Pommy, na cadeira do outro lado do quarto, e então Morrissey, que estava em pé perto do seu toca-discos, disse: "Gostaria de tocar um disco?". Caminhei até uma caixa de singles 7 polegadas que ficava em uma gaveta e inspecionei todos os selos Decca e Pye até que achei um das The Marvelettes que saiu pelo selo Tamla que eu gostava, chamado "Paper Boy". Tirei da capa e Morrissey disse que era uma boa escolha, então virei e coloquei o lado B: "You're the One".

Começamos a conversar e comentei sobre a coleção de singles raros em 45 rotações do Tamla que ele tinha. Ele perguntou se eu já havia ido aos Estados Unidos, e eu delirei sobre "Little by Little", de Dusty Springfield. Ele colocou para eu ouvir "Message Understood", de Sandie Shaw, que eu não conhecia, e depois "A Lover's Concerto", de The Toys.

A conversa se voltou para Billy Duff e sua ex-namorada, Karen Colcannon, que ambos conhecíamos, e perguntei o que tinha acontecido com o The Nosebleeds.

— Nada aconteceu — ele disse —, foi só espera.

Expliquei que eu não tinha os outros músicos para a banda ainda, embora tivesse duas pessoas em mente. Pensei em retomar o contato com Si Wolstencroft, pois ele era um bom baterista e parecia adequado. Morrissey e eu ficamos muito à vontade um com o outro, não era uma situação difícil, principalmente considerando que eu estava explicando minhas expectativas e sonhos para alguém que eu não conhecia, em seu quarto. Me senti totalmente natural e, embora ele fosse alguns anos mais velho que eu, houve empatia e entendimento imediato entre nós. Ele sabia que eu falava sério e podia sustentar o que estava dizendo. Enquanto tudo isso acontecia, Pommy ficou sentado num canto só absorvendo tudo. Ele podia dizer que algo especial estava acontecendo bem diante de seus olhos. Ficou em total silêncio, com um sorriso no rosto.

Quando chegou a hora de ir embora, Morrissey – ou "Steven", como eu o estava chamando – me deu umas folhas de papel com algumas palavras datilografadas nelas. "São músicas", pensei, "é isso". Dobrei, guardei-as na jaqueta e sugeri que ele me ligasse no telefone da X-Clothes ao meio-dia do dia seguinte. Eu disse adeus, e quando saí do portão e encarei o sol, pensei comigo mesmo: "Se ele ligar amanhã, essa banda vai rolar".

No dia seguinte ao meio-dia, o telefone tocou. Conversamos bastante sobre bandas e discos e ele perguntou se eu tinha visto as letras que ele tinha me dado. Eu tinha. Eram para uma música chamada "Don't Blow Your Own Horn", e cheguei a arriscar alguns acordes para ela, mas o que eu estava fazendo não me convenceu. Não considerei isso um problema, no entanto, e depois de mais alguma conversa combinamos de nos encontrar na minha casa e começar a compor algumas músicas. Dois dias se passaram e então me entregaram um envelope pela porta. Dentro havia uma fita cassete e uma cópia de uma foto de James Dean, na fita havia uma coletânea de músicas do The Crystal, The Shangri-Las, The Shirelles, Sandie Shaw e Marianne Faithfull. Achei que era um bom sinal.

Nosso segundo encontro foi em meu quarto na casa da Shelley. Morrissey veio à tarde, e subimos as escadas passando pelos retratos enquadrados das estrelas dos anos 1960 da Shelley até chegarmos ao sótão. Fazia outro dia lindo, e pela janela aberta podíamos ouvir o som das crianças brincando na escola. Morrissey trouxe mais letras nas quais eu podia trabalhar. Quando peguei as páginas, vi o título "The Hand that Rocks the Cradle". Sem pensar muito, comecei a fazer uma troca de acorde em cima das linhas de uma canção de Patti Smith chamada "Kimberly". Pareceu combinar bem com a letra e sugeri uma linha de baixo, que toquei ao mesmo tempo. Continuei tocando, e Morrissey começou a cantar a letra, e em poucos minutos a melodia tinha nascido. Depois de rir muito e ensaiar mais umas duas vezes, gravei o que tínhamos conseguido no meu gravador, sobrepus uma linha de guitarra tilintando por cima e meu novo parceiro e eu tínhamos nossa primeira música. Pareceu um momento importante. Eu fiquei pensando na letra e em como o estilo era quase *vaudeville*, embora eu não tivesse analisado de fato sobre o que era.

Olhei para as próximas letras, para uma canção chamada "Suffer Little Children", e quando me sentei com as pernas cruzadas no chão com minha guitarra e duas folhas de papel aos meus pés, pressionei a tecla "gravar". Enquanto olhava para as palavras de novo, minha mão começou a tocar uma melodia. Algo estava acontecendo. A canção chegava pelo éter. Segui aquela linha e Morrissey começou a cantar, as palavras e a história surgindo nos meus olhos e na minha mente. Segui o *momentum* enquanto minha guitarra entregava a música sob a voz, e de repente ali estava toda a música, uma música que não soava como nenhuma outra e não parecia com nenhuma outra banda, uma música sobre os Assassinos da Charneca. Eu não sabia interpretá-la, só percebia a sensação que ela transmitia e era estranhamente verdadeira. Minhas emoções estavam soltas no ar e eu só estava seguindo o fluxo do momento. Peguei uma caixinha de música do chão do quarto, dei corda e fui até a janela. Segurei a caixinha de música para fora da janela enquanto ela tocava sua melodia; na outra mão, segurei um microfone e gravei isso, junto com o barulho das crianças brincando. Além da surpresa de ser presenteado com essas palavras inesperadas, havia um sentimento sobre ser do norte do país naquela segunda canção que chamou minha atenção mais do que qualquer coisa, e ele definiu um aspecto de nós já desde aquele primeiro dia trabalhando juntos. Ele dizia para mim: "Fazemos as coisas de forma diferente".

Morrissey e eu tínhamos começado nossa parceria, e o que quer que fosse aquilo que tínhamos pertencia a nós e era totalmente singular.

Éramos duas pessoas que já haviam dedicado a maior parte de nossa jovem vida a nos tornarmos o que queríamos ser. Tínhamos ambos trabalhado obsessivamente no que estávamos fazendo de um jeito que ninguém mais em volta poderia chegar sequer perto, e reconhecemos um no outro o mesmo compromisso e a mesma necessidade emocional de seguir nossos ideais. Tínhamos personalidades diferentes e opostas até, de muitas maneiras, mas o que tínhamos em comum criou um laço exclusivo. Ambos havíamos escolhido uma vida de total imersão em nossas paixões, e um intenso romantismo sobre a cultura pop, e quando nos conhecemos pensamos que só podia ser o destino.

Nossas conversas pareciam fluir naturalmente. Um de nós falava de algo que parecia muito importante e o outro na mesma hora incentivava. No segundo dia que nos reunimos, recitei uma lista de coisas que eu pensava que nossa banda deveria ser e fazer. A primeira era que nosso álbum de estreia deveria ter o nome da banda; depois, que nosso primeiro single tinha que ter um selo azul-marinho com a escrita prateada e os parênteses embaixo do título da canção deveriam conter "Morrissey e Marr". Também, que devíamos assinar com a Rough Trade Records, e depois previ que mesmo ela não tendo gravado nada fazia anos, poderíamos escrever uma música para Sandie Shaw. Não tínhamos uma banda ainda, só duas músicas esquisitas, mas via todas aquelas coisas para nós e sabia que era só uma questão de trabalhar no que queríamos.

Angie chegou e conheceu Morrissey, e demos a ele uma carona até a estação de trem no Beetle. Quando ficamos sozinhos, virei para ela e perguntei:

— O que você acha?

— Sim — ela disse, com seu instinto confiante de costume. — Acho que pode funcionar. — E fomos encontrar Andrew Berry na praça St. Anne, comigo praticando na gaita em cima dos Stones e os pés no painel.

Todo mundo na cidade ia aonde Andrew Berry estava, e isso geralmente significava que John Kennedy estaria lá também. John era outro carismático na cidade que eu conhecia dos meus dias de aluno na Sacred Heart, e era de uma das poucas famílias irlandesas em Wythenshawe. O cabelo de John sempre estava tonalizado com alguma nuance de azul, vermelho ou verde, e, o que era incomum para a época, ele era um jovem gay bem "resolvido", de um jeito corajoso e inspirador. Todos o chamavam de JK, e ele era uma criatura da cultura New Romantic que tinha começado com a casa noturna Pip de Manchester, que era basicamente apenas David Bowie e Roxy Music. O Pip teve uma grande influência, principalmente por ter sido o lugar em que os membros do Joy Division e outras bandas frequentavam, e foi também onde Ian Curtis praticava sua dança — que, como muitas pessoas, ele tinha copiado da participação de Bowie no programa *Dinah Shore Show* por volta de 1976. Todo mundo dançava como David Bowie e Bryan Ferry, incluindo eu. Mas agora os tempos eram outros, indefinidos, e todos tínhamos a sensação de que algo estava para acontecer.

Considerávamos Manchester tão importante quanto Londres, e essa era a atitude que John Kennedy tinha quando ele incansavelmente importunava as revistas nacionais como *The Face* e *i-D* para que fizessem matérias sobre seus amigos. Não importava se os amigos faziam parte de bandas, eram DJs ou se recebiam seguro-desemprego. O que importava era que eles tivessem uma atitude de quem era do centro da cidade e parecessem notáveis de alguma forma. Fui entrevistado para uma revista sobre ser "um rosto na cena local" e também apareci em outro programa de televisão, dessa vez sobre moda, no qual fui entrevistado por Shelley Rohde. Como eu morava no seu sótão, foi um pouco estranho para nós dois, mas Shelley se aproveitou disso como uma verdadeira profissional e me lançou sua primeiríssima pergunta: "Por que você está usando esse boné?", que foi uma boa estratégia de abertura, totalmente válida. JK sugeriu que, para o programa de TV e a revista, eu me apresentasse como "Johnny La Mar", o que não fiz, mesmo ele tendo levado a ideia a sério. No entanto, alguns dos nomes que ele atribuía às pessoas pegavam, como "Spikey Mike", ou mesmo "Mind of a Toy", que era meu favorito.

Comecei a atuar como DJ com Andrew às quintas-feiras na Exit. Algumas noites ficavam lotadas, principalmente quando JK conseguia fazer algum evento, e em outras noites éramos somente nós e nossos amigos. Para nós, não fazia diferença o que estava acontecendo, já que usávamos o lugar como nosso espaço, para passar o tempo, tomar coquetéis e tocar os discos de que gostávamos, o que geralmente era muito James Brown e John Lee Hooker, com alguma coisa alternativa como "I Love a Man in Uniform", do Gang of Four, e "The Missionary", de Josef K. Depois que terminávamos e fechávamos a casa, alguns de nós andavam pelo centro para pegar o ônibus até o apartamento de Andrew na Palatine Road, perto da Factory Records, e continuar com os experimentos em nos inventar e criar nosso estilo de vida. Normalmente eu ficava acordado a noite toda, empolgado com a vida, outras vezes me espremia no sofá com outras duas pessoas que mal conhecia, com mais quatro no chão que não fazia ideia de quem eram, e aí, duas horas depois, eu me levantava e corria para o ponto de ônibus para ir trabalhar.

Enquanto supostamente eu devia estar trabalhando na loja, comecei a passar cada vez mais tempo na loja ao lado, Crazy Face, uma situação que não passou despercebida pelo meu chefe. Eu sempre ia ao escritório de Joe na Portland Street na hora do almoço, tocava as fitas cassetes com as músicas novas em que estava trabalhando e ficava sonhando acordado. Tudo era filosofia para Joe — ele filosofava sobre qualquer coisa e sempre tinha uma teoria sobre algo que era extremamente importante e sobre o que ninguém mais tinha pensado. Uma vez, ele passou dias trabalhando na ideia de que Jackie DeShannon tinha inventado a *guitar music* britânica por causa do violão de 12 cordas na canção "Needles and Pins", e tentando compreender a extensão de sua influência sobre os Beatles já que eles haviam excursionado com ela nos Estados Unidos. Ele gravou uma fita com uma dúzia de músicas dela, seguidas de canções dos Beatles que ele havia concluído terem sido diretamente influenciadas por DeShannon, e devo dizer que foi bastante convincente.

Joe também falava muito sobre como era a vida em Manchester nos anos 1950 e 1960. Ele odiava a mitologia que acabou definindo a cidade — a ideia de que ela era um tipo de purgatório sombrio e triste — e dizia que havia sido inventada por pessoas que ou não estavam onde as coisas aconteciam na época, ou tinham assistido a *Coronation Street* demais. Na opinião de Joe, era tudo um clichê pseudonortista. A Manchester dele era uma jovem cidade que, após a guerra, havia explodido em músicas e filmes coloridos com roupas combinando, e ele viu que a minha Manchester estava se tornando igual. Um dia ele se inclinou na minha direção, daquele seu jeito conspiratório singular e declarou: "Essa é a sua cidade", o que me fez, de fato, achar que era.

Em outros dias na hora do almoço, eu ia até a loja de segunda mão do meu amigo Rick numa viela na Back Bridge Street pegar emprestado um suéter de gola polo e, depois, corria até a esquina na loja de antiguidades Carl Twigg na King Street West e batia papo com ele sobre o que tinha rolado na cidade na noite anterior. Meu amigo Tommy, que trabalhava na loja da Virgin Records, encomendava relançamentos de singles da Motown que eu não conseguia na Rare Records, e eu passava lá para pegar uma cópia de "(Come Round Here) I'm the One You Need" ou "Put Yourself in my Place" antes de correr para ver Angie na Sassoon's, e depois voltar para a X-Clothes, onde era certeza que chegaria atrasado. Os fins de semana, no entanto, eram os melhores dias para trabalhar nas lojas no verão. Eu perambulava pelo centro depois do trabalho nas noites quentes de sábado antes de as casas noturnas abrirem, para encontrar meus amigos, ciente do que era ser jovem. Ficava parado numa esquina e olhava para cima, para os prédios da King Street, e mesmo tendo só uma nota de cinco no bolso, sabia que aquele era o melhor lugar do mundo para estar naquele momento.

VAI SER THE SMITHS

Algumas noites passava sozinho no sótão na casa da Shelley. Eu precisava da solidão para pensar e tempo para compor novas canções. Encontrava inspiração em todo tipo de música, mas estava ouvindo principalmente grupos femininos. Ficava pensando se a pegada naqueles discos poderia ser aplicada em uma *guitar band*, e trabalhei para erradicar qualquer traço de rock tradicional que pudesse haver nas minhas composições, enquanto tentava manter meu próprio som. Eu queria que o que eu estava fazendo fosse moderno, e que meus amigos gostassem e pensassem que o que eu estava fazendo era legal.

Na maioria dos dias, Morrissey e eu nos falávamos pelo telefone, e às vezes ele aparecia na loja e combinávamos de nos encontrar na minha casa. De vez em quando eu ia até a casa da mãe dele. Foi depois de uma dessas visitas à tarde, quando estávamos na calçada e eu estava indo embora, que ele esticou a mão e me mostrou um pequeno cartão branco. No cartão, havia três nomes escritos em tinta azul: "The Smith Family", "The Smiths" e "The Walking Wounded". Levei um momento analisando, pois não sabia se gostava de algum, mas decidi que "The Smiths" era o menos ruim, então apontei para ele. "Então tá bom", disse Morrissey com um sorriso e uma reverência. "Vai ser The Smiths." Me despedi e desci a rua em direção à estação de trem Old Trafford. Pensei sobre o nome da nova banda por um minuto e soou como uma família; também gostei de como era simples, depois pensei mais um pouco e decidi que era ótimo. The Smiths – caía bem. O nome seria The Smiths.

Minha prioridade era encontrar outros músicos e tentar gravar uma demo. Comecei a procurar com mais afinco por um baterista e um baixista entre as pessoas que vinham à loja. Considerei dois dos rockabillies que estavam sempre lá, mas moravam muito fora da cidade e estavam muito ligados no som dos anos 1950 para serem uma opção. Chamei Pommy em casa algumas noites para testá-lo, mas mesmo nós nos dando muito bem, era óbvio que ele não seria um músico. Arriscamos algumas ideias, mas ele acabou dizendo: "Não consigo tocar esses acordes, isso é uma tortura".

Simon Wolstencroft era o nome óbvio para a bateria. Já tínhamos tido uma banda juntos e ele era bom. Mas havia, no entanto, o entusiasmo recém-descoberto de Simon por drogas pesadas, embora eu achasse que de alguma forma isso poderia ser resolvido. Visitei Si na casa de seus pais para contar sobre a nova banda e perguntar se ele queria tocar.

– Qual é o nome? – perguntou Si.

– The Smiths – respondi.

– The Smiths? – ele respondeu – Hahahaha... hahahaha... hahahaha... – Não foi exatamente um voto de confiança.

– Valeu, Si – eu disse. – Você vai entender quando escutar.

Depois de se divertir mais com a descrença no nome da minha nova banda, Si concordou em aparecer para conhecer. Agora, eu precisava encontrar algum lugar para isso e o único que eu conhecia era o Decibel Studios, a cena do crime.

Voltar ao Decibel depois do que tinha acontecido com os policiais era uma perspectiva desconfortável para mim, mas a animação de gravar nossas músicas compensava, e assim convenci o dono, Philippe, a me conceder algumas horas grátis no estúdio com a condição de que não haveria forças armadas ou nenhum esquadrão especial invadindo e destruindo o lugar. Outra condição para usar o Decibel era que o engenheiro do estúdio, Dale Hibbert, estaria por perto para nos observar e, principalmente, se certificar de que nada terrível acontecesse como resultado da minha presença lá. Dale era um camarada adorável que uma vez me ajudou com uma demo da Freak Party. Eu não o conhecia muito bem, mas tínhamos conversado sobre The Velvet Underground, o que nos deu algo em comum que sempre tomei como um sinal de alguém com quem eu podia contar.

Quando conheci Dale, ele tocava baixo em uma banda e, embora não parecesse o tipo que eu procurava, perguntei se ele toparia tocar na demo do The Smiths, já que não só era algo óbvio, como me daria a oportunidade de tocar com um baixista diferente de Andy e ver como funcionava. As coisas pareciam ir bem até que recebi uma ligação de Si para dizer que ele estava repensando sobre entrar para a banda e que não queria sair do emprego. Foi uma pancada, eu não conseguia entender por que era tão difícil para outras pessoas abraçarem a ideia, já que estava bastante seguro de estar no caminho certo. Eu não podia deixar que caíssemos diante do primeiro obstáculo, então localizei Bill Anstee, do Sister Ray, e pedi que ele tocasse bateria na demo. Ele foi cético a princípio, e depois concordou em vir para o ensaio. Fiquei aliviado quando ele apareceu, mas percebi imediatamente que não iria funcionar e que ele não gostou da minha nova banda. Talvez fosse porque estávamos cantando sobre os Assassinos das Charnecas, mas ele foi tão legal que, na verdade, me senti mal por ele. No entanto, não podia deixar escapar a chance de uma noite de graça no estúdio, então recorri a Si com o maior pacotinho de erva que consegui e ele finalmente concordou em vir tocar na demo na semana seguinte.

Todo esse tempo, fiquei imaginando se seria capaz de encontrar alguém tão bom quanto Andy no baixo. Passei pelas músicas com Dale, mas elas não soaram legais. Eu até mandei ele para o Andrew lhe arrumar um corte de cabelo decente, mas não, não soava legal. Quando chegou a noite de finalmente gravar a demo, Si apareceu com seu equipamento e tocamos as duas músicas. Tocamos "Suffer Little Children" primeiro e ficou surpreendentemente boa por ser a primeira vez. Fiquei satisfeito com a rapidez com que ela saiu, e nos ouvir em um estúdio pela primeira vez foi uma validação e um passo enorme. Quando gravamos "The Hand that Rocks the Cradle", no entanto, minhas dúvidas sobre Dale estavam lá para todos ouvirem. Eu tinha composto a linha de baixo, e mesmo que tivesse só seis notas que se repetiam, ele simplesmente não conseguia. Tentamos algumas vezes e demos o apoio necessário, mas no final eu mesmo tive que tocar o baixo na demo.

Assim que peguei a fita cassete com as duas músicas que tínhamos gravado, corri pelo centro da cidade na maior agitação. Fui de loja em loja, tocando-a para todos que conhecia, e se você estivesse na cidade, tivesse ouvidos e não tivesse me visto chegar, você iria ouvi-la. Meu entusiasmo pela minha nova banda era tamanho que, mesmo a fita contendo duas canções meio paradas, que comecei a perceber que tinham sido mal gravadas, você ia ter que tolerar ouvi-las só para se livrar de mim. Eu tocava a fita na X-Clothes quatro ou cinco vezes por dia, e quando meus colegas de trabalho me informavam que já tinham ouvido o suficiente, eu ia para a loja ao lado para me certificar de que as garotas na Crazy Face tinha ouvido a fita naquele dia. Uma vez toquei as músicas bem alto às 15h em um sábado quando o lugar estava completamente lotado, e mesmo quando a maioria dos clientes saiu, isso não me parou. Eu provavelmente era muito irritante.

Morrissey também estava promovendo a banda e decidiu levar a fita para o chefe na Factory, Tony Wilson. Mais tarde, Tony até saiu por aí dizendo que tinha rejeitado uma oportunidade de assinar com os Smiths na Factory, mas ele sabia que os Smiths nunca assinariam um contrato com a Factory, mesmo naquele momento. Eu gostava do Tony, mas já tinha recusado convites para entrar em duas de suas bandas e não queria que minha própria banda usasse bermudas cáqui. Eu tinha certeza de que se tivéssemos que estar em algum selo *indie* tinha que ser o Rough Trade, e definitivamente não a Factory. Depois que ele se encontrou com Morrissey, Tony veio até a loja me dizer que achava que éramos "especiais" e que a imprensa nos amaria porque "seu vocalista era jornalista", o que tomei como um comentário malicioso e ao qual dei minha resposta costumeira: "Vai se foder, Tony".

Uma pessoa que não gostou da fita foi Si, e isso era um problema. Morrissey e eu tínhamos pensado que havíamos encontrado nosso baterista, e até fizemos Angie tirar algumas fotos dele como membro da banda, mas Si não queria fazer parte e não gostava do que estávamos fazendo. Ele também achava que não havia perspectiva de ganharmos dinheiro. Disse a ele que estava cometendo um grande erro e desconfiei de seu julgamento, mas o respeitei por ser honesto comigo e, então, me conformei em procurar outra pessoa.

Precisávamos encontrar alguém rapidamente, já que tinha arranjado nosso primeiro show em uma balada que JK estava organizando no Ritz, no centro. Ele e Andrew tinham preparado um desfile de moda que pretendia apresentar dois novos estilistas e a cena que havia em Manchester. A atração principal era uma banda de Londres com elementos de salsa chamada Blue Rondo a la Turk, cuja performance consistia em dançar pelo palco de maneira enérgica em ternos com calças de cintura alta e tocar apitos. Seríamos o quinto na lista, antes do desfile de moda, da performance drag e do grupo de dançarinos seminus.

Era empolgante ter um show. Eu estivera ocupado trabalhando em novas músicas e gravava fitas e as entregava a Morrissey para que escrevesse as letras. Definimos que, no Ritz, tocaríamos "Suffer Little Children", "The Hand that Rocks the Cradle" e uma nova que tínhamos composto, chamada "Handsome Devil". Também decidimos tocar uma música do grupo feminino The Cookies, chamada "I Want a Boy for my Birthday", que na minha opinião iria passar a mensagem de que não apenas não me incomodava como eu me divertia e me animava com ela.

Conhecemos dois bateristas pelo boca a boca, mas nenhum deles me empolgou, até que um dia Pete Hunt veio me falar de um conhecido que morava em Chorlton, chamado Mike Joyce. Pete parecia levar a sério a sugestão de seu amigo, e àquela altura era de algo sério que eu precisava. Já tinha tido muitos que eram casuais demais; eu não esperava o mesmo nível de dedicação meu e de Morrissey, porque estávamos obcecados e comandávamos o barco, mas sentia que quem quer que estivesse na banda tinha que ter compromisso. Pete me garantiu que Mike e eu nos daríamos bem e que ele tinha feito parte de uma banda chamada The Hoax, sobre a qual eu nada sabia, mas confiei em Pete e sugeri que Mike me encontrasse no Legends naquela noite. Parecia bom, e mais tarde fui até lá.

O Legends tinha um suprimento maior de sidra e góticos do que o set do cabeleireiro descolado no Exit, e as luzes e o sistema de som mostravam que era um bom lugar para descarrilar seus sentidos. Em algum momento no começo da noite, Pete apareceu com Mike Joyce. Ele era simpático e seguro, o que era uma vantagem, apesar de eu não entender direito em qual aspecto, e seu visual era meio punk de cabelo espetado, que não era muito minha praia, mas não incomodava. Ele me perguntou sobre a banda e o que estávamos fazendo, e contei sobre o show e o que eu estava a fim de fazer dali em diante. Antes que eu percebesse, estávamos bêbados e fazendo piadas como se já nos conhecêssemos. Nos demos bem em alguns quesitos, o primeiro sendo o senso de humor. Mike gostava de uma risada, e eu o achei bastante engraçado e irreverente. Ele era rápido e direto, e buscava algo bom para fazer e se divertir ao mesmo tempo. Quando perguntei sobre seu interesse na minha banda e a possibilidade de aparecer para um ensaio, ele foi vago e disse que já estava em uma banda chamada Victim. Eu não entendia como, pois eles eram originalmente de Belfast e havia a possibilidade de voltarem para casa. Eu não sabia se ele estava dizendo que estavam se separando ou que iria para Belfast com eles; podia ser as duas coisas. O que quer que fosse, não parecia que estavam fazendo muita coisa, e saí do Legends esperando que Mike fosse um baterista decente e que talvez pudesse tocar conosco no Ritz.

Dois dias depois, Mike apareceu na loja, e após uma conversa trivial ele concordou em ir ao ensaio para podermos avaliá-lo. Ele tinha ouvido a fita e, embora não tivesse certeza sobre a banda, seu colega de quarto tinha gostado e julgou válido dar uma chance. Fui ajudá-lo a pegar a bateria em uma rua íngreme e perigosa em Manchester, e chegamos juntos no Spirit Studios para uma audição com Morrissey e Dale.

Nos reunimos no porão de concreto empoeirado, frio e inacabado, duas lâmpadas fracas tornando o ambiente mais sombrio ainda, como se fôssemos prisioneiros no subsolo. Apresentei Mike aos outros, e ele aparentava estar nervoso. Fiz um esforço para deixar todo mundo à vontade, mas parecia haver uma tensão na sala. Fiquei pensando se Morrissey não tinha gostado de Mike e comecei a achar que Si era melhor para nós, mas decidi começar pelo que era mais fácil: tocar "The Hand that Rocks the Cradle". Mike aprendeu a música bem rápido, e tentei não deixar óbvio que eu estava analisando sua forma de tocar. Ele ia bem, mas tinha algo estranho no que eu escutava e não tinha certeza do que era. Eu sabia que estava tocando certo a guitarra e também não era Morrissey cantando, então ou era a bateria que não estava boa ou o baixo que não fazia o que era certo. Nesse ponto, as deficiências de Dale como músico voltaram a entrar no meu radar e não pude ignorar.

A situação ficou mais tranquila quando começamos a nova música "Handsome Devil". Eu a compus em cima de um riff que criei quando estava nos Valentinos, e fiquei eufórico por estar tocando a primeira música rock 'n' roll no repertório dos Smiths. Passamos "Handsome Devil" duas vezes e registrei mentalmente: "Componha mais músicas assim". Depois de tocar as outras músicas, as coisas esfriaram, e quando eu estava acompanhando Mike por uns degraus não terminados na saída, ele virou para mim e perguntou se eu achava que ele tinha feito tudo certo.

— Sim — garanti —, foi tudo bem.

— Ah, que bom — ele respondeu —, porque ingeri uns cogumelos mais cedo e não sei discernir.

Com essa confissão, desconfiei que Mike ou não era nada profissional nem um músico sério, ou era de fato cara de pau e valia a pena arriscar. Decidi que valia arriscar.

THE RITZ

O futuro imediato tinha tudo a ver com a estreia no Ritz. Eu havia contado para minha família sobre nosso primeiro show, e Claire ficou impressionada que eu ia tocar no seu local favorito. Joe, Angie, Morrissey e eu cuidamos de convidar o máximo de pessoas que podíamos para aparecer, e JK e Andrew tinham feito pôsteres que estavam colocados em todo canto no centro da cidade. Era bom demais ver o nome "The Smiths" pela primeira vez em público. Morrissey sugeriu que convidássemos seu amigo James Maker para nos apresentar nos shows. Eu não conhecia James, mas achei que ser apresentado em nosso primeiro show soava bem, e quando vi que ele estava usando sapatos de bico fino de salto alto, gostei ainda mais da ideia.

Mike estava indeciso quanto a entrar para o grupo permanentemente, e não tinha certeza se conseguiria tocar no show do Ritz. Era difícil, pois rapidamente nos tornamos amigos, indo juntos às lojas ou baladas, e se tornou um grande dilema para mim. Morrissey ainda não havia descartado Si, e um dia Mike estava a fim de tocar com a gente, no outro, ele queria tocar com o Victim. Nunca fui mal-educado, mas achava que éramos a melhor opção para ele, já que o Victim não tinha feito nada e estavam considerando abandonar tudo de qualquer forma. Chegou um momento, poucos dias antes do show, que o convenci a tocar, assim a banda podia ter um começo; depois eu lidaria com o futuro.

O dia do primeiro show dos Smiths finalmente chegou — 4 de outubro de 1982 — e calhou de ser uma segunda-feira, o que significava que era meu dia de folga na loja e pude chegar no Ritz cedo para fazer hora e observar toda a movimentação. John Kennedy ficou se pavoneando no salão dourado, com ar ocupado dirigindo todos os membros do grupo de dança que, embora ainda completamente vestidos, parecia que estavam num acampamento de carnaval, mesmo às 14h. Andrew Berry cortava e arrumava os cabelos de todas as modelos com sua camisa Fiorucci supercobiçada e um chapéu impecavelmente posicionado, enquanto podia se dar ao luxo de ser a única pessoa na face da Terra que podia usar calças *johdpur* sem parecer um completo idiota. Eu ia de um lado para o outro nervoso com minha Gretsch no seu case, fumando muitos cigarros enquanto esperava pelos outros Smiths chegarem. Para todo lugar que eu olhava, havia garotas seminuas e sem roupas, rapazes usando coletes e homens vestindo togas. Por fim, a banda chegou e nos posicionamos do lado esquerdo da famosa pista de dança suspensa para deixar nosso equipamento pronto. Mike ainda não tinha decidido se ele iria deixar o Victim, o que me deixava preocupado, mas eu o tinha convencido a fazer o show. De repente, o Blue Rondo a la Turk chegou, deslizando pelo salão em suas magníficas calças de cintura alta, e olhamos espantados enquanto o destaque do evento descarregava seus trompetes, timbales e congas. Alguns deles usavam bigode lápis. Quando terminaram a passagem de som, fomos animados para o palco a fim de arrumar nossos equipamentos, e um roadie fortão chegou em mim e Pete Hope e disse:

— Melhor vocês nem pensarem em tocar na porra do nosso equipamento.

— Como é que é? — perguntei.

— Se tirar do lugar um microfone, você está morto.

Pete e eu assentimos, mas o confronto me deixou tão indignado que logo se espalhou para os outros e apaziguou nosso nervosismo. Agora estávamos prontos para o que desse e viesse.

Um pouco antes de começarmos, Morrissey me informou que James Maker iria dançar ao nosso lado no estilo go-go, o que achei desnecessário, mas não tinha grande importância, e após algumas palavras de apresentação impactantes de James em francês, subi as escadas para o palco pela primeira vez com The Smiths e meu primeiro compromisso oficial como músico profissional. *Tuumm!* Que diabos...? Uma onda de pavor me tomou quando notei que tinha batido a cabeça da guitarra na parede. Era um sinal, tinha que ser, de que o momento era muito importante; significava ou que todos os meus sonhos e o trabalho de uma vida até ali estavam para expirar no minuto seguinte, ou que eu tinha acabado de exorcizar todo o azar que havia acumulado nos meus 18 anos com uma pancada divina da minha Gretsch. Peguei a palheta e olhei para o refletor. Minha mão esquerda fez a posição de sol na 6ª que abria a primeira música e... *strum... strum...* e foi... mais ou menos — não totalmente perfeito e glorioso, mas também nem tão imperfeito e desastroso que eu não pudesse viver com isso. Talvez tenha sido mesmo simbólico. Passamos bem pelas duas primeiras canções, e então Mike teve um problema com a caixa da sua bateria. No entanto, o interesse do público aumentou quando tocamos "Handsome Devil", e para me assegurar que estava indo tudo bem, olhei para a minha direita e vi o baixista dançando como uma criança de quatro anos em uma discoteca infantil. Uh-oh. "Que porra você tá fazendo?", pensei, e desejei muito que ele parasse, mas Dale estava dançando e, além do mais, parecia estar curtindo muito. Naquele exato momento, soube que teríamos de nos separar, e entre o dançarino go-go James com salto alto à minha esquerda e Dale revelando um lado desconhecido à minha direita, nosso primeiro show acabou sendo bem mais animado do que jamais sonhei. Felizmente para Morrissey, ele estava mais à frente e totalmente alheio ao que se passava atrás dele. Os Smiths terminaram sua estreia preliminar e bizarra com "I Want a Boy for My Birthday", para total perplexidade da plateia, e assim descemos os degraus para dar lugar ao grupo de dança de vanguarda. Obrigado e boa noite.

Joe me procurou imediatamente, muito exultante, dizendo que nunca tinha ouvido uma guitarra tocada daquele jeito antes e que ele achava que Morrissey era ótimo. Nunca tinha visto ele tão animado, e sua reação era exatamente o que eu precisava.

— Vamos precisar de um empresário, Joe. Você gostaria de assumir a função? — disse a ele.

Após alguns segundos pensando, ele respondeu:

— Sim... claro. Nunca fui empresário, mas vou tentar.

Eu sabia que ele diria sim. Eu era o cara certo, fazendo a pergunta certa para a pessoa certa. Julgando até onde foram os Smiths e seu empresário, essa seria a única vez que isso aconteceria.

Agora eu sabia que Dale não se encaixava na banda. Nos encontramos na sala de ensaio duas noites depois e eu disse a ele que não estava dando certo. Ele levou numa boa e não pareceu surpreso, depois me desejou tudo de bom, o que considerei bastante amável. Também tinha que decidir o que iríamos fazer quanto à bateria, já que Mike não tinha certeza se ficaria com a gente. Eu considerei a apresentação no Ritz algo temporário para ele para ver como se sairia, mas esperava que fosse se entusiasmar e entrar de cabeça. Eu precisava ir em frente e encontrar alguém permanente, já que tinha arranjado outro show, dessa vez no Manhattan Sound, e com um ultimato do tipo "agora ou nunca" e um pouco de persuasão de seus amigos, Mike disse que ficaria.

Nos entrosamos tão bem no Ritz que as pessoas na cidade ficaram bem impressionadas. Tanto que meu amigo Tony O'Connor, do grêmio estudantil em West Wythy, veio até a loja e me perguntou se havia uma fita que ele pudesse levar para seu chefe em seu novo emprego na EMI. Parecia fácil demais, mas eu não iria dizer não, e no dia seguinte Tony e Morrissey foram com nossa demo à casa dos Beatles em Londres enquanto eu esperava o telefone tocar na loja. O chefe de Tony não ficou exatamente impactado com nossa fita, mas gostou o suficiente do que ouviu a ponto de nos dar 200 libras para gravar outra demo. Não era "A Hard Day's Night", mas era melhor do que nada e tínhamos algumas músicas novas que eu mal podia esperar para gravar.

Eu sabia que tinha que fazer Andy Rourke tocar baixo. Não estava disposto nem desejava fazer mais testes com estranhos, que eu sentia que não seriam tão bons. Fiquei animado com a perspectiva de trazer Andy para a banda, mas ainda estava furioso com a história da heroína e não tinha certeza como a situação se resolveria. Fui até a casa dele, onde eu tinha passado tanto tempo e onde sabia que alguns dos meus velhos amigos estariam, e eles estavam todos lá na sala, exatamente onde os havia deixado um ano antes, exceto pelo fato de que pareciam bem piores. Havia um silêncio soturno e um ar inerte no local. Um antigo amigo deu um pulo me confrontando sobre por que eu estava de volta, enquanto os outros se esquivavam de vergonha ou presunção, uma dormência viciada. Eu não planejava ficar muito e fui à sala dos fundos para falar com Andy sozinho. Foi bom vê-lo e ele ficou surpreso por eu ter aparecido. Ele estava como sempre e me contou sobre o emprego que tinha em uma madeireira e como o odiava, mas pelo menos significava que estava trabalhando todo dia e fiquei feliz que não estava no mesmo poço que os zumbis da sala ao lado. Me ative ao assunto que me levou lá: lhe contei sobre a nova banda que estava formando e perguntei se ele queria entrar. Disse que a condição seria que não usasse heroína. Coloquei uma fita com o show no Ritz, e ele gostou do que ouviu e disse que iria tocar na demo da EMI. Deixei a casa de Andy pela última vez imaginando se isso daria certo e se The Smiths agora era uma banda. Seria perfeito. Coloquei toda minha fé nisso e apenas esperei que não tivéssemos problemas.

Os Smiths primeiro se reuniram em um porão minúsculo sem janelas e com um tecido azul-escuro nas paredes em um lugar chamado Drone Studios, em Chorlton. Morrissey e eu vínhamos compondo com paixão e tínhamos dinheiro suficiente da EMI para gravar três músicas:

"Handsome Devil", "Miserable Lie" e uma nova chamada "What Difference Does it Make?". Há inúmeros relatos de bandas que sabiam que estavam absolutamente certas desde o momento em que começaram a tocar juntas, e foi o mesmo com os Smiths, exceto pelo fato de que, em nosso caso, eu soube que daria certo a partir do momento em que apresentei todos na rua em Chorlton naquela manhã de dezembro. Nós até parecíamos uma banda.

Quando começamos a tocar a primeira música, que era "Handsome Devil", soou tão bom para nós que fizemos o que toda banda faz nessa situação: começamos a rir. É uma verdade incrível e uma ironia profunda que a primeiríssima coisa que os Smiths fizeram quando se reuniram foi começar a rir descontroladamente.

Colocamos a mão na massa logo e Andy foi ótimo no baixo. Ele e eu retomamos de onde havíamos parado na última banda, um complementando o que o outro tocava, e todos soubemos que ele era o cara certo para a vaga. Mas então o dia ficou meio estranho quando Mike nos contou que conseguia ver Dale observando pela janela da cozinha. Supus que nosso baterista tinha ingerido cogumelos de novo, mas, quando fui verificar, eu mesmo vi Dale, vadiando no jardim e espiando pela janela. Saí para falar oi e ver o que ele estava fazendo ali, e ele tentou me convencer em detalhes que tinha acabado de dar uma olhada despretensiosa no estúdio bem no dia em que estávamos gravando. Fiquei curioso em saber por que ele estava espiando o estúdio do jardim, mas me despedi e o deixei ali.

O resto da sessão transcorreu calmamente e as coisas ficaram muito boas quando ouvimos "What Difference Does it Make?" no retorno dos monitores. É um bom sinal quando sua melhor música é também a mais nova; você sente que deu um passo à frente. Tentamos um saxofone em "Handsome Devil", porque eu estava ouvindo muito Little Richard, e um homem gentil entrou e deu o seu melhor, mas The Smiths e o saxofone não foram feitos um para o outro e eu aceitei. Quando terminamos as três canções, demos uma cópia para Tony O'Connor levar à EMI. Eu não tinha muita esperança de que eles embarcassem na ideia, e, quando nos retornaram dizendo que "não conseguiam ouvir nada na fita", nem Morrissey nem eu ficamos surpresos ou abatidos. Foquei em tentar conseguir mais shows e compor outra música tão boa quanto "What Difference Does it Make?".

Meu emprego na X-Clothes estava começando a ficar difícil. Eu amava estar no centro da cidade todo dia, mas queria passar todas as minhas horas acordado pensando na banda, um fato que foi devidamente percebido pelo meu chefe. Eu me encontrava com Joe na Crazy Face com mais frequência e voltava do almoço mais tarde e Lee não gostava nada disso. Ele também não curtia o fato de que parecia que eu estava só passeando, conversando com todo mundo sobre minha banda e tratando o lugar como uma casa noturna quando era esperado que eu estivesse trabalhando. Isso o aborrecia, em especial, porque eu fazia isso e, ao mesmo tempo, vendia mais roupas que qualquer outro. Não era minha culpa. Simplesmente levava jeito. Estava refletindo sobre isso com Joe uma tarde quando ele sugeriu: "Você deveria vir trabalhar aqui. Você pode abrir uma loja no porão". Eu sabia que Joe só tomava decisões depois de analisar com muito cuidado. Não havia muito no que pensar, a não ser ficar muito animado e um pouco nervoso com a responsabilidade de abrir uma loja, mas, se Joe achava que eu conseguiria fazer isso, deveria tentar, e corri pela cidade até a Sassoon para contar a Angie, quase enlouquecendo com tudo.

PORTLAND STREET

Os Smiths tinham o segundo show agendado no Manhattan Sound, em janeiro de 1983. Eu estava no meu quarto na casa da Shelley algumas noites antes e pensava que tinha que encontrar um roadie para a banda. O fato de que não seríamos pagos significava que teria de confiar na bondade de alguém que não fosse um estranho. Mas onde encontrar um amigo assim? Depois de refletir por um tempo, fui até o outro lado da casa onde meu colega Ollie estava ocupado em testar todas as formas possíveis de usar um bongo. O som hipernasalizado por seus funkeiros favoritos saía do toca-discos.

— Ollie? Ollie! — gritei.

— Oi? — ele gritou de volta, um pouco irritado por ser interrompido em meio ao seu devaneio jazz-funk.

Entrei no quarto e pedi o favor gigante em meio à neblina:

— A banda precisa de um roadie. Topa fazer?

Ele pensou um bom tempo antes de responder.

— Vou ganhar alguma coisa? — ele perguntou.

— Não — respondi —, mas vai ser divertido.

Ele pensou um pouco mais antes de dar seu veredito.

— OK, então — respondeu, e foi assim: tínhamos um roadie. Ollie era um amigo.

Havia um burburinho na cidade com relação ao nosso segundo show. Dessa vez, seríamos a atração principal e tocaríamos na pista de dança enquanto um filme da drag queen Divine seria projetado na parede ao lado. Mais uma vez panfletos se espalharam pela cidade, e soubemos que os ingressos estavam esgotados, o que foi arrebatador para nós e algo que eu realmente não esperava. Havia muita expectativa por esse segundo show não apenas porque estava lá todo o pessoal ligado em moda que conhecia Angie e eu, mas também tínhamos atraído o interesse da velha guarda de Manchester, que conhecia Morrissey por ter estado em alguns shows na época do movimento punk. Por vários motivos, fiquei com a impressão de que meu novo parceiro era um ermitão sério completamente sem amigos. Mas ele me apresentou para algumas pessoas: a sempre interessante Linder Sterling, que eu conhecia por já ter visto Ludus, a banda dela, e o empresário dos Buzzcocks, Richard Boon. Eu gostava dos amigos de Morrissey, e ele nunca me apresentou a ninguém que não apoiasse a banda. Enquanto isso, nosso amigo Tony Wilson se ofereceu para nos apresentar no palco, e o empresário do New Order, Rob Gretton, e o restante da trupe da Factory também iriam. Parecia que as pessoas estavam começando a nos notar.

Tocamos o mesmo set que apresentamos no Ritz, mas acrescentamos "What Difference Does it Make?" e mais duas outras novas, incluindo a primeira de nossas composições tristes e bonitas, chamada "What Do You See in Him?", que eu adorava. Ainda tocávamos "I Want a Boy for My Birthday", mas à luz das canções que eu e Morrissey estávamos compondo agora, essa música parecia redundante e um tanto forçada. Ter uma lista correta de canções para apresentar deixou óbvio que não precisávamos de um dançarino go-go, portanto, seria nossa última apresentação com James Maker. E podem ter sido as novas canções ou a ocasião, mas foi no Manhattan Sound que reconheci pela primeira vez que éramos uma banda com um vocalista que não apenas era um excelente letrista, mas também uma presença singular no palco. Ele foi feito para o seu público, e nós fomos feitos para o nosso público. Agora só tínhamos que fazê-los nos encontrar.

Eu ficava de bobeira no Haçienda nas noites em que não havia nada melhor para fazer na cidade, o que significava a maioria das noites durante a semana. Era um espaço com um aspecto industrial amplo, que fazia eco e que, nas raras ocasiões em que havia uma multidão ali, ele ainda parecia vazio. Eu sempre ia uma noite durante a semana com Angie e os dois Pete, e a única pessoa lá além de nós era o DJ, tocando música eletrônica para a entediada equipe do bar. Ficávamos em pé na varanda, olhando para a pista de dança vazia lá embaixo e observando os solitários vagando enquanto duas telas enormes passavam *Eraserhead*, um filme do novo e estranho diretor David Lynch que todo mundo estava comentando. Eu estava bem feliz de estar lá — era um lugar para ir e não ter nenhum aborrecimento, e eu podia perambular e ganhar umas bebidas do bar. Andrew Berry trabalhava como DJ, e eu tinha permissão para entrar na cabine e tocar os singles que quisesse, como "Ghost on the Highway", do The Gun Club, e "Shack Up", da banda A Certain Ratio.

Apesar das reclamações quanto ao som e as queixas de alguns membros de bandas da Factory, nos primeiros dias do Haçienda existia um sentimento de estar bem na linha de frente. Pode ter sido superambicioso e um empreendimento comercialmente ingênuo, mas era idealista de um jeito fantástico e dava às pessoas alternativas de Manchester o lugar mais moderno do mundo. O New Order era o centro inquestionável dessa cena toda. Sempre havia rumores sobre quanto dinheiro a casa noturna custaria à banda, e eles apareciam lá para tocar toda semana para manter o local. Eu conhecia muita gente na Factory Records, e mesmo que não estivéssemos trabalhando juntos, tínhamos a mesma linha de pensamento: fugir das amarras do mundo convencional e tentar fazer algo criativo. Ninguém procurava algo comercial, era chato e entediante demais, e ter esse tipo de sucesso não era uma opção para nenhum de nós de qualquer forma. Eu respeitava o New Order, não apenas por eles terem feito sucesso, mas porque fizeram sucesso a seu modo.

A pessoa que eu conhecia melhor na Factory era Mike Pickering. Ele era um verdadeiro especialista em música e normalmente andava com o empresário do New Order, Rob Gretton. Mike era um catalisador na cena de Manchester e foi por meio dele que conseguimos nosso primeiro show no Haçienda, abrindo para o 52nd Street, uma banda da Factory. Sem dúvida seria um passo a mais para nós, e quando vi os pôsteres pela cidade anunciando o show, decidi que era hora de aceitar a oferta de Joe de abrir uma nova loja. Entreguei minha carta de demissão na X-Clothes, e no último dia recebi o dinheiro da minha rescisão e me dei de presente um par de óculos escuros Ray-Ban Wayfarer.

Joe limpou o porão no prédio da Portland Street e abriu espaço para a nova loja. A princípio eu iria estocá-la com itens da coleção atual da Crazy Face, mas depois coloquei roupas de segunda mão das lojas de meus amigos que eles acharam que podiam vender bem. Decoramos o lugar com pôsteres de filmes e algumas fotos de jornal originais em preto e branco de Marlon Brando e Bo Diddley que Joe tinha trazido de Paris nos anos 1970, e pintei a notação musical da versão dos Stones para "Not Fade Away" no alto das paredes, já que era uma das minhas muitas obsessões no momento. Joe levou muito a sério seu papel de empresário dos Smiths. Agora que estávamos trabalhando juntos, podíamos passar mais tempo discutindo e tendo mais ideias, e ele mudou seu escritório para a sala ao lado para que ficássemos mais próximos.

Estávamos no Manhattan depois do trabalho uma noite quando ele veio com a ideia de que deveríamos fazer algo no Haçienda para mudar a atmosfera estéril do lugar. "Podíamos trazer várias flores, animar o lugar e nos livrar da energia da Factory, deixando-o do nosso jeito." Pareceu uma boa ideia, mas não gastei muito mais tempo com ela. Estava mais entusiasmado com o fato de que trabalhar na Crazy Face significava que eu conseguiria meu próprio jeans personalizado. Até então, eu imploraria por um par de jeans preto para Kate no departamento de varejo, e porque eu era muito pequeno ficava com o tamanho oito da linha infantil. Então, eu o customizava com um alfinete e rasgando o final da costura ou pregando uma faixa de seda azul na parte inferior virada para fora.

Um acontecimento para mim foi descobrir fotografias de Stuart Sutcliffe com os Beatles em Hamburgo. Eu o considerava a coisa mais moderna que eu já tinha visto, e o fato de seu visual ser rock 'n' roll pós-1950, mas anterior ao estouro do movimento beatnik, tinha algum sentido para mim naquela época. Esquadrinhei as lojas de segunda mão e encontrei um velho par de sapatos brancos da Johnson que tingi de azul-marinho e então acrescentei um suéter de gola polo e um de decote V bem cavado que comprei na Marks and Spencer. Mostrei as fotos de Stu Sutcliffe para Kate na fábrica e perguntei se ela poderia fazer jeans pretos para mim com um V cortado na lateral da perna. Quando tudo ficou pronto, saquei meu Ray-Ban Wayfarer da X-Clothes.

Meus dias se passavam assim: eu me levantava às 9h45 na casa da Shelley depois de ter ficado acordado até tarde compondo músicas ou com Ollie. Me vestia apressado e descia correndo os três lances de escada e saía para pegar o trem e chegar ao trabalho no horário. Passava correndo pela rua até a escola de meninas, então desacelerava e tentava assumir um ar descolado e não tão afobado enquanto passeava despreocupado. Passada a escola, eu ganhava velocidade de novo e entrava na estação de trem Altrincham e comprava uma barra de chocolate de caramelo da Cadbury e uma garrafinha de Schweppes para o café da manhã do vendedor ambulante, antes de pular no trem na hora de ele sair às 10h05. Eu descia no centro de Manchester com cerca de três minutos para chegar à loja, que ficava a dez minutos. Eu sempre chegava por volta de 10h45, quando Joe já estaria sentado em sua mesa ao telefone. Ele terminava a ligação, enrolava um baseado e colocava uma fita de John Lee Hooker ou algo relacionado ao tipo de música de que falamos no dia anterior, e então conversaríamos sobre o que estava rolando na banda. Quando dava quase 11h30, eu esperava por uma pausa conveniente no pensamento de Joe e então sugeria levantar as persianas da porta e abrir a loja. Todo dia era assim, a não ser quando dormia no chão do apartamento do Mike, que ficava perto do centro, e nesse caso eu pegava ônibus, mas ainda assim conseguia chegar dez minutos atrasado. O resto do dia transcorria de modo semelhante, com amigos aparecendo e eu fingindo que vendia roupas. Quando dava 17h, Morrissey, Mike e Andy chegavam e pegávamos o elevador de serviço até o enorme chão de fábrica no último andar, onde as máquinas cortavam os tecidos, e ensaiávamos o set ou praticávamos uma canção nova.

Era importante a banda ser rigorosa. Queríamos ser bons, e para nós estava tudo bem passar as músicas até que sentíssemos que estavam corretas. Sempre fazia muito frio no último andar e as cordas da minha guitarra pareciam fios congelados. Mas nunca desanimávamos, estávamos envolvidos e tínhamos uma ética de trabalho. Além disso, não havia nada melhor para fazer. Os Smiths nunca iam ao pub, nem como banda nem como indivíduos. Havia uma tradição de anos atrás de músicos britânicos se reunirem em pubs, antes dos ensaios, depois dos ensaios, antes dos shows e depois dos shows. Bandas eram formadas em pubs e bandas terminavam em pubs, mas não era nosso caso. Nos tornamos uma banda tocando juntos. Andy ensinou a Mike a arte de encadear a bateria com o baixo. Demorou para funcionar direito, mas eles insistiram e trabalharam nisso até que todos começamos a estar na mesma onda musical. Uma corda de guitarra costumava quebrar e eu era obrigado a prendê-la com um alfinete para mantê-la no lugar. Terminávamos por volta das 22h, esticando o máximo que conseguíamos, e eu fazia a sombria jornada de trem de volta para a casa da Shelley, e Mike pegava o ônibus para Chorlton. Morrissey e Andy iam juntos no ônibus de volta para Stretford e Sale. Foi por meio dessas experiências que os membros dos Smiths passaram a se conhecer. A maioria das bandas começa na escola ou na vizinhança. Crescem como amigos e querem fazer algo juntos. Compartilham história e experiência de vida e origens, mas não foi assim com os Smiths. Os outros três membros não se conheciam antes de entrar para a banda, eles se tornaram amigos ao fazer parte dos Smiths, o que aconteceu por meu intermédio e, por essa razão, meu papel, além de tocar guitarra e compor música, foi como o centro da roda; a banda me via como alguém que juntava as coisas e era criativo. Além de voltar para a casa da Shelley e compor e dormir, eu passava a maior parte do meu tempo no prédio da Portland Street. Todo mundo podia me encontrar no QG da banda. Era um ótimo emprego e eu adorava.

MORRISSEY E E
COMEÇADO N
E O QUE QUER
AQUILO QUE TÍ
PERTENCIA A N
TOTALMENTE Ú
DUAS PESSOAS
HAVIAM DEDIC
PARTE DE NOSS
A NOS TORNAR
QUERÍAMOS SE

TÍNHAMOS
SA PARCERIA,
UE FOSSE
HAMOS
S E ERA
ICO. ÉRAMOS
UE JÁ
DO A MAIOR
JOVEM VIDA
OS O QUE

HAND IN GLOVE

O show que estava marcado no Haçienda não era pouca coisa. Era o lugar de maior prestígio em que tínhamos tocado e apenas nossa terceira apresentação. Joe dizia "Vamos ter que arranjar um show em Londres quando vocês estiverem prontos", o que eu sabia que significava "Estou ouvindo vocês tocar e não estão prontos ainda". Além do show no Haçienda, também conseguimos uma apresentação na lista de bandas que iriam abrir para Richard Hell no Rafters, o que para mim era ótimo, e tínhamos algumas músicas novas para tocar e uma em particular.

Eu estava na casa de meus pais com Angie, distraído, dedilhando um velho violão que tinha deixado lá. A princípio, pensei que o riff que estava tocando fosse algo na linha que Nile Rodgers pudesse fazer com o Chic, mas então ele logo tomou a cara do meu estilo, até ficar realmente inspirado. Não havia nada na casa para gravar a melodia, e a única coisa que eu podia fazer para que Morrissey pudesse ouvi-la era ir até sua casa com o violão e tocá-la para ele antes que eu esquecesse. Fiz um pedido desesperado a Angie para me levar lá no Beetle e fomos o mais rápido possível, comigo tocando a melodia sem parar no violão enquanto evitava ao máximo mudá-la ou perdê-la. No caminho, Angie fez o que para ela era uma rara sugestão.

— Faça soar como Iggy — ela disse.

– O quê? – perguntei.

– Faça soar como Iggy – repetiu, agora mais como uma ordem do que um pedido.

Adaptei a pegada recortada e rítmica que estava usando e mudei o riff para um grande e aberto acorde dedilhado, que achei que se assemelharia a algo de *Raw Power*, e em poucos segundos pareceu mesmo ótimo. Fui repetindo o riff e, quando cheguei à casa de Morrissey, rezei para que não fosse uma daquelas raras ocasiões em que ele tivesse saído. Ele abriu a porta e me encontrou dedilhando e gaguejando sobre a nova música, e enquanto eu fazia uma serenata para ele na entrada, correu para pegar seu gravador para registrarmos a melodia. Quando nos reunimos para ensaiar dois dias depois, eu estava louco para mostrar a Mike e Andy a nova música e ela já soou legal de cara. Então, Morrissey pegou o microfone e segurou uma folha de papel, e nós todos entramos na música pela primeira vez juntos e... *bang*! Se chamava "Hand in Glove" e era a melhor coisa que tínhamos feito. O espírito do vocal era o mesmo do da guitarra. A música nos definia e descrevia a devoção e a solidariedade de uma amizade poderosa. Era uma declaração e nosso manifesto. A letra era perfeita, a música era perfeita, minha vida era perfeita.

A noite do show no Haçienda finalmente chegou. Andrew era o DJ, e Ollie foi buscar algumas flores como Joe havia planejado. O lugar era tão cavernoso e propenso a eco que parecia que estávamos tocando para apenas um punhado de amigos em uma enorme sala de concreto, e era exatamente como era. Tiramos o melhor da situação e esperávamos que as pessoas gostassem. Mais tarde, a irmã de Morrissey, Jackie, veio ao camarim para dizer que achou a banda ótima. Os Smiths tinham dado um passo necessário na estrada para serem reconhecidos em Manchester, e nós estávamos entrosados o bastante.

Como sempre, Joe estava planejando o próximo movimento, que ele achava que seria tocar em Londres e encontrar uma gravadora. Nós dois e Morrissey tentávamos diariamente fazer as coisas acontecerem, e Morrissey e eu inclusive ousávamos sonhar com a possibilidade de gravar um single. Tínhamos as fitas do Decibel e do Drone para enviar à gravadora, mas estávamos evoluindo tão rápido como compositores que já estávamos distantes daquelas primeiras fitas. Eu já tinha anunciado que deveríamos tentar a Rough Trade, e a ideia de fazer o caminho das maiores gravadoras convencionais parecia redundante e mais provavelmente ineficaz. Eu ainda gostava da ideia da Rough Trade, e então Joe interveio mais uma vez e ofereceu investir 225 libras para gravar "Hand in Glove" no Strawberry Studios. Era mais que animador e eu estava pronto para aceitar.

Joe e eu já havíamos discutido a possibilidade de eu me mudar da casa da Shelley para a dele com sua família em Heaton Mersey. Significaria que poderíamos passar mais tempo trabalhando na banda e ir e vir da loja juntos todo dia. Eu moraria com Andrew Berry no apartamento de dois quartos em cima de Joe e sua esposa, Janet, e seu filho de 2 anos, Ivan. Me dediquei a compor a música para uma nova canção chamada "Accept Yourself" e a acrescentamos ao set de abertura para Richard Hell. Era legal tocar com alguém cujos discos eu admirava, e considerei o show como nosso primeiro teste de verdade diante de uma plateia não tendenciosa. Tivemos que parar o set, porque quebrei uma corda, e como não havia uma guitarra reserva precisei passar o que pareceu uma eternidade trocando a corda no palco enquanto a banda esperava. Quando terminamos de tocar, um Richard Hell muito acabado apareceu nos bastidores, colocou seu braço em volta de mim e disse: "Você é um ótimo guitarrista". Não soube naquela hora se ele falava sério ou se só estava sendo gentil porque me viu lutando com a corda quebrada. De qualquer forma, apesar de estar soltando uma fumaça tóxica letal sobre mim, foi um gesto bacana e muito significativo.

Foi bom morar com a família do Joe. Estar perto de Janet e do filho deles me deu um senso de domesticidade e ordem que me ajudou a manter os pés no chão. Janet era dinâmica e sempre muito ocupada, cuidando da família e gerenciando duas lojas. Ela entendeu que Joe e eu tínhamos uma missão, e adaptou a vida familiar em apoio a isso. Eu adorava ter uma criancinha correndo em volta. Ivan costumava me esperar no pé da escada se ele achasse que eu estava em casa, e eu tentava voltar para casa cedo algumas noites para que pudéssemos brincar juntos. Além de muito tolerante, Janet também era formidável, especialmente no que dizia respeito à sua família. Eu podia sair impune por tocar música alto demais ou mesmo fumar um cigarro de vez em quando, mas quando me rendi uma noite ao pedido de Ivan pela lata de Coca-Cola que estava em minhas mãos, ela ficou furiosa e tudo que pude fazer foi me esconder. Não tinha certeza sobre qual a quantidade exata de açúcar e cafeína era prejudicial às crianças, mas descobri quando ela tinha terminado de chutar a lata, e não ajudou que Ivan ficou atrás de mim durante vários dias pedindo Coca-Cola.

Morar com Andrew era ótimo. Embora eu tivesse amizade com muitas pessoas diferentes, se você me perguntasse quem elas achavam que meu amigo mais próximo era naquela época, elas diriam Andrew. Sempre tive um melhor amigo, mesmo nos dias de Sacred Heart com Chris Milne. Às vezes acontecia de, porque meu foco era me tornar músico, quem quer que estivesse por perto ser recrutado para a minha banda, que foi o que aconteceu com Andy Rourke na escola. Às vezes, minha relação com um colega de banda assume uma dinâmica diferente devido aos papéis de cada um e da química da banda. Podemos ser bons amigos, mas também é trabalho. Uma das razões pelas quais Andrew Berry e eu éramos ótimos amigos era porque não estávamos juntos em uma banda, e mesmo a minha relação com Morrissey sendo tão importante como era, ter um melhor amigo em que você pode confiar fora da banda sempre foi muito útil, principalmente quando eu estava nos Smiths.

Outro ponto sobre morar com Andrew era que tínhamos à disposição todos os discos da cabine de DJ no Haçienda. Na sala da frente, havia caixas de álbuns do Suicide, Material, James White and the Blacks, e todo mundo do selo ZE, assim como uma pilha de singles de eletrônico de 12 polegadas. Andrew me apresentou a muita música eletrônica, a maioria de Nova York, que era nova em folha e completamente diferente da *guitar music* pós-punk que eu estava investigando, e isso me deu um gosto pela música eletrônica que perdurou. Entre o conhecimento de Andrew sobre discos de dance music, o amor de Joe por cantores de soul dos anos 1960 e minha própria busca por *guitar music* moderna, a casa toda era uma mistura extraordinária de influências díspares que, de alguma forma, fazia total sentido para mim.

Quando chegou a hora de finalmente gravar meu primeiro disco, era como estar vivendo seu destino. Eu tinha fantasiado por tanto tempo sobre como seria de fato gravar um disco, e agora que estava prestes a acontecer eu não iria deixar nada dar errado. A banda e Joe chagaram no Strawberry Studios em Stockport em um domingo de manhã com garoa, e quando começamos a arrumar as coisas, compreendi que era minha responsabilidade dirigir a gravação. No fundo eu estava nervoso, e quando encontramos o engenheiro de som da casa, que agiu como se fôssemos um enorme inconveniente para ele, apenas cruzei os dedos e esperei que o espírito de Phil Spector e Andrew Loog Oldham estivesse conosco.

Não perdemos tempo. Após cerca de 20 minutos tentando obter o som certo na bateria, a banda passou a música duas vezes para se certificar de que os níveis estivessem corretos na fita e nos nossos fones de ouvido. Vimos a luz vermelha e mergulhamos na primeira tomada e depois fizemos uma segunda, mais confiante. Já soou bem para nós e estávamos curtindo a experiência. Na terceira tomada, aumentamos mais ainda essa sensação. Nosso nervosismo significava que tínhamos tocado a música levemente mais rápido, mas acabou sendo bom, já que imprimiu à performance impaciência e entusiasmo. Captamos o espírito: a terceira tomada podia ser a gravação. Tiramos os fones e imaginamos o que iria ser revelado quando entramos na sala de controle. Uma das melhores sensações no mundo para uma banda é quando todos ficam em pé juntos, atrás de uma mesa de mixagem, para ouvir a performance de uma música que acabou de ser gravada no estúdio. Há uma euforia que mal conseguimos conter até o final da gravação, para não dar azar, depois uma onda de alegria que todos sentem juntos no mesmo momento. Se você somar a isso o fato de que era nossa primeira gravação, poderá imaginar o que foi para os Smiths ouvir as três tomadas de "Hand in Glove". Quis dar um toque final na faixa dobrando a guitarra e depois colocando um overdub de um violão duas vezes no canal direito. Mike tocou um trecho de tamborim e Morrissey gravou um backing vocal fantasmagórico. Estávamos inspirados. Enquanto mixávamos a música, imaginei se haveria algo que precisávamos para anunciar o início da gravação, uma espécie de toque final. Peguei a gaita, pedi a todos que me apoiassem caso não funcionasse, e criei uma frase no corredor enquanto me dirigia à sala de gravação. Registrei a gaita e assim tinha gravado meu primeiro disco.

Quando acabou, fui para fora e o espírito do disco estava todo lá nas ruas. Parecia que vinha da neblina do norte e de algum lugar do passado. Também parecia o futuro. Poderia inclusive ter um selo azul-marinho e prata.

LONDRES

Nenhum de nós sabia como conseguiríamos um show em Londres, mas vasculhando as últimas páginas dos semanários musicais tive a impressão de que o Rock Garden, em Covent Garden, era o lugar onde as novas bandas tocavam. Pete Hope estava prestes a fazer uma viagem para o sul, e após se oferecer para ir até o local e tentar conseguir um show para nós, ele garantiu nossa primeira apresentação em Londres. E ainda receberíamos 25 libras pelo incômodo de ir até lá. Joe propôs para mim e Morrissey que a banda arranjasse uma van para os shows e deu entrada num Renault Cavalier que era só jogar um colchão e seria nossa nova casa. Descer até Londres para tocar pela primeira vez me deixou bastante ciente de como eram os habitantes de Manchester, e eu não fazia ideia se os estranhos na capital iriam entender.

O Rock Garden era um pequeno porão de tijolos que parecia uma lata e tinha um ambiente apropriado sem adornos chamado de "chegar e tocar". Subimos no minúsculo palco e tocamos um set especialmente vigoroso para poucas pessoas, como nos sentíamos sendo avaliados, nos trouxe um desafio que aprenderíamos a incitar no futuro. O público gostou o suficiente para pedir por um bis, que foi nosso primeiro e fez do show uma vitória, e então levamos nossa vitória de volta pela estrada, em nossa nova casa, para o planeta Manchester.

A atividade na Portland Street aumentou ainda mais depois que estivemos no Strawberry Studios. A vida de Joe era toda em torno da banda agora, e todos no prédio conviviam com nossa própria trilha sonora, "Hand in Glove". Gastamos o cérebro tentando achar ideias de como gravar nossa música em vinil e decidimos que, se não conseguíssemos encontrar uma gravadora compatível, montaríamos nosso próprio selo e lançaríamos as músicas nós mesmos. Gostei do plano, pelo menos ele era uma garantia de lançamento, mas eu ainda tinha obsessão pela Rough Trade. Só restava algo a fazer: ir até lá e pedir que eles assinassem conosco.

Eu havia mantido contato com Matt Johnson desde nosso encontro no ano anterior e liguei para ele a fim de pedir se podia me hospedar quando eu fosse para Londres. Matt ofereceu seu sofá, e me dirigi à Rough Trade, levando Andy comigo, pelo apoio emocional. Quando chegamos aos escritórios da gravadora, eu não tinha qualquer plano ou estratégia, confiaria no improviso. Perguntei na recepção se havia alguém com quem eu pudesse falar sobre nossa fita, mas nos foi dada a desculpa de que todos estavam ocupados demais ou fora do escritório. Ficamos por perto por um tempo e fizemos mais perguntas sobre quando voltar, até que o rapaz na recepção por fim cedeu e nos permitiu esperar enquanto ele enviava uma mensagem para Simon Edwards, que eu achei que era o chefe. Após longa espera, fomos finalmente recebidos por uma espécie de homem de negócios gentil que nos perguntou o nome da banda, em seguida levou a fita para uma pequena sala no final do corredor, supostamente para ouvi-la.

Andy e eu aguardamos ansiosamente, e eu esperava que o cavalheiro estivesse dançando sem resistir ouvindo "Hand in Glove" no volume mais alto em estado de euforia, socando o ar ao perceber que tinha descoberto a nova e maior *guitar band* da Inglaterra. Ele voltou rápido e friamente entregou a fita a mim.

— Sim, é boa — ele disse —, mas não posso fazer nada, na verdade. Geoff tem que ouvi-la.

"Isso é positivo", eu pensei, "ele disse que era boa, não disse 'vão embora'". Ainda assim, não era a reação que eu estava esperando. Pensei que, pelo menos, ele estaria sem fôlego depois de tanto dançar. "Quem é esse tal de Geoff?", pensei.

— Quem é Geoff? — questionei.

— Geoff é o diretor do selo, e ele decide o que lançamos — disse Simon. — Talvez vocês possam mandar a fita para ele.

"Mandar". Isso definitivamente soou como uma desculpa, e meu batimento cardíaco se acelerou enquanto sentia a oportunidade escapando.

— Posso falar com ele? — perguntei. — Viemos de Manchester até aqui. — Eu estava ficando um pouco desesperado; sabia como a música era boa e que era só eles ouvirem para amá-la.

— Geoff está em uma reunião a tarde toda. Não posso atrapalhá-lo agora — disse Simon educadamente e então apontou para uma sala onde um homem alto estava em pé falando por uma janela.

Estava claro que isso era o máximo que conseguiríamos chegar perto dele por enquanto. Eu não ia importunar o cara ou me prostrar diante dele, mas meu instinto também me dizia que eu estava diante de um momento crucial. Quando viramos para sair do prédio, fiz sinal para Andy me seguir até o depósito, onde havia uma plataforma com centenas de caixas. Comecei a agir como se eu estivesse empilhando discos. Até aí, tudo bem. Havia tanta atividade na plataforma com pessoas indo e vindo que ninguém notou os intrusos, mesmo com um deles parecendo Stuart Sutcliffe. Fiquei de olho na sala onde tinha visto Geoff, esperando que ele saísse. Passou cerca de uma hora, e então o vi sair pela porta e descer o corredor, parecendo bastante ocupado. Ali estava minha chance. Caminhei até ele e saquei nossa fita, e quando ele passou por mim, peguei seu braço e disse:

— Geoff... oi. — Ele parou e eu mesmo me surpreendi com o inesperado da situação. — Tenho uma banda em Manchester, se chama The Smiths, e fizemos uma música que realmente queríamos lançar pela Rough Trade. — Eu precisava deixar claro nosso compromisso com isso, então continuei: — Se você não quiser lançá-la pelo selo, podemos lançá-lo pelo nosso e vocês poderiam distribuí-la. — Geoff parecia calmo e inabalado por ser abordado por um nortista minúsculo.

— Vou ouvi-la no fim de semana — ele disse.

Acreditei nele, e em minha felicidade e entusiasmo eu disse:

— Você nunca ouviu nada assim antes.

Missão cumprida. Enquanto eu deixava o prédio da Rough Trade e descia a rua, senti que estava vivendo em um filme. Estava imaginando coisas e cenários para mim e minha banda, e elas estavam de fato acontecendo. Deixei Notting Hill para ficar na casa de Matt Johnson em Highbury enquanto Andy voltou para Manchester.

Desde a última vez que o tinha visto, Matt estivera ocupado cuidando de sua própria situação, que não era uma banda nos moldes tradicionais e havia sido batizada de The The. Com apenas 21 anos, ele tinha assinado um contrato de cinco álbuns com a CBS Records e tinha lançado recentemente dois excelentes singles "Uncertain Smile" e "Perfect". Quando cheguei à sua casa, fui recebido por uma garota muito bonita que eu havia reconhecido da capa da revista *i-D*, que vendíamos na X-Clothes. Ela se apresentou como Fiona e era namorada de Matt. Ela me levou para dentro do apartamento onde Matt estava agachado no chão, com fones de ouvido e em meio a equipamentos espalhados por todo o tapete. Um teclado Casio, uma Fender Stratocaster preta e uma bateria eletrônica estavam todos ligados a um pequeno gravador de quatro canais, e também havia uma auto-harpa eletrônica e alguns microfones, um deles ligado a um pedal de eco. Nunca tinha visto ninguém trabalhando desse jeito antes. Me impressionou como era moderno e criativo; ele era totalmente autossuficiente. Quando terminou o que estava fazendo, ele tocou sua nova faixa para mim. Foi construída em torno da auto-harpa eletrônica que estava no chão, e era uma canção sublime chamada "This is the Day".

Matt e eu saímos para celebrar nosso reencontro. Dirigindo pelo West End de Londres em seu velho Rover, nos atualizamos sobre tudo, desde sintetizadores e técnicas de gravação até as trilhas sonoras de Bernard Herrmann e nosso gosto em comum por glam rock. Ele me contou sobre seu recente contato com a cena underground nova-iorquina e me interrogou sobre minha banda e o que estava rolando em Manchester. Foi ótimo estar com Matt de novo. Ele tinha curiosidade por tudo e parecia estar sempre em busca de algo. Ficamos acordados até tarde e conversamos de novo sobre fazermos alguma coisa juntos algum dia, mas no momento tínhamos outras missões. Quando saí da casa de Matt no dia seguinte, ele estava de volta ao chão, rodeado pelo seu equipamento, prestes a embarcar em uma jornada criativa, produzindo um álbum chamado *Soul Mining* que se tornaria muito amado e imensamente influente. Voltei para Manchester de trem, prestes a descobrir que os Smiths tinham obtido um contrato com uma gravadora.

Entrei no escritório de Joe na segunda-feira para ouvir que Geoff Travis tinha ligado para dizer que amou "Hand in Glove" e queria lançá-la na Rough Trade. Convocamos o restante da banda e Angie para comparecerem, e o prédio todo estava agitado.

Até aquele momento, lançar um disco com minha própria banda tinha sido o ápice da minha ambição. Eu havia imaginado isso desde muito jovem, e tinha buscado isso puramente no instinto e desejo, sem saber como de fato iria transcorrer. Por todas minhas declarações para amigos e minhas claras previsões para a banda, eu ainda estava tentando transformar meu desejo em destino, mas agora parecia que, de fato, iria acontecer. Demorou cerca de 12 dias para a Rough Trade produzir "Hand in Glove". Morrissey lhes forneceu o desenho para a capa. Fiquei impressionado e também aliviado por ter alguém na banda com uma forte visão para a nossa parte estética. O lado B do single foi uma gravação que fizemos de "Handsome Devil" da mesa de mixagem no show do Haçienda.

Joe me falou que uma caixa com 25 discos chegaria na estação de trem e eu atravessei a cidade e Piccadilly Gardens para buscá-la como se estivesse em um sonho. Peguei a caixa, fiquei parado no acesso à estação e rasguei o pacote para abri-lo. A capa era prata metálico, com uma fotografia azul e o nome da banda na frente. Tirei o disco da capa e fiquei olhando. Lá estava: o selo azul e prateado com o nome da banda, e embaixo do título da música os nomes "Morrissey e Marr" entre parênteses. Fiquei encarando-o absorvendo o momento, enquanto um monte de gente passava apressada. Finalmente tinha conseguido. E com uma ótima música e o som certo. "Hand in Glove" era linda, e dali em diante eu aceitaria tudo que viesse e veria o que iria acontecer depois.

Porque estávamos agora na Rough Trade significava que não apenas a banda lançaria um disco como também que teríamos uma nova casa com novas pessoas para conhecer. Joe estava ocupado fazendo planejamentos com o chefe do selo, Geoff Travis, e um envolvente promotor de discos estadunidense chamado Scott Piering, que teria um papel importante no desenvolvimento da banda. Os três imediatamente começaram a agendar shows em Londres e em lugares pequenos no interior, e todos na Rough Trade abraçaram a causa em uma onda de antecipação. Nossa nova gravadora agia como se pensasse que iríamos fazer sucesso e ser especiais, e porque eles agiam assim, acreditamos ainda mais que podíamos.

ONDA DE CALOR

"Hand in Glove" saiu em 13 de maio de 1983, menos de um mês depois de eu ter entregado a fita à gravadora. Nossa primeira transmissão pública foi no programa *The John Peel Show* na BBC Radio 1, e Angie e Andrew se juntaram a mim e a Joe na cozinha dele para escutar. Era importante o fato de que o single parecia bom mesmo.

The John Peel Show era o único programa de rádio que todo mundo que eu conhecia se dava ao trabalho de ouvir, e foi uma referência para a minha geração. Ser tocado por John Peel não significava que estávamos automaticamente prestes a nos tornar pop stars, não era esse o ponto, mas sim que, em relação à música alternativa, estávamos entrando no jogo. Quando ouvi nosso single no rádio pela primeira vez, pareceu certo e provou para mim que pertencíamos àquilo. Peel gostou e seu produtor John Walter também. Assim, fomos convidados para ir aos estúdios da BBC no Maida Vale para gravar uma sessão para o programa. Scott Piering tinha assumido o papel de nosso tutor na gravadora assim como nosso promotor de rádio, uma função pela qual a banda e Joe eram gratos, já que ele nos mostrou as ligações na Rough Trade e na BBC e nos direcionou para pessoas e situações que seriam boas para nós e nos desviou das que não seriam.

Caminhando pelos labirintos de corredores na BBC, me senti ao mesmo tempo como um músico profissional de carteirinha e um garoto a quem pediram que mostrasse o devido respeito ao sistema. Tínhamos deixado Manchester na van às 7h, e quatro horas sacudindo em cima de um colchão e falando animadamente sob a neblina da fumaça de haxixe tinham me deixado levemente esgotado, mas assim que fui direcionado à cafeteria da BBC e recarreguei a bateria com chocolate e refrigerante, estava pronto. O produtor que iria cuidar da nossa sessão supervisionou a cena sem nos reconhecer, e ficou aparente que sua atitude no dia seria a mesma de um professor de latim desaprovador em uma manhã chuvosa. Fiquei imaginando como ele iria cumprir a tarefa de capturar nosso som intenso e espírito dissidente enquanto parecia tão de saco cheio, e fiquei cansado só de olhar para ele. Mas a banda entrou no clima desde a primeiríssima música, e conseguimos ficar acima do humor dele com nosso crescente profissionalismo e entusiasmo pelo que estávamos fazendo. Sempre havia uma atmosfera bastante forte e positiva quando estávamos no estúdio, não importava onde estávamos. Nos animávamos com o que estávamos fazendo e não conseguíamos registrar nossas ideias rápido o bastante.

Assim que gravamos a primeira tomada satisfatória de uma música com guitarra base, baixo, bateria e linhas vocais, Morrissey regravou seu vocal rapidamente e, quando isso estava pronto, passamos pela bateria para nos certificar de que estava correta, então Andy poderia trabalhar no baixo se quiséssemos mudar ou refinar algo. Depois disso, a gravação era só diversão para mim. Sabíamos que tínhamos as bases corretas da música, então eu poderia criar os overdubs de guitarra que precisasse e experimentar com ideias, usando diferentes técnicas que ia aprendendo ao longo do caminho. Os outros membros da banda me incentivaram a fazer o que eu quisesse e confiaram em mim para entregar algo bom. Conforme o dia foi passando em Maida Vale, nossa ética de trabalho e esforço foram notados pelo produtor, que começou a se envolver mais. Em certo momento, ele até fez uma piada, algo sobre sermos infelizes porque éramos do norte. Parecia que tínhamos despertado seu senso de humor, mesmo que fosse arrogante, e na verdade estávamos cantando nossa música chamada "Miserable Lie" [Infeliz Mentira].

A reação do produtor às nossas músicas era algo com que eu teria que me acostumar bastante no futuro. Nossas letras e alguns dos comentários que Morrissey vinha fazendo na imprensa musical estavam começando a chamar atenção. Desde o início eu sabia que era melhor deixar Morrissey fazer toda a comunicação com a mídia. Ele tinha seu plano e sua visão de mundo, em partes porque era mais velho, mas principalmente porque era bom nisso. Sobre a relação da banda com a mídia, dava para ver que nosso frontman era especialista na imprensa e podia fazer melhor do que eu e quase todo mundo que se sentava para nos entrevistar. Eu achava suas entrevistas sempre muito engraçadas, e as controvérsias sobre as primeiras letras foram uma surpresa. Eu considerava isso tudo parte de estar em uma banda provocadora, e sempre que Morrissey era criticado ou pressionado, eu o apoiava e dava suporte, tanto em público quanto em privado.

Íamos abrir um show em Camden para o The Fall, que eram os mandachuvas do momento na Rough Trade — ou mais precisamente a banda comandada pelo mandachuva da Rough Trade, Mark E. Smith —, e um funcionário da Rough Trade havia me contado que o Sr. Smith reclamara para a gravadora do tempo que ela estava dedicando a nós. Era um grande show para nós e estávamos nervosos. Felizmente, o cara controlando o som era alguém que eu tinha conhecido no meu primeiro show do Sister Ray em Wythenshawe, e ele deu seu melhor para sentirmos que pertencíamos e que tivéssemos um tempo de show justo. Ao longo da noite, ficou claro que seria importante para a banda. Muito se falava de nós, e era um show em Londres, numa noite de sábado, com os ingressos esgotados. Quando estávamos prestes a entrar no palco, Scott Piering nos parou para fazer uma foto da banda. Nos encostamos na parede e, em um segundo, tínhamos a foto que se tornaria a mais famosa imagem dos Smiths: Morrissey na frente com suas flores, Mike e Andy usavam camisetas brancas, eu estava ao fundo com um casaco de couro preto que comprei quando trabalhava na Ivor e os Ray-Bans da X-Clothes.

O verão de 1983 foi uma época incrível para mim. Eu tinha 19 anos e estava tocando com minha banda em Londres. Meu primeiro single tocava no rádio e havia uma onda de calor. Os Smiths tinham sido chamados para tocar em alguns shows abrindo para o The Sisters of Mercy. Eu conhecia a música deles e os achava ótimos. Eles tinham uma atitude admirável em relação ao público, que pareciam considerar mais como convidados numa reunião comunitária do que fãs; a atitude deles com relação às bandas de abertura era admirável também. Quando você é a banda de abertura, acostuma-se a ser ignorado pela atração principal, e a equipe de apoio da banda principal pode às vezes agir como se você fosse um intruso no território deles. Acrescente o fato de que você é de fora da cidade, e seu dia pode se tornar uma batalha. O Sisters e sua equipe faziam o possível para assegurar que recebêssemos atenção, e às vezes eu passava um tempo com o vocalista deles, Andrew Eldritch, que era muito legal. Para começo de conversa, se você é decente, deve ser acolhedor com uma nova banda, especialmente quando eles são jovens. Você precisa de ajuda quando está no começo, e sempre que recebia alguma gentileza naquelas situações, eu valorizava e nunca esquecia.

Foi nos shows com o Sisters of Mercy que comecei a ter nervosismo pré-shows. Todo mundo iria pensar que receber um elogio repentino por ser a nova aposta de sucesso lhe daria mais confiança, mas eu tinha que ajustar essa aclamação que vinha como uma onda de todos os cantos. Não que eu não achasse que fôssemos merecedores; era porque tinha meu próprio estilo de guitarra sem solos-relâmpagos, e eu não sabia o que esse novo mundo esperava de mim. A banda tinha passado de tentar atrair a atenção de algumas pessoas no bar que não estavam prestando atenção a se destacar como a próxima aposta de sucesso, e minha atitude de dizer "Você nunca ouviu nada assim antes" tinha de repente desaparecido. Eu voltaria ao normal assim que a primeira música começasse, mas sentia falta de como tinha sido quando estávamos confiantes para a foto encostados na parede, então eu precisava recalibrar uma nova atitude. Uma noite, no camarim do Dingwalls, inventei a lógica de que ter algum dinheiro no bolso me faria me sentir sortudo e, porque eu não tinha nada, pedi a Joe se ele podia me emprestar algum. Ele me deu uma nota de 10 libras, dizendo que era para eu devolver. Entramos no palco e fizemos um show espetacular para um público adorável que terminou com nossa primeira invasão de palco. Depois disso, nunca mais subi ao palco novamente sem ter uma nota de 10 libras no bolso.

Depois de todo show, a banda voltava para Manchester com Joe e Ollie na van. Não havia janelas, e nós quatro nos esticávamos no colchão, sem ouvir música, só conversando e fazendo piadas a viagem toda. Voltamos a tocar no Rock Garden após apenas alguns meses desde nosso primeiro show lá, e quando a van nos despejou na calçada em Covent Garden, conhecemos os primeiros fãs dos Smith, Josh e Anna, segurando flores ao sol. Era novidade ver as pessoas nos imitando. Olhei em volta e notei que a banda toda estava usando variações personalizadas dos jeans pretos da Crazy Face. O de Morrissey era estilo baggy com uma costura baixa atrás, os de Mike e Andy eram justíssimos, e o meu era o de criança com a barra desgastada. Morrissey e eu estávamos usando colar de contas e os mesmos sapatos de veludo marrom. Todos tínhamos os mesmos tipos de roupa com leves variações, e não nos parecíamos com ninguém mais.

Foi por volta dessa época que acrescentamos outro membro importante à nossa equipe. Grant Showbiz tinha sido técnico de som do The Fall e do Alternative TV e surpreendentemente era alguém de quem Andy havia me falado na escola depois de vê-lo num show com a banda Here & Now. Grant era uma figura incomum e extrovertida do circuito de shows de Londres e, assim como Scott Piering, tivemos sorte em encontrar alguém que tinha alguma experiência. Grant acreditava em nós e estava totalmente dedicado a realizar um bom trabalho para a banda.

Nosso acordo com a Rough Trade tinha sido de apenas um single, mas eles estavam ávidos para que assinássemos um contrato mais longo e gravássemos nosso primeiro álbum. Estávamos sendo cortejados pelas principais gravadoras, e Joe tinha recebido propostas da Virgin, Warner e Polydor, entre outras. A CBS estava fazendo certo alarde e dois agentes estiveram nos bastidores para nos conhecer algumas vezes e foram até legais. Morrissey e eu fomos a algumas reuniões mais por curiosidade profissional do que outra coisa, e foi interessante comparar as grandes com nosso selo independente. O que mais me impressionou sobre elas era que eu não via nenhum disco nos escritórios, enquanto na Rough Trade e na Factory havia caixas por todo lado. Não que eu achasse que iria encontrar nas grandes um almoxarifado em algum lugar com milhões de discos, mas mesmo assim esperava ver alguns por ali. Outro ponto que notei foram as enormes fotos de radiantes estrelas pop de que eu não gostava, que me confrontaram desde o momento em que entrei no prédio. É engraçado como detalhes assim podem interferir quando você está falando com as grandes empresas – foi importante para mim, pelo menos –, e no final tanto Morrissey quanto eu soubemos que era melhor ficar na Rough Trade.

Geoff Travis veio ao escritório de Joe em Manchester com um contrato da Rough Trade para Morrissey e eu assinarmos. Para nós, parecia que tínhamos atingido o topo da montanha que estávamos escalando desde o primeiro dia em que nos conhecemos. Mike e Andy estavam lá, e embora não tenham pedido para eles assinarem o contrato, Mike assinou como testemunha. O pagamento adiantado seria de 4 mil libras. Estávamos todos muito felizes. Iríamos gravar um álbum, e outro, e depois mais outro, e mais singles. Era tudo o que eu queria. Quando Geoff voltou para Londres, Angie e eu fomos ao Haçienda com Mike e Andy para comemorar. Os dois Pete vieram também, e passamos tempo com Andrew na cabine do DJ, tocando discos e tomando coquetéis.

A onda de calor continuou, e todo dia íamos a um pequeno estúdio chamado Elephant no dilapidado cais de Wapping em Londres para gravar nosso primeiro álbum. Troy Tate foi designado o produtor. Eu gostava dele. Era um músico talentoso que ficou mais conhecido por ser o guitarrista do The Teardrop Explodes, era apaixonado pelo que fazia e tinha uma visão de como nosso primeiro álbum devia ser. As sessões aconteceram sob um calor escaldante já que o estúdio no porão não tinha ar-condicionado, o que era particularmente árduo quando se trabalhava às 3h da manhã. Não apenas sugava nossa energia como também a alta temperatura tornava difícil a afinação das guitarras. Eu passava 20 minutos afinando minha guitarra com o piano, para na manhã seguinte descobrir que o calor tinha desafinado o piano, então eu tinha que gravar todo o trabalho da noite anterior de novo. No entanto, gostei muito do processo de gravar nosso disco, e era bom trabalhar com um produtor pela primeira vez.

A ideia de Troy era captar a maneira como a banda soava ao vivo. Ele achava importante que a gravação representasse o jeito que éramos nas casas noturnas e que fosse um documento autêntico. Ele trabalhava incansavelmente para obter paixão de uma performance e era muito acolhedor, algo que, depois descobri, acabou afastando-o dos outros membros da banda que pensaram que ele não estava dedicando tempo suficiente a eles. Fiquei alheio a esse problema, já que, pela natureza do que fazia em estúdio, eu tinha que passar mais tempo gravando com o produtor do que os outros. De qualquer forma, não funcionou, e quando a banda e Joe finalmente se juntaram para ouvir o trabalho finalizado, Morrissey não gostou do álbum. Foi excruciante para todos, mas eu mesmo pude ouvir que as mixagens soavam subproduzidas e não eram o artigo final de que precisávamos como nossa apresentação ao mundo. Por que se julgou necessário descartar todo o álbum em vez de apenas mixar novamente não sei, mas eu não ia causar problemas ou ficar pensando demais nisso. No entanto, era um registro de como a banda realmente era naquele momento, e foi a última vez que vi Troy. Ele saiu da indústria da música logo depois.

MARPLE BRIDGE

Andrew Berry e eu continuamos morando com Joe e sua família. Eu havia parado de gerenciar a loja da Crazy Face e passava mais tempo com Angie ou trabalhando nas músicas. A esposa de Joe, Janet, tinha sugerido que eu poderia usar uma casa de campo que ela tinha em Marple Bridge, um pequeno e pitoresco vilarejo a quase 20 quilômetros da cidade. Foi bondade dela me providenciar um lugar para escrever as músicas, e com todas as idas e vindas e minha atividade noturna provavelmente ela queria que eu e Andrew ficássemos fora de casa um pouco para ela poder se dedicar a cuidar da família. Era esquisito morar num ambiente rural.

Eu ainda tomava o trem para a cidade na maioria dos dias para ensaiar, mas se quisesse sair à noite na cidade tinha que voltar antes que os trens parassem ou aparecer no apartamento de Mike, que era o que eu fazia normalmente. Em algumas noites, Angie e eu ficávamos na casa e ela dirigia de volta para a casa de seus pais tarde da noite, outras vezes eu ficava ouvindo discos com Andrew e me dedicava ao meu novo passatempo favorito, que era tomar ácido. Eu já tinha usado ácido algumas vezes quando era mais novo. Era legal, sempre interessante, e eu considerava uma atividade recreacional, criativa e não pesada. A casa de campo era perfeita para as viagens que a droga provocava. Era silencioso, dava para caminhar pelo canal e ficar dando voltas. À noite, tocávamos música na altura que quiséssemos, e como morávamos muito longe da cidade, não haveria visitas inesperadas. Em algumas das primeiras críticas dos Smiths, o estilo da minha guitarra tinha sido comparado com a de Roger McGuinn do The Byrds. Eu conhecia um pouco de The Byrds, mas não estava familiarizado com eles do modo como todos supunham. Eu tinha chegado no meu som por meio de diferentes influências, como glam rock e new wave, e além da influência de música folk, era coincidência que o meu estilo e o de Roger McGuinn soassem similares. Depois dessas comparações, fui investigar melhor os Byrds e a combinação de tomar ácido e morar em um vilarejo durante o verão me fez gostar deles e de Buffalo Springfield, The Lovin' Spoonful e outros; a música combinava com o estilo de vida que estava levando.

Andrew tinha feito o corte de cabelo de Morrissey com um certo topete quando montamos a banda, e os de Mike e Andy também; ele tinha até cortado o cabelo de Bernard Sumner, do New Order. Eu vinha usando um topete de variadas cores e modelos nos dois anos anteriores e estava na hora de mudar. Quando as pessoas viram a banda pela primeira vez, todos nós tínhamos nossos cortes de cabelo, e ao mesmo tempo que estava tudo bem ser inspirado pela Johnson's ou pelos beatniks, nunca quis que a banda fosse associada com rockabillies. Eu estava entediado e queria algo original, e morando com meu melhor amigo que era cabeleireiro significava que eu conseguiria ser criativo. Comecei a pensar sobre o visual dos Perrys uns anos antes, especialmente as meninas. Minha irmã tinha sido uma garota Perry e eu tinha copiado os jeans com a barra rasgada e os sapatos de veludo que ela e seus amigos usavam. Algo muito Perry era o cabelo estilo tigela e, se você tocasse guitarra, você se pareceria com Brian Jones, The Birds ou Sterling Morrison, do Velvet Underground. Pedi a Andrew para fazer um corte tigela para mim e comecei a usar mocassins de camurça, com um colar sobre um suéter com gola careca. Peguei emprestado o casaco de pele de carneiro de Andy, que era outro item Perry, e com um pouco de criatividade concluí que foi Stuart Sutcliffe quem primeiro mudou seu cabelo para criar o estilo dos Beatles. Isso tudo fazia sentido. Eu levaria o caráter da banda mais adiante fazendo-a parecer mais feminina e classe trabalhadora e, definitivamente, mais característico de Manchester. E como nosso público cresceu, alguns fãs começaram a aparecer com corte tigela e mocassins, com suéteres amarrados na cintura.

O primeiro dinheiro de verdade que ganhei foi quando assinei meu primeiro contrato de publicação. Eu não tinha a menor ideia do que publicação significava, mas era incrível ter uns milhares de libras e pedi a Angie se ela queria ir comigo comprar um anel de noivado. Pegamos o trem para Londres e fomos a uma joalheria na Regent Street. Era um lugar exclusivo, e todo mundo da loja se reuniu em volta de nós, inspecionando os adolescentes vindos do norte comprar um anel. Eles se divertiram com o fato de que eu usava maquiagem nos olhos e um poncho com conchas, e foi bom que Angie teve algo legal para celebrar depois de tudo que passamos para estar onde estávamos. Gastei o resto do dinheiro em um amplificador para o baixo de Andy e uma bateria para Mike, e uma Rickenbacker preta 330 de seis cordas para mim. Comprei a Rickenbacker porque ela era linda e também porque sabia que ela me faria tocar de um jeito bom para compor. Algumas guitarras são desenhadas para serem o mais fácil possível de serem tocadas e são ótimas para uma pegada rock, mas, apesar do tanto que eu gostava da Gibson Les Paul, tinha consciência de que ela poderia influenciar meu estilo do modo errado. A Rickenbacker tornaria mais difícil cair em uma técnica de rock automática e, do ponto de vista do som, ela não favorecia muito recair no blues. Encaixava-se como uma luva para mim e me direcionava a compor músicas novas como "You've Got Everything Now" e "Still Ill".

Canções novas geralmente começavam comigo gravando a música em uma fita cassete e depois a entregando para Morrissey escrever as letras e criar as linhas vocais, o que ele terminava em um ou dois dias. Em outros momentos, nos reuníamos na minha casa sentados um de frente para o outro, a um metro de distância, enquanto eu tocava a minha nova melodia para um gravador equilibrado entre meus joelhos. Angie às vezes nos acompanhava; e uma vez Andrew estava conosco, quando compomos "Reel Around the Fountain". Nada se comparava a ter uma música nova; isso era sempre a melhor coisa. Mas éramos pragmáticos e bem cientes de que tínhamos que continuar melhorando as músicas, não só pela carreira da banda, mas para nos provar como compositores.

Tínhamos feito mais duas sessões em Maida Vale desde nossa primeira para John Peel, e eu pegaria o jeito de gravar quatro músicas sob rígidas restrições de tempo. Ter as sessões agendadas também me dava um ímpeto para criar novas canções rapidamente, e numa manhã acordei com a ideia de fazer algo que soasse otimista. Tinha reparado que as músicas de nossos colegas de gravadora, Aztec Camera, vinham tocando muito no rádio e fiquei imaginando se seria porque suas canções eram mais arejadas e animadas. Com o sol entrando pela janela, peguei minha guitarra e fiz uma sequência de acordes que invocaram o sentimento que eu estava buscando. Depois de tocar um minuto, outra sequência apareceu debaixo dos meus dedos do nada, e após seguir daquele jeito por um tempo, eu tinha o que achava ser uma canção. Sem precisar refiná-la, gravei e depois sobrepus a primeira coisa que me ocorreu. Ouvindo de novo, achei que a melodia continha uma boa sensação que parecia vir do ar e levei a fita ao escritório de Joe e a entreguei a Morrissey. Ensaiamos uns dias depois e imediatamente se tornou divertido tocá-la, e então Morrissey cantou sua linha de vocal e ela se tornou "This Charming Man". Quando a música sai sem esforço, não importa quão complexa ou emocional seja, há algo muito certo no processo de criação. Quando um grupo de indivíduos está trabalhando instintiva e intricadamente, pensando em consonância, é o mais perto que se pode chegar da verdadeira mágica. Sabíamos que tínhamos de deixá-la pronta para a sessão de John Peel da semana seguinte, e quando Geoff Travis veio ao estúdio da BBC, ele a declarou um single de sucesso antes mesmo de terminar de ouvi-la.

No dia da sessão, entabulei uma conversa na cafeteria da BBC com um cara de visual interessante que estava trabalhando em um dos estúdios. Descobri que ele era John Porter, que tinha sido membro do Roxy Music e produzido Bryan Ferry. Depois de convencê-lo a trabalhar em uma de nossas sessões, todos pensamos que John seria a pessoa certa para produzir nosso primeiro álbum depois da saída de Troy Tate, e começamos a gravar "This Charming Man" como nosso segundo single.

Antes de começarmos a trabalhar no single e no álbum, o pessoal da Rough Trade procurou Morrissey e eu porque eles e John tinham reservas em relação à forma como Mike tocava. Com bandas novas, é comum o produtor e a gravadora dizerem que alguém precisa ser substituído, e geralmente é o baixista ou o baterista. John e a gravadora nos pressionaram um pouco para usarmos outro baterista, mas Morrissey e eu não aceitamos. Achávamos que a formação da banda era boa. Decidimos mostrar nossa solidariedade e, no mínimo, o episódio incentivou Mike a provar para o produtor e qualquer outra pessoa que ele era mais do que capaz de fazer um bom trabalho.

Trabalhar com John nos trouxe resultados imediatos. Ele tinha se envolvido nos bastidores de vários discos nos anos 1970 e era um músico talentoso. Ele e eu estabelecemos uma relação musical e pessoal inspiradora, e com seu conhecimento de técnicas de gravação e minha energia e ideias, começamos a explorar muitas coisas. John era um produtor à moda antiga. Ele considerava todos os aspectos do processo de fazer um álbum, desde o tom em que a música estava até o compasso e o arranjo, e ele estimulava não apenas a mim, mas a banda toda.

"This Charming Man" começa com o riff de guitarra, dobrado pela Telecaster e a Rickenbacker, o que cria aquele toque com que os Smiths foram apresentados para as pessoas. Quando o vocal entra com a primeira linha, há uma parada abrupta para mostrar o vocalista e a história, o que é um recurso usado em muitos dos velhos discos de rock dos anos 1950. A música então, recomeça pela segunda vez quando entra toda a banda e a história se desdobra e o título da canção aparece na terceira linha. Sustentando tudo isso, está a linha de baixo hiperativa e a batida incisiva, com acordes vigorosos tocados em duas guitarras e dois violões que acrescentam emoção, mas que ficam suficientemente ao fundo para não chamar a atenção para eles. Quando chega o primeiro refrão, todos aceleram a intensidade, pois o baixo dobra o tempo e a bateria fica ainda mais animada. Então, sobrepusemos uma contramelodia com uma Rickenbacker de 12 cordas, que gravamos de trás para a frente para dar um efeito fantasmagórico, e colocamos harmonias de guitarras bem altas no final de cada refrão. Quando já tínhamos feito tudo isso, coloquei a guitarra em um afinador drone e deixei cair uma faca de metal sobre as cordas captadas por um amplificador alto com um trêmulo para criar um efeito de som percussivo, como um sino.

Quando as sessões para "This Charming Man" estavam finalmente acabando, me sentei atrás do console e ouvi nosso segundo single com espanto. Fiquei maravilhado com o que tínhamos feito, mas, mais do que isso, estava muito impressionado com a banda. O vocal era fantástico, o baixo, completamente original, e a bateria mantinha tudo perfeitamente unido e estava muito correta. A pegada das guitarras era bastante inovadora, e eu a apelidei de Guitarquestra. Com "This Charming Man", John Porter pegou o que eu tinha sonhado em meu quarto e transformou em realidade. Pensei que minha banda era a melhor. Éramos excêntricos e subversivos, e estávamos prestes a invadir o *mainstream*.

Fomos convidados a fazer nossa estreia televisiva em um programa chamado *The Tube* como parte de um quadro sobre bandas novas.

A filmagem estava acontecendo em Newcastle, o que significava que, como de costume, a banda teria de sair de Manchester muito cedo. Tinha ficado acordado a noite toda agitado, e quando a filmagem estava em curso, tive a nítida impressão de que o diretor havia instruído o câmera a me evitar a todo custo, pois, cada vez que fazia uma tomada, ele filmava todo mundo menos eu. Depois achei que tinha me enganado e que minha primeira aparição na TV tinha me transformado num egocêntrico paranoico, mas ainda parecia que eu estava sendo deixado de fora. Quando chegou a hora de os Smiths fazerem sua estreia na TV e nossos familiares e amigos todos se reuniram para assistir, todo close em mim era do pescoço para baixo, e a câmera se afastava toda hora que chegava perto do meu rosto. Foi estranho, não importava quantas vezes era mostrado, sempre era igual, até mesmo Joe tinha uma teoria.

Após alguma especulação, concluí que ou o diretor estava fazendo alguma vingança pessoal contra mim, ou talvez, apenas talvez, me consideravam esquisito ou perigoso demais para aparecer na tela. Eu com 19 anos? Sem dúvida, era loucura. Foi somente anos depois que aquele mistério foi finalmente solucionado, quando o diretor admitiu a um biógrafo que ele tinha de fato me considerado arriscado demais para mostrar na TV. Aparentemente, ele considerava que eu parecia decadente ao extremo para que os jovens da nação aguentassem ver. Eu achava que estava tudo bem com a minha aparência. A ironia é que isso foi para um programa de televisão que se dizia inovador.

TOP OF THE POPS

Continuamos trabalhando no álbum no Pluto Studios em Manchester. Morrissey e eu nos encontrávamos de manhã em Piccadilly, caminhávamos até o estúdio e planejávamos o que aconteceria a seguir. Estávamos prestes a gravar "What Difference Does it Make?" quando o assunto de acordos financeiros surgiu. Não achava que íamos de fato ganhar muito dinheiro naquele momento, tocando nossas músicas estranhas em um selo independente, mas decidimos que dividiríamos os lucros com 40% para mim e 40% para Morrissey e 10% para cada um dos outros membros, já que nós é que gerenciávamos a banda. Por mais que eu quisesse pensar que os Smiths eram formados por partes iguais, não eram, e ao contrário de algumas bandas, os Smiths não caíram nessa de achar que eram uma banda como um todo único. Todos tinham sido recrutados para realizar um trabalho específico, e não havia uma divisão igual de responsabilidades. Morrissey e eu lidávamos com o gerenciamento e as gravadoras, e para a Rough Trade, os Smiths eram eu e Morrissey.

Como todas as bandas que estão começando, nenhum de nós gostava de discutir questões financeiras. Eu queria continuar fazendo o disco e não lidar com esse assunto, então o posterguei. Morrissey também não queria tratar disso e, no meio da sessão, ele se mandou para Londres para delegar a questão a Geoff Travis. Naquela noite, recebi uma ligação de Geoff no estúdio. Ele me disse que as sessões não seriam retomadas até eu resolver o assunto. Foi estressante. Eu estava no meio da criação de nosso próximo single, e a gravação havia sido interrompida para solucionar aspectos financeiros que nem sequer tínhamos. Eu tinha 20 anos, não sabia como lidar com aquilo e estava furioso por ter sido colocado naquela posição. Teria sido sábio e prudente ter obtido algum conselho. Joe, por sua vez, ficou confuso por não ter sido chamado para cuidar da questão, já que era o empresário. Morrissey tinha procurado Geoff no lugar, e tudo que Geoff fez foi me informar que não poderíamos continuar como uma banda enquanto não resolvêssemos o assunto. Eu também não estava feliz que isso tivesse sido tirado das mãos de Joe, e decidi que, se tudo fosse por água abaixo, ele e eu simplesmente teríamos que recomeçar. Joe me chamou para dizer que ele daria um jeito e então convocou uma reunião comigo, Mike e Andy para o dia seguinte. Eu disse a eles que a situação tinha que ser resolvida e que, se eles não quisessem ir adiante, eu entenderia e, por mais desastroso que fosse, eu faria algo com Joe. Todos falamos sobre isso e no dia seguinte tudo tinha voltado ao normal e era como se nada tivesse acontecido. Nem mesmo pensamos em registrar por escrito. Teria sido uma boa ideia se tivéssemos registrado, já que a partilha desigual dos royalties dos Smiths acabou esquentando nos tribunais com Mike e Andy negando que tivessem concordado com uma partilha desigual.

O lançamento de "This Charming Man" em outubro mudou minha vida e a de todo mundo nos Smiths. O single rapidamente entrou nas paradas nacionais, e de repente ficamos conhecidos não apenas na imprensa musical, mas também nos subúrbios e nas escolas. Parecia que tínhamos chegado de uma dimensão diferente para dominar a cena pop, e porque éramos tão diferentes e únicos atraímos a atenção do país e todo mundo tinha uma opinião sobre nós, gostassem ou não.

"This Charming Man" mudou a vida de nossas famílias também, porque de repente eles tinham um filho ou um irmão famoso. Minha família ia aos shows quando tocávamos em Manchester, e eu sempre ligava para casa onde quer que estivesse para falar como a situação estava. Me comprometia a visitá-los sempre que podia. Claire tinha saído de casa e estava ocupada com sua própria vida, mas nunca ficávamos muito tempo sem saber um do outro, sempre mantínhamos contato.

Estávamos agendados para tocar no *Top of the Pops*, uma instituição britânica absoluta e o Santo Graal dos programas televisivos de música. Tinha sido desdenhado por algumas figuras da cena punk, mas, para a minha geração, que cresceu vendo todos os artistas dos anos 1970, estar no programa era algo muito grande e significava que estaríamos de penetra ao lado dos queridinhos da nação. Aprendi com a cultura pop que é ótimo quando personalidades interessantes se infiltram no que já está institucionalizado. Quando eu vi bandas como T. Rex, Blondie e Bowie no *Top of the Pops*, era como se os moleques arruaceiros tivessem invadido o mundo careta e o estivessem subvertendo com boas ideias. Entrar no estúdio venerado para fazer um ensaio de câmeras às 10h da manhã, no entanto, foi uma experiência bem decepcionante para todos nós. Cresci observando o glamour de um mundo pop de fantasia, mas agora estava em uma caixa abandonada com clima zero enquanto esperávamos pelo início da festa. Nos distraímos o dia todo fazendo piadas e criticando as outras apresentações em sua elegância requintada dos anos 1980, e com pessoas que pareciam estressadas carregando pranchetas nos dando instruções enquanto falavam simultaneamente em seus fones de ouvido. Os trajes da banda para o programa eram os mesmos que sempre usávamos: Mike, Andy e eu vestíamos suéteres com gola careca, Morrissey usava uma blusa, e todos nós vestíamos jeans da Crazy Face. Às 7h, antes de o programa começar, fomos fazer maquiagem, e quando Mike e eu entramos, uma mulher nos inspecionou, perplexa, e perguntou:

— Quem são vocês?

— The Smiths — eu disse para uma reação completamente nula.

— É isso que vocês vão usar mesmo? — ela perguntou.

— Sim — respondi de forma ousada e um pouco irritada.

— Sim — Mike reiterou.

— No programa? — ela perguntou.

— Sim — repeti.

Estávamos cientes de sermos diferentes do resto das atrações no programa e tínhamos orgulho disso. Nosso visual na televisão era o mesmo das ruas porque o tempo todo parecíamos com uma banda; não precisávamos mudar para algo diferente. Todos os outros pareciam que eram do circo.

A transmissão começou com muito barulho e luzes brilhando, com as pessoas dançando por todo lugar. Esperamos atrás de uma cortina enquanto uma ou duas bandas tocaram, e depois passaram dois vídeos. Fiquei com Marilyn que se apresentaria antes de nós. Eu não sabia dizer se ele estava nervoso ou indiferente; parecia as duas coisas. Ficamos olhando um para o outro, mas não conversamos. Talvez ele tenha nos considerado uns zés-ninguém provincianos. Eu não saberia dizer. O que eu sabia era que seu disco não era muito bom, mas sua aparência era maravilhosa.

Chegou a hora de conhecer a nação. Alguém nos apresentou do jeito que já tinha ouvido bandas serem apresentadas no *Top of the Pops* tantas vezes antes, e lá fomos nós. O primeiro ponto que notei foi que nosso single soava animado e, depois, fiquei ciente de como seria aparecermos para as pessoas pela primeira vez. Era curioso: The Smiths, chegando às casas pelos tubos de raios catódicos. Eu estava curtindo tocar a Rickenbacker de 12 cordas de Roger McGuinn que John Porter tinha pegado emprestada para mim de Phil Manzanera, quando percebi como Morrissey balançava com vigor as flores e me lembrei de como o palco ficava escorregadio em nossos shows. Meu instinto gritava para que eu ficasse o mais parado possível, sem mexer um músculo, pois tudo em que eu podia pensar era escorregar para fora do palco ao vivo em rede nacional. Felizmente, "This Charming Man" é uma música curta e sobrevivi, mas o palco estava muito liso e me preocupei com The Thompson Twins, que tocaria depois de nós.

Foi um dia importante para a banda e muito ocupado também, porque também tínhamos agendado de tocar no Haçienda na mesma noite e devíamos voltar para Manchester para o que acabou se tornando uma comemoração de boas-vindas. Da BBC, corremos para a estação Euston com poucos minutos disponíveis. Liguei para Angie de um telefone público para perguntar como tinha sido nossa apresentação no *Top of the Pops*. Ela parecia tão desorientada quanto eu e falou: "Acho que vocês deixaram as pessoas de queixo caído". Depois liguei para minha mãe. Ela estava impressionada, mas relaxada quanto à coisa toda e comentou: "Vocês foram muito bem", o que encarei como uma maneira muito amorosa de dizer que foi ótimo enquanto mantinha os pés no chão.

Nós da banda, Joe e Scott passamos a viagem de trem para Manchester em pé no corredor, fazendo piadas e falando alto, muito animados. Eu não tinha a menor ideia da importância da nossa apresentação e não consegui relaxar já que ainda tínhamos um show para fazer. Quando chegamos a Manchester depois do que pareceu serem apenas alguns minutos, o empresário do New Order, Rob Gretton, estava lá para nos receber com Mike Pickering. Estavam ambos estarrecidos com a cena que nos aguardava no Haçienda, e quando Mike se aproximou de mim e disse: "Tem 2.300 pessoas aí dentro e o lugar só comporta 1.800... Além disso, tem mais mil pessoas do lado de fora que não conseguiram entrar". Fomos enfiados em dois carros e quando chegamos na Whitworth Street vi que toda a área em torno do Haçienda estava tomada por pessoas. Não conseguíamos chegar no prédio de carro e, quando paramos para sair, hordas de fãs correram até nós, gritando e tentando nos agarrar. Rob me pegou e me carregou pela multidão para o camarim, lotado de amigos e parentes, todos encantados por nos terem visto no *Top of the Pops* apenas umas horas atrás. Encontrei Angie e escapamos para debaixo da escadaria um minuto antes de entrarmos. Na sequência, Tony Wilson nos conduziu ao palco com uma câmera transmitindo nossa chegada nas telas de vídeo enquanto o público nos recebia como heróis da cidade. O lugar estava totalmente cheio de corpos, alguns em volta dos amplificadores e outros sobre os monitores do palco. Era um contraste tão grande com a cena de apenas dez meses antes, quando entramos para tocar com uns aplausos minguados de um punhado de amigos. Agora todo mundo no país conhecia a banda. Nossa apresentação no *Top of the Pops* tinha causado uma grande impressão e teria um alcance muito maior do que jamais imaginaríamos, com muitas pessoas citando-a como histórica. No espaço de 2 minutos e 45 segundos, adolescentes do país todo nos tinham visto e de repente decidiram que queriam ter topetes, guitarras e cortes tigela como os nossos, e estavam invadindo o guarda-roupas das mães e irmãs procurando por blusas e colares.

Tentei entender o significado do show no Haçienda, mas no meio da apresentação eu já estava esgotado. O dia tinha acabado comigo, e todas as pessoas clamando no palco e meu equipamento tornaram impossível tocar decentemente, então só tentei soar o melhor que pude diante das circunstâncias. Durante a maior parte do show, um fã ficou gritando para mim a 1,5 metro de distância. Ele estava eufórico e tinha tirado a camisa e, por fim, compreendi que tinha sido meu amigo na escola. Não dava para entender. Era muito estranho. Ao final do show, olhei para cima e vi meu pai observando a histeria. Ele estava em pé atrás da mesa de som perto de Grand Showbiz, que ficava saltando alegre e fumando um enorme cachimbo Peter Tosh: "Olha pra mim! Sou parte do rock 'n' roll!". Quando terminamos o bis, Angie e eu escapamos pelo porão e encontramos Joe nos fundos do prédio. Ele estava exultante, e seu rosto dizia tudo. Nos abraçou e disse: "É tarde demais pra parar agora, Johnny, tarde demais pra parar agora".

NOVA YORK

Como todo músico britânico, era meu sonho ir para os Estados Unidos. Assim como minha descoberta de Velvet Underground, The Stooges e a cena do CBGB, meus pais tinham sido obcecados com o imaginário estadunidense graças ao amor que eles tinham pelo rock e pela country music, e eles haviam transmitido isso para mim desde que eu era pequeno. Fui criado com uma programação de televisão com filmes e atrações dos anos 1970 que me apresentaram os horizontes e crimes de Chicago e Nova York, e a expansão e a liberdade de São Francisco e Los Angeles. Então, quando foi anunciado que eu iria para os EUA para fazer alguns shows, parecia que nunca chegava a hora.

Um dia, depois que estive no escritório com Joe, fazendo planos para a viagem, voltamos para sua casa, ouvindo música como de costume. Quando chegamos lá, ele desligou o motor e ficou no carro. Ele sempre comunicava conceitos em que estivera pensando com cuidado e precisão, então fiquei sentado e esperei.

— Não irei com vocês para Nova York — ele disse. Tentei compreender essa péssima notícia. Pensei que ele fosse dizer que tinha algum negócio importante para resolver e isso o prenderia na cidade, mas ele continuou: — Vou parar. Não consigo mais empresariar a banda.

Tentei compreender o que ele estava dizendo, mas não consegui. Olhei para os carros adiante na rua vagamente e resisti a me envolver com o que estava acontecendo. Eu sabia que Joe e Janet estavam esperando o segundo filho, mas as coisas não teriam que mudar tanto por causa disso. Tudo estava indo tão bem e ele amava a banda, por que ele pararia se não precisava? Eu não conseguia conceber a ideia de seguir adiante sem Joe. Ele tinha acreditado em mim antes mesmo de haver outros membros na banda. Tinha me dado um lugar para morar e um lugar para trabalhar, e colocado os Smiths na frente dos seus negócios e de sua vida particular. Tinha apoiado a banda e nos dado um lugar para ensaiar, conseguido uma van e um PA para nós e tinha financiado nosso primeiro single. Joe não cuidava só de mim, ele cuidava de toda a banda.

Quando ele deixou o posto, muitas pessoas ao nosso redor sentiram que era devido ao conflito entre ele e Morrissey, mas nem Joe nem Morrissey expressaram isso para mim naquela época. Resisti a qualquer especulação pelo bem de todo mundo, mas havia algo na saída de Joe que parecia mal resolvido. Ele informou o resto da banda sobre sua decisão e veio nos ver no aeroporto quando fomos para Nova York. Angie e eu tínhamos tido uma discussão estúpida um dia antes, o que a fez não ir lá para se despedir, e tudo pareceu um péssimo começo para minha primeira turnê estadunidense. Joe nos acompanhou até o avião e nos supervisionou como sempre fazia. Tentei agir como se fosse tudo normal, mas eu estava em estado de total negação sobre sua não ida. Foi só quando ele disse adeus e eu e a banda continuamos sem ele que finalmente compreendi que Joe não estava mais conosco.

Nossa promotora, Ruth Polsky, nos recebeu em Nova York. Ruth era esperta e uma defensora muito comunicativa da cena musical do Reino Unido, e tinha tido experiência suficiente com jovens bandas britânicas para saber que ficaríamos impressionados ao chegar nos Estados Unidos em uma comprida limusine. Os ânimos estavam exaltados quando nós quatro vimos a cidade, como muitas outras bandas do Reino Unido tinham feito antes. Cruzar a ponte Queensboro no entardecer vendo o horizonte de Manhattan pela primeira vez foi cativante, mas me fez sentir falta de Angie e Joe ainda mais, e desejei que ambos estivessem lá para passar por aquela experiência comigo.

Estávamos agendados para tocar na casa noturna Danceteria na noite seguinte, também tocaria o artista de hip-hop Lovebug Starski, que eu conhecia da faixa "You've Gotta Believe" no Haçienda. Eram 2h da manhã quando subimos no palco e ninguém tinha a menor ideia de quem éramos. Uma combinação de pesado jet lag e problemas de visão fez Morrissey cair do palco, mas alegre ele logo sacudiu a poeira e continuou com a apresentação até terminarmos, para tristeza de alguns. Depois do show, como era véspera do Ano-Novo e porque eu estava em Nova York, fiquei por lá para me inteirar dos discos de música eletrônica lançados e fiquei conversando com Lovebug Starski.

O outro motivo para estarmos em Nova York era que estávamos assinando um contrato com a Sire Records. Morrissey e eu queríamos a Sire devido ao legado de bandas que tinham saído pelo selo, como Patti Smith, Ramones, Talking Heads, mas o que era igualmente importante para mim era que a Sire era comandada por Seymour Stein. Eu conhecia Seymour não só pelas bandas de new wave, mas também porque ele estava envolvido com a Red Bird Records e os grupos femininos nos anos 1960. Ele tinha trabalhado com muitos artistas excelentes que eu amava, e sua história era fascinante.

Quando nos encontramos pela primeira vez em Londres, Seymour tinha me contado como levara Brian Jones para comprar uma guitarra na 48th Street. Eu já sabia que iria para a Sire, mas fiz um acordo com Seymour de que eu assinaria com sua gravadora sob a condição de que ele me levasse à 48th Street para que eu comprasse uma guitarra. Ele gostou da ideia, amava os Smiths e concordou com meus termos. Assinamos com a Sire no dia 2 de janeiro de 1984, e Seymour, mantendo sua palavra, me levou até a 48th Street e me disse para pegar a guitarra que eu quisesse. Olhei na vitrine de umas duas lojas e não achei nada, e então em uma loja chamada We Buy Guitars vi uma Gibson 355 vermelha de 1959 pendurada na parede. Quando entramos, soube que a guitarra era especial antes mesmo de tocar nela. Seymour comprou a guitarra para mim e a levei de volta para o Iroquoi Hotel na West 44th Street. Quando entrei no meu quarto, tirei minha nova 355 de seu velho e gasto case, e com a primeira nota que toquei compus nosso próximo single, "Heaven Knows I'm Miserable Now", e depois o lado B, "Girl Afraid". Isso é o que acontece com alguns instrumentos. Eles já vêm com música dentro deles.

Era muito divertido ficar perambulando por Nova York pela primeira vez. Embora tudo parecesse tão familiar, senti a adrenalina do desconhecido. Os prédios altos e o sol de inverno eram um cenário impressionante enquanto eu fazia meu caminho na cidade pelo constante tumulto de tráfego e pessoas na calçada. Morrissey e eu fomos até a Bleecker Street comprar alguns discos, e comprei roupas de lojas de segunda mão, também fomos ao CBGB uma noite com Grant Showbiz para ver um show de nossos colegas de Rough Trade, The Go-Betweens.

Os Smiths tinham outro show estadunidense para fazer, dessa vez em Nova Jersey, e depois disso íamos viajar para Boston. A turnê era para ser uma viagem curta para apresentar a banda aos Estados Unidos, e depois voltaríamos para a Grã-Bretanha, onde o primeiro álbum iria ser lançado. Mas antes tinha o problema de Mike. Na manhã seguinte ao show no Danceteria, ele tinha acordado com o rosto, o couro cabeludo e a língua cobertos de manchas. O médico diagnosticou catapora, e Mike não podia fazer nada a não ser ficar deitado em um quarto de hotel sujo e escuro com baratas em volta, então cancelamos os shows restantes e ficamos em Nova York. Depois de dois dias torturantes, Mike já estava apto a viajar e pudemos voltar para a Inglaterra.

A atenção que estávamos tendo em casa continuou quando ficamos prontos para assumir nossa primeira turnê como atração principal no Reino Unido. Nos meses anteriores, fiquei sabendo que Andy ainda estava usando heroína, e ele continuaria a morar em sua casa, onde a cena estava cada vez pior. A única pessoa em quem pude pensar que talvez soubesse o que fazer era Joe, então fui visitá-lo e ele sugeriu que Andy poderia se mudar temporariamente para seu porão para se livrar do ambiente em que estava. Pareceu uma boa solução, e fiquei satisfeito por Andy estar se livrando dessa situação. Me mudei da casa de campo de Janet em Marble Bridge e voltei para meu quarto na casa de Joe enquanto Andy se mudava para o porão por duas semanas para tentar ficar livre da droga. Ele e eu ficávamos juntos o dia todo, todos os dias. Perambulávamos pela cidade durante o dia e visitávamos Andrew e Angie na Vidal Sassoon, e à noite pintávamos o teto e as paredes do meu quarto com Si Wolstencroft enquanto bebíamos quantidades infinitas de vodca e ouvíamos John Peel. Andy fez o que precisava fazer, e ao final, estávamos prontos para recomeçar do zero.

Quando voltamos de Nova York, Mike Pickering me pediu para tocar em uma sessão com seu grupo Quando Quango para a Factory Records. Tocar no disco de outra pessoa era uma perspectiva intrigante, e eu estava curioso para ver como outras pessoas trabalhavam no estúdio, especialmente um grupo de dance music. O disco estava sendo produzido por Bernard Sumner, do New Order, que eu não havia conhecido, mas tinham me dito que nos daríamos bem, e quando cheguei ao estúdio, Bernard estava trabalhando na faixa usando um sequenciador e uma bateria eletrônica. Fiquei impressionado com o fato de ele manipular tão bem os sons de uma maneira que era meio produtor, meio cientista, e ele me causou a impressão de ser alguém com uma agenda musical bem específica. Eu era fã dele como guitarrista no Joy Division e tinha gostado dos lançamentos recentes do New Order. Ficamos acordados a noite toda, e quando finalizamos a gravação, ele tocou para mim a nova faixa em que estava trabalhando para o grupo Section 25, chamada "Looking from a Hilltop". Era brilhante e soava como uma *electro acid trip* de Nova York exportada para o Haçienda: psicodélica, mas ultramoderna, com batidas hipnóticas, ruídos abstratos e sintetizadores pulsantes. Quando deixamos o estúdio de manhã, dissemos que deveríamos trabalhar juntos de novo. Eu não previ quando o guitarrista dos Smiths e o vocalista do New Order poderiam vir a trabalhar juntos de novo, mas era uma ideia interessante.

EARLS COURT

Parti para a turnê no Reino Unido sem precisar olhar para o itinerário. Mergulhei na ideia de fazer 32 shows e estava animado por tocar para públicos para os quais agora os Smiths eram sua banda favorita. Nossa equipe era um grupo unido, basicamente formado por pessoas de Manchester com uma sensibilidade alternativa, e tínhamos adquirido um engenheiro de iluminação jovem e talentoso chamado John Featherstone, que se tornou quase membro da família para nós e que estaria conosco em todo show dali em diante. Logo no início da turnê, Ollie desistiu de ser nosso roadie. Foi uma pena vê-lo partir, mas ele se desiludiu com o trabalho depois da saída de Joe, e isso era sinal de que os tempos eram outros. Pensei em um velho amigo de escola chamado Phil Powell para substituir Ollie, e Phil se tornou meu assistente em tempo integral e o principal roadie da banda.

A falta de Joe ficou óbvia conforme a turnê progredia: havia uma grande sensação de desorganização que ocasionalmente levava ao caos, que ficava ainda pior com o gerente da turnê maníaco que parecia não gostar de ninguém da banda nem da equipe. O papel do gerente da turnê é crucial, pois ele é o responsável por gerenciar toda a operação na estrada. Ele planeja a viagem e se certifica de que as exigências técnicas para a apresentação e as necessidades da banda sejam atendidas. Ele recebe o dinheiro após o show, paga todo mundo e carrega a grana para manter a coisa rolando. O gerente de turnê recebe as instruções para tudo isso de alguém com autoridade, geralmente o empresário da banda, mas, como os Smiths não tinham um empresário, o nosso tinha que lidar com alguma outra pessoa, e essa pessoa passou a ser eu. Felizmente, eu não me preocupava com itens como comida e descanso; só com retornos no palco e flores, até onde eu sabia. Contanto que tocássemos bem toda noite e que todo mundo estivesse feliz, eu também estava feliz.

Os shows eram eventos desordeiros, e eu valorizava a relação que estávamos construindo com nosso público. Eu podia me identificar com as pessoas que iam nos ver e que esperavam para pegar um autógrafo. Tínhamos a mesma idade e estávamos buscando coisas similares na vida. O punk já tinha acabado fazia tempo e o pós-punk não era bem a nossa praia. Os fãs dos Smiths estavam à procura de algo que expressasse o momento e a cultura deles, e nós queríamos encontrar esse algo para eles e para nós. O fato de estarmos juntos todo dia, o dia inteiro, significava que a banda estava bem próxima e tinha se tornado uma gangue insular. Tínhamos nosso próprio código, e nossas conversas consistiam em observações e gracejos sabichões. Os papéis de cada um na banda se tornaram mais fortes e mais definidos, e ficamos unidos dentro e fora do palco. Eu sentia obrigação e responsabilidade de proteger todo mundo, especialmente Morrissey. Minha atitude diante do meu status recém-descoberto era bastante casual, mas a ascensão de Morrissey à fama e notoriedade em nível nacional havia sido extrema, e de repente ele ficou conhecido como a voz de sua geração e inimigo público número um de algumas áreas da imprensa. O que era exigido dele demandava muita sustentação física. Não havia ninguém cuidando de nós e se certificando de que comíamos e descansávamos o suficiente, e, mesmo sendo mais jovem, eu prestava atenção nele e sabia quando estava prestes a ficar doente.

Quando voltamos aos estúdios da BBC para tocar "What Difference Does it Make?" no *Top of the Pops*, Morrissey ficou o dia todo na enfermaria e tivemos que usar um substituto para os ensaios. Quando chegou a hora da filmagem, achei que ele não iria aguentar até o final da apresentação e que teríamos que reagendar algumas datas da turnê. A gravadora, a mídia e os fãs esperavam muito dele. O resto da banda não esperava nada além do que ele tinha para dar, e ele sabia que iríamos protegê-lo e tentar reduzir qualquer pressão que ele estivesse sentindo do jeito que pudéssemos.

Toda a atividade no mundo pop significava que a banda agora teria de se mudar para Londres, e de repente eu estava fazendo reuniões com contadores, advogados e relações públicas. O trabalho de gerenciar tudo estava ficando muito grande e eu gastava cada vez mais tempo no banco de trás de carros indo a compromissos e sessões de fotos. A primeira coisa que fiz quando comecei a lidar com advogados foi mudar meu nome legalmente para que eu fosse Johnny Marr de maneira oficial.

Me mudei para um apartamento de segundo andar em Earls Court com Angie. Ela conseguiu um emprego de recepcionista no escritório da Vidal Sassoon em Mayfair, e o pai dela trouxe todas os pertences dela de Manchester de carro. A mudança de Angie para Londres aos 19 anos era uma preocupação para sua família, mas eles sabiam que ela e eu tínhamos que estar juntos de qualquer forma. Nosso apartamento logo virou o ponto de encontro em tempo integral e QG da banda, e para mim era um santuário onde eu podia compor canções, ouvir música e me esconder das burocracias do dia a dia das quais eu queria escapar. Em Earls Court, aprendi bastante sobre os efeitos da cocaína, que faz você pensar que está se divertindo pacas enquanto suga todo o amor do ambiente. É uma ótima droga para desperdiçar muito tempo, palavras e dinheiro, principalmente se você é um pop star de 20 anos com uma propensão a ficar a noite inteira acordado e usar óculos escuros em ambientes fechados. Eu gostava de morar em Earls Court. Era legal poder andar pelas ruas a qualquer hora, e era legal que eu gostava de estar por perto de australianos e homens gays também, já que Earls Court em 1984 estava fervilhando com mochileiros e coletes de couro.

Entrar nas paradas de sucesso e fazer algum dinheiro significou que a banda podia se mimar um pouco, e descobri as lojas de guitarras no lado oeste da cidade. Eu tinha arrastado o resto da banda para a minha fase de grupos beat ao assistir inúmeras vezes a um documentário sobre os Beatles que tinha saído em VHS e ao ficar obcecado pelo álbum *Greatest Hits* dos Hollies, e isso me inspirou a comprar um velho violão Gibson J-160 como os usados por ambas as bandas. Morrissey, enquanto isso, vinha devorando as canções do Herman's Hermits, que também usavam o Gibson J-160, então tomei aquilo como um sinal, e isso fez do violão um item imprescindível. Também comprei uma Epiphone Casino 1964, a mesma guitarra que Keith Richards usou nos singles clássicos dos Stones, e com esses novos tesouros eu estava pronto para entrar na brincadeira.

Os Smiths tinham recém-emplacado um sucesso com "Heaven Knows I'm MIserable Now", que eu tinha composto em Nova York, e antes disso tivemos sucesso com uma versão de "Hand in Glove" que gravamos com a lenda dos anos 1960 e cantora favorita de Morrissey, Sandie Shaw. Trabalhar com Sandie foi uma boa experiência. Ela trouxe energia positiva para a banda e me ensinou sobre o budismo, com o qual ela estava bastante envolvida naquela época. Era surreal tocar para uma voz que eu tinha ouvido tanto em outros tempos, e era inquestionavelmente inacreditável que eu tinha feito uma previsão ousada para Morrissey de que comporíamos uma música para Sandie quando estávamos no meu quarto no sótão na casa da Shelley.

Todos os nossos singles tinham ótimas fotos nas capas, e de "This Charming Man" em diante sempre colocávamos três músicas nos vinis de 12 polegadas. Tentávamos tornar os lados B e as faixas extras especiais, e para cada lançamento tínhamos a reação dos amigos, fãs e outros músicos em mente. O dia do lançamento de um novo disco dos Smiths era um evento para os fãs, já que jovens no país todo iam às lojas de discos. Eu sabia que aqueles fãs analisariam as capas e o selo enquanto voltavam para casa de ônibus, assim como eu mesmo tinha feito, e estava orgulhoso por termos dado continuidade a uma tradição da cultura pop que sempre julguei muito importante.

A imprensa musical britânica se envolvia com os Smiths praticamente toda semana. Morrissey dava aos veículos muito assunto para escrever, e entregou um manifesto ao nosso público expressando suas paixões singulares — geralmente com alguma controvérsia, o que eu achava engraçado, principalmente se envolvesse a família real ou a primeira-ministra. Eu ficava mais do que feliz em deixar nosso frontman cuidar desses negócios e ele fazia isso extremamente bem, embora às vezes começássemos a notar a baixa frequência em que os outros membros da banda eram mencionados em entrevistas.

A estética dos Smiths bebeu bastante na fonte do imaginário do início dos anos 1960 de uma forma que eu julgava verdadeiramente inovadora. Fiquei bastante versado nos filmes *Tudo começou num sábado*, *Um gosto de mel* e muitos outros da época. Havia muito para apreciar naqueles filmes, mas eu não achava que eles mostravam uma grande era perdida ou algum ideal romântico. A vida em um sobradinho com dois cômodos em cima e dois embaixo sem água quente foi algo que minha família soube manejar bem, de forma que nunca encarei as dificuldades como virtudes nem associei pobreza a romance tampouco queria voltar para lá.

Eu tinha minha própria relação ambivalente com a mídia. Raramente mencionavam a música nas entrevistas ou desejavam saber por que eu tocava guitarra daquele jeito. O interesse da imprensa em mim era basicamente para ressaltar como eu era diferente de Morrissey, como se fossem dois personagens do desenho *Beano*, e os artigos que me incluíam normalmente citavam o termo "gregário". Alguns jornalistas interpretavam minha genialidade como falta de sofisticação, principalmente em contraste com a erudição e a verbosidade de Morrissey. Não esperavam que eu tivesse opinião sobre Oscar Wilde, o que era apropriado, já que eu pensava que seu talento tinha sido estragado por vaidade e arrogância. Naquele momento da minha vida, achava que

Sterling Morrison era mais descolado. Sendo famoso, jovem e vindo de Manchester, aprendi que quando alguém acha que você é um bronco do norte, eles estão lhe mostrando todas as cartas e, em última instância, dando a você o poder, e quando fui capaz de superar o impulso de esmurrar a cara de alguém aprendi a conviver com isso e às vezes brincava com a situação só para me divertir. No entanto, meu papel na banda como tagarela era minha própria culpa, e isso não era problema. Meus heróis tinham atitude, e compreendi que, contanto que você possa bancar, poderia usar sua hiperatividade e atitude como uma medalha de honra. Em entrevistas que eu e Morrissey demos juntos, às vezes dava declarações arrogantes e ele caía na risada. Eu adorava quando isso acontecia, a audácia disso, e incentivávamos um ao outro porque éramos amigos.

Os Smiths se tornaram conhecidos por muitas coisas: topetes, guitarras retinindo, óculos baratos e flores. Éramos associados a desinteresse, descontentamento e com o lado sombrio do norte também. Tudo tinha um fundo de verdade, mas nos tornamos sinônimo de algo acima de tudo chamado "infelicidismo".[3] Se você perguntasse para alguém na rua sobre os Smiths, invariavelmente iria aparecer a palavra *infeliz*, mesmo com a maior parte da produção da banda sendo enfeitada com muito humor, o rótulo se espalhou pela mídia e ficaria conosco para sempre. Como todos os rótulos que apareciam na imprensa, ele era reducionista, mas a questão era que se continuássemos lançando músicas com a palavra *infeliz* nelas então não teríamos muito do que reclamar.

O sucesso dos Smiths significava que estávamos ocupados fazendo trabalhos para revistas e programas de televisão pop na Inglaterra e às vezes em outros países da Europa. Foi nesse ponto que triunfei em cultivar um dos cortes de cabelo mais radicais que eu ou qualquer outro homem tinha usado. Deixei meu cabelo crescer no estilo colmeia

3 *Miserablism* em inglês, referência ao uso da palavra *miserable* em diversas músicas da banda. (N. T.)

dos anos 1970 que as mulheres usavam depois de ficar obcecado com Estelle Bennett, do The Ronettes. Assisti tanto a um vídeo das três moças de "Be My Baby" no *The Big TNT Show* que ele me inspirou a levar meu corte de cabelo a um nível completamente novo. Eu penteava a franja até os olhos e erguia a parte de cima e atrás com uma espécie de divisória. As equipes de maquiagem e figurino nos programas de TV ficavam espantadas quando eu entrava com um penteado bufante perfeito, típico dos grupos femininos, e ele era adotado por alguns dos mais ousados e comprometidos fãs masculinos do nosso público. Havia topete na frente e penteados bufantes do meu lado. Comecei a usar bastante sombra azul na mesma época também, para deixar a situação toda completa.

Enquanto essa nova vida de estrela pop acontecia, a banda estava sempre fazendo shows e viajando, mas o melhor para mim era compor novas canções. Um dia, estava tocando meu violão Gibson no colchão no fundo da van, a caminho de um show, quando surgiu um riff, inspirado na velocidade e no ritmo da viagem. Voltei a tocar bastante nos dias seguintes e ele virou uma canção que achei que seria boa para o próximo single. Angie tinha voltado para Manchester para passar o fim de semana e a banda teve dois raros dias de folga, então eu estava sozinho no apartamento. Tinha substituído meu antigo gravador Teac por um Tascam Portastudio de quatro canais e uma bateria eletrônica Dramatix da Roland. Decidi que depois que eu tivesse uma demo do lado A do próximo single, eu já deveria tentar compor o lado B e a faixa extra enquanto tinha a oportunidade.

O lado A foi divertido de escrever. Era uma melodia rápida, feita no violão, e depois de trabalhar nela por um tempo, parecia completa. Os Smiths não tinham composto uma música tão curta antes, por volta de dois minutos. Eu gostava do fato de os singles dos Buzzcock serem curtos, então ela ia ficar com seus dois minutos e dez segundos. Já a pegada para o lado B era completamente diferente. Estava morando em Londres fazia seis meses, sentia falta de Manchester e não via minha família fazia um tempo. Pensar na minha família me lembrou uma música de que minha mãe gostava. Dedilhei uns acordes e explorei um sentimento de melancolia até que tivesse canalizado o espírito certo e chegado a uma melodia muito bonita, assim o lado B estava feito. Depois de terminar as duas músicas no sábado, fiquei no apartamento no domingo ouvindo o que eu tinha feito e pensando em compor a terceira faixa para o de 12 polegadas. Pensei: como o lado A era uma faixa curta e rápida e o lado B, longa e ritmada, eu deveria tentar compor algo longo com um tipo de balanço. Enrolei um baseado, liguei minha nova Epiphone Casino e comecei a tocar um ritmo. Eu fui um grande fã do The Gun Club e gostava do estilo de blues mais lamacento deles. Com isso em mente, lancei um riff meio em transe que logo virou algo à la Bohannon mais devagar. Conforme fui tocando e repetindo, a melodia começou a ficar psicodélica nos fones de ouvido e eu sabia que viria algo dali. Programei uma batida simples na bateria eletrônica, gravei a guitarra rítmica hipnótica, depois criei uma frase de duas notas que coloquei por cima. O que eu tinha feito não se parecia em nada com as outras duas músicas e menos ainda com qualquer outra coisa que a banda já tinha feito. Quando Angie voltou, toquei a demo para ela, que achou ótima. Então, levei a fita com as três músicas para Morrissey, tendo escrito nela "Fast", "Irish Waltz" e "Swampy".[4] Ele trabalhou nelas por alguns dias e, quando terminou as letras, as canções se tornaram "William, It Was Really Nothing", "Please, Please, Please, Let Me Get What I Want" e "How Soon Is Now?".

Nesse meio-tempo, Scott Piering, nosso agente de rádio e TV, vinha atuando temporariamente como empresário substituto. Ele não tinha autoridade para sancionar transações em nome da banda, principalmente se envolvesse finanças, e isso significava que eu era responsável por aprovar orçamento para equipamentos de estúdio e alugar veículos, por exemplo. Achei as constantes ligações que recebia da gravado-

4 "Rápida", "Valsa Irlandesa", "Balanço", referências à forma como ele descreveu as três músicas. (N. T.)

ra irritantes, principalmente nos dias em que estava em estúdio, e Scott várias vezes tentou me convencer de que era crucial a banda designar alguém, fosse ele ou outra pessoa, para ser nosso empresário e cuidar desses assuntos. Concordei com a sugestão de Scott, fazia total sentido, e ele era um cara bacana e defenderia nossos interesses. Ele estava preocupado com nossa situação com gravadoras, advogados e contadores, mas infelizmente não compreendia que suas ligações aflitas e reuniões para conter a crise em meu apartamento estavam se tornando demais para mim.

Ruth Polsky voou para Londres de Nova York sem ser chamada e apareceu para se oferecer para ser nossa empresária, o que eu descobri um dia no palco do Lyceum. Eu estava lutando com o som da minha guitarra na passagem de som, quando de repente ela apareceu no palco ao meu lado e gritou:

— Oi, Johnny! Sou sua empresária! — Ela estampava um grande sorriso e me abraçou forte, esmagando a mim e minha guitarra. Eu nem sabia que ela estava no país e não falava com ela desde o show no Danceteria.

— O quê? — eu disse.

— Sim, eu e Morrissey tivemos uma reunião hoje à tarde e vou assumir. Não é ótimo?!

Eu não sabia se minha raiva era maior pelo fato de ser informado por alguém que ela era agora nossa nova empresária ou ser informado disso no palco enquanto tentava acertar meu som. Tentei permanecer calmo, mas minha cara transparecia claramente o "não, não é ótimo, não é ótimo porra nenhuma", e a expressão dela mudou para a de uma criança que acaba de saber que o Papei Noel é um assassino com um machado.

A situação era ridícula, e eu não ia embarcar nela durante a passagem de som. Quando a banda toda se refugiou no camarim, Morrissey explicou como Ruth havia aparecido na sua casa sem avisar e insistiu que deveria nos representar e agora ela estava anunciando isso para todo mundo. Houve um confronto nos bastidores entre Ruth e Scott sobre quem seria o empresário da banda, e Scott deixou claro para Ruth que a banda não tinha nenhuma intenção de tê-la como nossa representante. Enquanto isso, subimos ao palco e fizemos o show, que para nossa surpresa foi muito bom e era um testamento da decisão da banda. Talvez estivéssemos ficando bons demais em lidar com o absurdo.

O estúdio era sempre um refúgio criativo para mim. Eu amava cada sessão, e elas sempre duravam a noite toda até a manhã seguinte. Todo disco dos Smiths foram feitos com um orçamento apertado, o que significava que tínhamos que maximizar o tempo disponível. Em julho de 1984, entramos no Jim Studios, em Finsbury Park, com John Porter para gravar as três músicas novas para o próximo single. "William, It Was Really Nothing" ficou pronta rapidamente. Usei um truque que John me mostrou chamado afinação Nashville, em que você substitui as quatro cordas de baixo em uma guitarra normal pelas de uma de 12 cordas para obter um som mais nítido. "Please, Please, Please, Let Me Get What I Want" capturava a pungência da canção sem adicionar muita coisa. Toquei a melodia da parte instrumental em um bandolim, que constituiu certo desafio, mas valeu o esforço.

Depois de ter gravado o lado A e o lado B do single, a pressão diminuiu e começamos a trabalhar em "How Soon Is Now?". Gravamos a faixa de apoio com guitarra, baixo e bateria e passamos duas horas tocando em cima de uma bateria eletrônica LinnDrum no fundo para obter a sensação correta. Minha faixa básica de guitarra foi feita com a Epiphone Casino sem nenhum efeito. O ritmo era regular e contagiante, mas estava preocupado que a música não saísse como esperava, pois eu pensava que tínhamos perdido a qualidade hipnótica e a atmosfera psicodélica de que tinha gostado na demo. Era uma faixa instrumental longa quando Morrissey entrou para fazer seu vocal. John encontrou um equilíbrio para ele no fone de ouvido, e eu me sentei atrás da mesa de mixagem e esperei que ele cantasse enquanto a fita estava rolando. Depois de oito compassos, Morrissey começou o vocal, e eu adorei. Virei para Mike e Andy, que estavam sentados nos fundos do estúdio, e todos soubemos que tínhamos uma ótima faixa em andamento. Mais dois takes e o vocal estava finalizado.

Já era tarde quando comecei a fazer meus overdubs de guitarra, e quando ouvi ainda estava incomodado com algo que parecia estar faltando. Desde muito pequeno, adorava o som do *tremolo*, ou vibrato como também é conhecido; era principalmente associado com o grande Bo Diddley. Não era usado em um disco pop havia muito tempo, e durante anos eu vinha procurando por uma oportunidade de incluí-lo de alguma forma. Imediatamente soube que o efeito iria funcionar, e decidimos usar o que eu já tinha tocado da fita e emitir pelo *tremolo* no meu amplificador. Parecia uma boa ideia, e então John sugeriu que, em vez de usar um amplificador, usássemos dois para estéreo, um esquerdo e um direito – ainda melhor, como havia quatro amplificadores Fender Twin Reverb no estúdio por que não emitir o som por todos eles? John e eu entramos na sala de gravação para controlar manualmente a velocidade dos *tremolos* para eles ficarem perfeitamente compassados com a faixa. Nos agachamos em frente dos dois Fender, John do lado direito e eu, do esquerdo. O engenheiro jogou a faixa de guitarra pelos quatro amplificadores, e os ligamos muito, muito altos. Foi um som poderoso, e a música estava se transformando em tudo que devia ser. Levamos bastante tempo para fazer tudo, pois toda hora que um dos amplificadores saía da sincronização tínhamos que voltar alguns segundos e parar. Era por volta de 3h da manhã e o restante da banda já tinha ido embora, deixando John e eu com a Guitarquestra. A segunda linha de guitarra que aparecia sobre o riff do *tremolo* estava boa na demo, mas eu queria dar a ela um efeito mais sombrio, então decidi usar um metal para conseguir um som como de uivo. Eu a gravei com muito eco e depois acrescentei a harmonia para fazê-la soar mais intensa e paranoica. De vez em quando, se você tiver sorte, seu trabalho assume vida própria e o leva com ele. Você segue o ritmo e se esquece do tempo, da comida e do sono. Você entra no fluxo; isso é inspiração e, como Picasso disse uma vez, "A inspiração existe, sim, mas ela tem que encontrar você trabalhando".

"How Soon Is Now?" assumiu vida própria por volta das 5h da manhã. O prédio todo estava pulsando e soava tão bom que eu pluguei a Stratocaster e improvisei um solo principal extravagante para terminar, só porque tive vontade. Enquanto estava sentado no táxi voltando para casa, fiquei encarando o caminho em frente o tempo todo, completamente aturdido e anestesiado, mas com uma forte sensação de que tinha mesmo acontecido algo. Estava escuro quando acordei na noite seguinte, e espiei na mesa ao lado da cama para ver a fita que tinha trazido do estúdio com o nome "How Soon Is Now?" escrito nela. Fiquei pensando o que o mundo inteiro iria achar dela.

GLASTONBURY

The Smiths era uma banda política. Como Margaret Thatcher prosseguiu com seu desmantelamento sistemático e implacável das indústrias e comunidades do país, isso deu à nova geração de artistas um inimigo comum contra o qual se unir. O descontentamento era tamanho entre os jovens que era entendido que todos se opunham ao governo, e como a imprensa musical também fazia oposição, ela dava às bandas um palanque em nível nacional e estávamos literalmente falando a mesma língua.

No mês anterior à gravação de "William, It Was Really Nothing", nos pediram para tocar de graça em um show ao ar livre chamado "Jobs for Change",[5] em apoio ao Conselho da Grande Londres, liderado por Ken Livingstone, e estávamos mais do que dispostos a mostrar nossa solidariedade junto com Billy Bragg, que também iria participar. Billy já vinha fazendo shows em apoio à greve dos mineiros e estava se tornando um conhecido defensor do povo. Eu tinha muito respeito por Billy, não apenas como compositor, mas por seu compromisso com suas crenças. Ele gostava de guitarras e da Motown também, e nos tornamos bons amigos, com inimigos e heróis em comum.

---

5 Empregos para mudança. (N.T.)

O comparecimento ao show do Conselho da Grande Londres foi enorme, de longe a maior audiência para a qual os Smiths já haviam tocado. Eu estava tão nervoso que até vomitei antes de entrar no palco. Tocamos para 10 mil pessoas, algumas estavam penduradas em varandas e gritando pelas janelas em volta da praça atrás do prédio do Conselho, e durante a apresentação pude ver pessoas escalando os prédios e se pendurando no teto.

Após o show, Mike e Andy jogaram algumas flores de uma janela do prédio do conselho para os fãs, que então subiram no topo de um veículo que pertencia a um dos fornecedores e que acabou danificado. Houve uma grande e barulhenta discussão quando a equipe dos bastidores veio procurando uma oportunidade para nos criticar e fomos ameaçados com todo tipo de retaliação. A banda teve de ser escoltada para fora do prédio a fim de evitar um confronto, mas, antes de escaparmos, fui apresentado a Ken Livingstone. Era a primeira vez que eu conhecia um político e fiquei estarrecido com a autoconfiança do homem. Foi uma surpresa descobrir que alguém que parecia ser um dos caras bons também poderia estar no jogo da fama. Inocente, presumi que, se você declarava estar do lado dos grupos minoritários e representasse igualdade para os menos privilegiados, deveria demonstrar-se humilde.

Quase duas semanas depois, nos vimos a caminho do Festival de Glastonbury. Fomos relutantes em participar porque para nós festivais eram uma relíquia da era hippie e geralmente eram condições muito limitadas em lugares afastados, com gente velha dançando no frio para bandas esquecidas. Foi Geoff Travis que insistiu que os Smiths deveriam tocar em Glastonbury. Ele nos contou sobre o legado musical e quis nos impressionar sobre a importância de sua agenda política e sua lealdade à Campanha pelo Desarmamento Nuclear. Naquela época, Glastonbury consistia basicamente em "o grande campo", no qual as bandas principais tocavam; "o campo enlameado", onde todo mundo ficava, que na verdade era maior que o grande campo; e o "campo de merda", aonde ninguém ia. O valor do ingresso era 13 libras.

Chegamos ao local em uma limusine Mercedes branca 1970 detonada que alguém da gravadora havia alugado para nós, provavelmente como uma piada. Era totalmente inapropriada a não ser para estrelas da TV dos anos 1970, mas depois de rodar nela por alguns quilômetros a banda toda começou a gostar. Nos mostraram a cabine modular mais próxima, e vi pela primeira vez um ônibus de excursão de verdade. Era uma coisa enorme brilhante e pertencia a Elvis Costello. Achei que parecia uma mansão.

Nós quatro e Angie ficamos juntos e não ousamos nos afastar mais que três metros de nossa cabine soturna com medo de sermos contaminados pela energia dos festivais rurais. Tiramos algumas fotos e subimos as altas escadas para o palco. A triste e úmida manhã acabou virando uma bela tarde de sábado, com todos de bom humor, já que a chuva tinha diminuído e o céu azul aparecia sobre nossa cabeça.

Iniciamos a apresentação para uma plateia meio vazia, mas logo começou a encher. Depois de tocar algumas músicas para uma multidão nos vendo pela primeira vez, me ocorreu de novo como éramos diferentes da maioria das bandas. Naquele ambiente, de repente parecia que éramos muito rápidos e intensos, e muitas de nossas canções eram bem curtas. Glastonbury foi nossa primeira experiência tocando com uma enorme separação entre a banda e o público, mas isso não deteve um jovem fã que se pôs a escalar a barreira de ferro inclinada e invadiu o palco. Foi um movimento audacioso, e enquanto ele subia, um segurança se apressou em sua direção para impedi-lo. Admirando sua astúcia, me mexi para ajudá-lo a subir, o que irritou o segurança, e ficamos num impasse enquanto a banda continuou tocando.

Quando o resto da multidão viu tudo isso, mais pessoas se sentiram inspiradas a subir no palco, e antes que alguém pudesse impedir havia um bando dançando conosco. Terminamos de tocar e deixamos o palco tendo mostrado a Glastonbury a que viemos. Quando eu estava saindo com minha guitarra, um cara da equipe de palco me agarrou pelo pescoço e tentou me derrubar pelas escadas. Scott Piering me resgatou e entrou correndo em nossa cabine já que mais gente da segurança vinha atrás de nós. Havia muita tensão nos bastidores, e quando íamos sair, os pneus da Mercedes tinham sido furados, não como retaliação pela invasão do palco, mas como vingança dos fornecedores pelo dano causado ao veículo deles no show do Conselho da Grande Londres, 12 dias antes — eles estavam em Glastonbury também. Decidimos sair de lá antes que causássemos mais problemas e conseguimos uma carona de volta com alguém da organização do evento. Muito depois, chegou-se a um consenso na mídia de que a apresentação dos Smiths em Glastonbury foi um momento de virada na história do festival e ajudou a introduzir uma nova era. Se foi isso mesmo, foi totalmente acidental. De nada. Fico feliz em ajudar.

MEAT IS MURDER

Continuamos a fazer shows pelo Reino Unido e pela Europa, e de vez em quando eu voltava para meu apartamento antes de partir para novas datas e compromissos de divulgação. Eu tinha começado a compor mais músicas para o segundo álbum, e mesmo já tendo uma boa lista de singles de sucesso, a indústria da música e a mídia estavam consumindo mais nosso tempo, e todas essas distrações tinham me desencantado com a vida em Londres.

Uma noite eu estava trabalhando numa demo com Andy quando ouvimos uns estrondos e gritarias do lado de fora. Paramos para olhar pela janela e vimos o ex-gerente de palco da banda da turnê anterior em pé na rua abaixo segurando uma criança e gritando sobre ter sido demitido. Andy e eu rimos por um minuto, mas envolver o filho realmente me incomodou e assustou. O cara não tinha dado certo com a banda toda, mas, de novo, era eu quem todos procuravam quando tinham um problema. Isso foi um sinal de como a situação estava ficando insustentável.

Eu queria voltar para a atmosfera criativa de Manchester. A cidade tinha uma aura que se adequava à banda, e, assim que voltamos, senti que estávamos onde devíamos estar. Eu gostava de estar em uma comunidade que iria medir nosso valor em comparação com Velvet e Iggy, em vez das bandas que estavam disputando posições conosco nas paradas e revistas daquela semana. Angie e eu tínhamos nos mudado para o Portland Hotel até que encontrássemos um lugar nosso. Ambos estávamos felizes em estar de volta e andamos pela cidade como fazíamos antes, encontrando nossos amigos e indo a shows. Andrew continuava sendo DJ no Haçienda e havia aberto um salão de beleza no camarim, que servia como o novo ponto de encontro durante o dia. Todo mundo estava cortando o cabelo lá e, toda vez que eu ia, acabava em uma conversa com Bernard Sumner e Rob Gretton ou alguém da Factory Records. Às vezes chegavam bandas de outras cidades, animadas por tocar no famoso Haçienda, e encontravam seu camarim cheio de gente chapada de Manchester sem intenção de ir embora. Andrew era tão charmoso que mais tarde os membros dessa banda apareceriam no palco com novos cortes de cabelo *à la* Smiths e New Order, inspirados e extremamente drogados.

Decidimos gravar nosso álbum em Liverpool e nos esprememos na velha e enferrujada limusine branca Mercedes e dirigimos os cerca de 35 quilômetros até uma propriedade industrial nos subúrbios do condado de Merseyside. A banda tinha me escolhido para produzir o álbum no lugar de John Porter. Foi inesperado e surpreendente para mim, já que estávamos saindo de uma sequência de singles de sucesso, mas, se a banda confiava em mim o suficiente para fazer isso, então eu aceitaria a tarefa. Eu tinha gostado de trabalhar com John e ele nos trouxera sucesso, mas foi uma decisão musical, já que minhas sensibilidades eram mais alternativas, que era o que queríamos. Não havia qualquer hostilidade, e chamaríamos John para trabalhar conosco no futuro de novo. Também estava trabalhando conosco no álbum um jovem engenheiro chamado Stephen Street, que havíamos conhecido em uma sessão anterior e que teria um papel importante na nossa carreira de discos. Stephen tinha mais ou menos a mesma idade que nós e, assim como eu, queria fazer discos excelentes. Focamos totalmente no trabalho que tínhamos em mãos, e o álbum pareceu bom desde o início. O único problema para Stephen Street era que, como ninguém na banda sabia dirigir, ele tinha que assumir o volante da limusine branca e ser nosso chofer pelas ruas de Liverpool toda noite.

Levei a sério meu papel de produtor da banda, embora sempre creditasse o trabalho a mim e Morrissey, ou a mim e Stephen Street. Trabalhar sem um produtor estabelecido significava que eu tinha que seguir meus instintos, e nunca houve discussões no estúdio entre os membros da banda sobre a direção que o disco devia tomar ou que estava tomando. Me inspirei nas canções que estávamos compondo, e a volta ao norte foi com certeza o movimento certo, já que me influenciou a seguir um som com uma energia nortista. "The Headmaster Ritual", que abria o disco, foi um marco para a banda. O baixo de Andy era o melhor até então, e isso demonstrava sua inovação. Houve momentos inspiradores para todos. O vocal de Morrissey tinha assumido uma qualidade ainda mais maleável, principalmente em "That Joke Isn't Funny Anymore" e "Well I Wonder", e a bateria de Mike em "What She Said" e "That Joke Isn't Funny Anymore" estava excepcional. Estávamos trabalhando no nosso máximo e fazendo nós mesmos.

Mais para o final das sessões, Morrissey e eu estávamos sentados na sala de controle quando ele me perguntou o que eu achava sobre chamar o álbum de *Meat Is Murder*. Achei o nome excelente: era forte e carregava uma declaração. Encaixava perfeitamente com a banda. Então decidimos que devíamos gravar uma faixa-título. Certamente, o vegetarianismo não era um conceito estranho para mim. Angie era vegetariana quando a conheci e, quando conheci Morrissey e descobri que ele era vegetariano, nunca tive dúvidas de que era algo bom. Sempre ficava espantado quando as pessoas julgavam esse estilo de vida como uma escolha radical. Antes de gravarmos *Meat Is Murder* eu comia carne porque fui criado assim, mas a partir do momento que minha banda tinha uma música chamada "Meat Is Murder", parei e nunca mais comi de novo.

A decisão de me tornar vegetariano foi um compromisso natural com os princípios da banda e um marco de solidariedade com meu parceiro de composição e minha namorada. Não sei por que não me ocorreu antes. De qualquer forma, não foi como se eu estivesse fazendo um enorme sacrifício, já que minha dieta na época consistia em chocolate, Coca-Cola, café e nicotina, e as vezes em que eu me sentava para comer eram ovos mexidos e batatas e depois voltava à correria de novo. Não havia uma razão ideológica para me tornar vegetariano naquela época. Nunca pensei nos animais quando era criança, e minha única experiência com eles, tendo sido criado em Ardwick e Wythenshawe, foi: "Espero que aquele cachorro não morda" ou "Seu gato me odeia". O que achei interessante sobre me tornar vegetariano foi que, quando parei de comer animais, comecei a valorizá-los muito mais. Descobri uma empatia com animais e passei a notar a serenidade das vacas nos pastos e a beleza dos cavalos, o que trouxe uma nova e muito bem-vinda dimensão ao meu mundo. Aconteceu rápido e fiquei surpreso. Sobretudo, compreendi que animais são inocentes.

Minha abordagem ao compor a música para a canção "Meat Is Murder" foi fazer algo o mais dramático que pudesse e que soasse sombria enquanto ainda fosse possível cantá-la. Experimentando com afinações de guitarras que me levaram a esse clima pesado, acabei chegando a algumas sequências de acordes. Pensei em como os filmes de horror às vezes usam o tema de uma cantiga de roda queixosa para transmitir uma sensação de pavor, ou ameaça à inocência, e achei algumas notas no piano que se encaixavam perfeitamente. Na essência eu estava compondo uma trilha sonora para o horror que um animal inocente experimentava. Morrissey ficou com a música por um dia, então veio com a letra terminada e gravou o vocal principal em uma tomada.

O álbum *Meat Is Murder* foi lançado em 11 de fevereiro de 1985 e entrou direto no primeiro lugar das paradas de sucesso, desbancando do topo *Born in the USA* de Bruce Springsteen. Além de ser um feito por si só, o álbum foi um sucesso para mim porque ainda soávamos como nós mesmos e, no mínimo, era mais despretensioso do que nunca. Nos Estados Unidos, o álbum saiu com "How Soon Is Now?" acrescentada no início, o que me irritou muito porque tínhamos feito um trabalho novinho em folha com coerência e um som uniforme, e por mais importante que "How Soon Is Now?" fosse, ela vinha de uma proposta artística diferente. No entanto, a gravadora estadunidense exerceu seu direito de discordar de mim e de Morrissey, e como resultado "How Soon Is Now?" se tornou uma grande canção alternativa e introduziu toda uma geração de fãs norte-americanos de música ao nosso novo álbum e ao resto da música dos Smiths depois disso.

ESTADOS UNIDOS

No meio dos anos 1980, os Estados Unidos estavam passando por um saudável ressurgimento na música alternativa, conhecida por razões óbvias como *college rock*. The Smiths, New Order, The Cure e Depeche Mode estavam encontrando um público dedicado, que procurava não apenas uma alternativa à cena musical da época, mas também a uma cultura esportiva que defendia tudo que era dominante, machista e marginalizava as minorias. Essa polarização do convencional versus o não convencional, ou "ganhadores e perdedores", era muito predominante quando os Smiths foram para os Estados Unidos fazer a turnê de *Meat Is Murder*, e peguei a mensagem do público de que eles sentiam que nós os entendíamos e que representávamos algum tipo de liberação.

Os shows eram tão apaixonados quanto na Inglaterra, talvez até mais. Havia toda uma geração de meninos norte-americanos insatisfeitos com o modelo de masculinidade ao qual se esperava que eles se adequassem e que era irrelevante e totalmente atrasado. Eles viam nas bandas britânicas uma forma de ser antimachista e pró-androginia, em que o fato de você ser gay ou hétero não tinha a menor importância. Adorei os shows da primeira turnê estadunidense dos Smiths. Estávamos em outra fase, e senti uma valorização genuína pelo que fazíamos. Quando tocamos para adolescentes norte-americanos, chegamos completamente formados, e eles adoraram o fato de que éramos muito diferentes das outras bandas. Morrissey costumava provocar a plateia desde a primeira palavra, e eu dava suporte a ele enquanto mantinha a intensidade com Mike e Andy. Nosso público entendia que éramos um novo tipo de *guitar band* com novos valores e que estávamos mais do que prontos para agitar.

Angie estava conosco na turnê, e isso me deixou feliz e aos outros também. Ela e Morrissey tinham uma amizade à parte e costumavam sair juntos durante o dia. Além de ser uma boa pessoa, ela se preocupava com todos e colocava as necessidades da banda à frente de suas próprias. Eu me considerava o ser vivo mais sortudo do mundo: tinha uma relação bastante íntima, sem que fosse física, com meu parceiro de composição, que eu amava e considerava um ótimo frontman, eu tinha uma namorada que era o amor da minha vida e eu pensava que a minha banda era a melhor do mundo.

Tocamos duas noites em Nova York. Muita história estava rolando sobre o local ser dominado pela máfia, e enquanto caminhávamos para o palco, fui diretamente apresentado a um homem de aparência imponente vestido todo de branco e usando um chapéu branco que definitivamente não se parecia com um fã dos Smiths. Ambos os shows foram frenéticos e carregados de emoção como de costume, e, no fechamento da primeira noite, tive uma discussão com um segurança musculoso que estava sendo desnecessariamente contundente com um fã. Eu o chutei do palco e, quando isso não o parou, peguei minha guitarra e bati nele com ela. Ele foi ao chão. Então percebi que seus colegas tinham visto o incidente. Foi a última música do show e, assim que toquei a última nota, me apressei para sair por uma porta lateral, esperando não encontrar o homem do chapéu branco. No show da noite seguinte, toquei sem tirar os olhos da minha guitarra, superconcentrado nos meus dedos e evitando os olhares mortíferos dos seguranças buscando vingança pelo ataque da noite anterior.

Voltamos ao hotel após o show e evitei o bar como de costume. A banda e a equipe sempre ficavam juntas em dois quartos, fumando, bebendo e ouvindo música. Tivemos os dois dias seguintes de folga, pois viajaríamos para São Francisco, e Angie e eu estávamos ansiosos, já que era a cidade que sempre quisemos conhecer. Quando voltamos ao nosso quarto, Angie ainda estava animada com São Francisco e disse:

— Podíamos ir a Haight Ashbury ou à Golden Gate Bridge. — Ao que respondi:

— Ou podíamos nos casar. — Ficamos parados alguns segundos, nos entreolhamos e depois começamos a rir.

— O que você acha? — falei, sério.

— Sim — ela disse —, vamos fazer isso.

Ambos estávamos animados e felizes por nos casarmos. Não apenas era a coisa certa a fazer, mas também parecia divertido. Na manhã seguinte, frenético, comecei a organizar a situação com Stuart James, que era nosso gerente de turnê, para que eu e Angie nos casássemos em São Francisco.

Nosso promotor era o lendário Bill Graham, que tinha produzido todos os shows no Fillmore East nos anos 1960. Quando ele descobriu que Angie e eu íamos nos casar, ofereceu ajuda no que fosse preciso, o que foi muito gentil de sua parte além de muito útil, já que eu não fazia ideia de como se casava. Sabia que precisava achar uma igreja de algum tipo que não fosse de fato religiosa. Em se tratando de São Francisco, havia de tudo, desde a Igreja do Deserto Vivo até a Igreja dos Não Muito Incomodados, e encontramos uma igreja unitária em um prédio modernista circular que era perfeita.

No dia anterior ao casamento, tivemos que fazer exames de sangue, e Bill conseguiu um médico em Haight e apressou o processo legal. Angie ficou impressionada que tínhamos conseguido fazer os exames de sangue para o nosso casamento na Haight Street, e tinha que valer muitos milhares de pontos na escala rock 'n' roll ter Bill Graham organizando nosso casamento, mesmo que fosse só fazer algumas ligações. Voltamos à realidade, no entanto, quando, saindo do médico, fomos parados por três sujeitos querendo inspecionar o conteúdo da vistosa valise do nosso gerente de turnê.

— O que tem aí, cara? — um deles questionou. — Uns bons milhares?

— Só alguns papéis — disse Stuart, soando extremamente frágil e muito inglês. A novidade de seu sotaque os distraiu por um segundo.

— Ei, de onde vocês são, Inglaterra?

— Sim — falei amigavelmente.

— De onde? Londres?

— Sim, Londres — respondi, sem querer desapontá-los e entrar em nenhum detalhe geográfico. Eu teria respondido sim se ele tivesse dito Shropshire.

Angie e eu começamos a caminhar e Stuart nos seguiu, e quando estávamos descendo a rua, uma voz atrás de nós gritou "Cuidado com todo esse dinheiro!". Deixamos nossos novos amigos rindo e nos dirigimos com pressa para a Haight. Quando entramos no táxi para nos levar de volta ao hotel, Stuart olhou para mim e então abriu a valise. Dentro havia 8 mil dólares da banda que ele ainda tinha que depositar no banco.

Meu casamento com Angie foi muito bonito. Os outros membros da banda e a equipe tomaram táxis até a igreja e entraram lá em bando, onde a descolada ministra estava esperando para nos casar. Era uma maravilhosa manhã de domingo, e fiquei emocionado que os roadies apareceram, tendo inclusive feito o esforço de se barbearem, e obviamente tendo vasculhado suas malas para encontrar uma camisa apropriada ou algo o mais perto disso em meio a uma turnê. Formamos um semicírculo e a ministra disse algumas palavras bonitas sobre amor e compromisso. Olhei em volta e vi uma emoção genuína em todos enquanto observavam como Angie e eu declarávamos oficialmente nossa devoção um ao outro. Foi um daqueles momentos em que de repente me toquei de que éramos muito jovens. Foi atemporal, um momento sério e importante da minha vida. Não importava para nós que nossas famílias não estavam lá. Angie e eu vínhamos levando um estilo de vida bastante não convencional já fazia alguns anos, e nossas famílias estavam acostumadas com isso. A cerimônia foi muito bonita, e foi perfeito que a banda e a equipe estiveram conosco naquele momento tão importante para nós.

Nós dois fomos até a Golden Gate Bridge para tirar algumas fotos com um fotógrafo que nos foi arrumado de última hora pela Rough Trade. Depois de termos comemorado nosso dia especial, o fotógrafo se recusou a ser pago e ofereceu seus serviços de graça porque gostava da banda. Um belo gesto. E prometi a ele ingressos especiais para nosso show na noite seguinte. Tocamos no Henry Kaiser Auditorium, em Oakland, e eu estava sendo escoltado para fora do prédio e dentro de um carro vi o fotógrafo e o ouvi gritando: "Ei, filho da puta, fiquei esperando aqui a noite toda! Não tinha ingresso nenhum! Você não vai ver aquelas fotos, cara!".

Virei para o gerente de turnê em choque e perguntei se ele tinha se lembrado de colocar o fotógrafo na lista de convidados. Ele olhou para mim encabulado e disse: "É... sim... acho que sim...". Poucas semanas depois, a revista *Rolling Stone* contatou a Rough Trade para dizer que tinham oferecido a eles as fotos do meu casamento por 5 mil dólares. Eles me perguntaram o que eu queria fazer, e disse para eles enfiarem as fotos no rabo. Eu não ia pagar alguém que procurou uma revista de circulação nacional com minhas fotos de casamento. Angie e eu ficamos com uma foto nossa saindo da igreja tirada por uma fã que por coincidência estava lá com uma câmera. Parecia incomodar mais os outros do que nós, mas teria sido legal ter algumas.

Após terminar a turnê estadunidense, Angie e eu nos mudamos para nossa primeira casa, com três andares em estilo vitoriano, em Cheshire, a cerca de cinco minutos de onde tínhamos morado na casa da Shelley Rohde. Comprar nossa casa própria foi um grande passo. Fizemos uma hipoteca no valor de 70 mil libras, e depois de dar um terço de entrada, tínhamos apenas 1 mil libras para os móveis, que gastamos em dois quadros. Os pais de Angie nos deram máquina de lavar roupas e secadora como presente de casamento, e arrumamos uma cama com um de nossos amigos. Mantivemos as cortinas dos antigos donos e herdamos um piano vertical na cozinha. Compramos a casa de uma família irlandesa com cinco filhos. Eles abriam o porão toda sexta-feira para os adolescentes locais usarem como discoteca, e havia um pequeno palco lá com algumas luzes e nomes de bandas de rock pichados nas paredes e no teto.

A partir do momento em que nos mudamos, minha casa se tornou o novo e melhorado QG dos Smiths, com meu roadie Phil morando em um quarto no último andar, e Andrew retornando, junto com nosso homem de iluminação John Featherstone, que ficava conosco sempre que estava por perto. A banda estava sempre por lá, e a equipe e os ônibus de turnê se encontravam na minha casa sempre que íamos para algum lugar. Eu gostava de ter meu próprio território e de ter um monte de coisas acontecendo em volta. Estava me tornando cada vez mais noturno e sempre ficava acordado com Phil ou Andrew ouvindo música, e então gravava demos quando todos já tinham ido para a cama. No dia seguinte, costumava acordar à tarde e a casa estava cheia com gente por todo lado e o telefone tocando. Morrissey uma vez observou que "cada sala na sua casa é como uma passagem de som", o que estava completamente correto e que encarei como um elogio. Os outros membros da banda compraram casas na mesma época. Morrissey, em Hale Barns, a dez minutos dali, e Mike arrumou uma casa dez minutos na direção oposta, bem pertinho de Andy, que alugou um apartamento. Foi uma época boa para nós. Tínhamos ganhado algum dinheiro e éramos a banda mais popular do país, fizemos sucesso na nossa época morando em Londres e sabíamos o que tínhamos passado para ter nosso tipo de sucesso.

A única questão sobre o destino da banda que eu sentia que não estava em nossas mãos era a questão em andamento sobre o gerenciamento e como iríamos lidar com o mundo do lado de fora. Era um problema para mim e que não ia simplesmente desaparecer. Tínhamos encontrado certo equilíbrio por ter recém-contratado um empresário chamado Matthew Sztumpf a título de experiência. Morrissey o havia me apresentado como um candidato em potencial, e depois que terminou o período de experiência, Matthew havia feito um bom trabalho e não havia nenhum motivo para procurar por outra pessoa. Ele era um cara decente, confiável e tinha feito um trabalho muito bom no Madness, que Morrissey gostava. Foi um alívio quando Matthew se juntou a nós, e ele e eu logo desenvolvemos um bom relacionamento. Pensei que nossas questões gerenciais estavam encerradas. Mas um dia, saindo dos Estados Unidos para voltar à Inglaterra, eu tive o mesmo tipo de visita em meu quarto de hotel que já tivéramos de Scott Piering e algumas outras pessoas: Matthew queria saber qual era sua posição e por que ele estava captando energias estranhas da banda, fazendo-o sentir que não iria ser de fato nosso empresário. Garanti a ele que estava tudo bem e que queríamos efetivá-lo, o que eu acreditava que era certo para a banda. Foi embaraçoso para nós dois, e me senti mal sobre isso. Eu não via onde haveria um problema. Ele se sentou comigo e com Morrissey no avião para casa e tudo parecia positivo, então pressupus que tudo estava bem.

Umas semanas depois, a banda estava agendada para aparecer em um programa de entrevistas ao vivo. Tudo foi arranjado por Matthew e pela gravadora para promover nosso novo single, mas Morrissey não queria fazer e cancelou em nome da banda de última hora. Não me importei, mas houve um grande drama na BBC e Matthew ficou muito irritado por não ter sido informado. Ele me confrontou, dizendo que sua posição era insustentável e o incidente sinalizava o final de nossa relação com ele. Eu não me importava em ir ao programa ou não, só queria que outra pessoa interviesse e lidasse com esse tipo de coisa para que não tivesse que ser eu.

THE QUEEN IS DEAD

Em uma tarde, me ocorreu que o disco seguinte dos Smiths tinha que ser algo sério. Estava andando pela minha cozinha quando me dei conta de que, surpreendentemente, se falava da banda na Inglaterra nos mesmos termos que se falava de The Who e The Kinks, e que tínhamos enorme importância para uma geração de fãs de música. Foi nesse momento que a pressão disso me pegou. Nosso álbum anterior tinha sido nº 1, e tínhamos lançado muitos sucessos. A situação era tal que senti que se aceitasse aquele tipo de elogio e fosse comparado àqueles artistas, então seria igualmente julgado, e essa revelação, longe de ser uma ego trip aconchegante, de repente se tornou assustadora e me paralisou. Eu sabia que o próximo álbum tinha que ser o melhor que pudesse fazer. O nível de exigência tinha aumentado, e a magnitude era uma possibilidade para a banda se estivéssemos preparados para atingi-la. Parei e pensei sobre isso, e então disse a mim mesmo: "Você vai ter que se esforçar muito e fazer o que for preciso".

Morrissey apareceu na minha casa uma noite. Outros amigos estavam chegando. Depois de socializar um pouco, nos esgueiramos para um quarto sozinhos e peguei meu violão Martin. Estava pronto para tocar para ele as músicas nas quais vinha trabalhando, e como de costume nos sentamos a apenas alguns metros de distância um do outro, eu numa cadeira e ele na beirada da mesa de centro. Houve aquela costumeira sensação de expectativa quando apertei o botão "gravar" no gravador sobre meus joelhos e comecei a arriscar uma melodia. Era uma balada valseada, que hesitava no verso e depois descambava em um refrão dramático, crescendo em intensidade conforme avançava. Havia bastante promessa na melodia, e sabíamos que seria boa para o álbum novo. Eu vinha tocando a próxima fazia apenas alguns dias: tinha um padrão de acorde menor arejado que seguia num refrão revigorante, e tinha inserido um salto rítmico do Velvet Underground por maldade, já que eles o tinham copiado dos Stones. A princípio, achei que a música devia ser um lado B, porque veio tão fácil, mas quando a toquei havia uma certeza sobre ela, uma qualidade indefinível que vinha de não sei onde. Começamos a sentir que tínhamos algo bom em mãos. Depois, apresentei uma terceira melodia, só porque estávamos no embalo. Era um contraste completo em relação às outras e soava como Sandie Shaw ou uma brincadeira vaudevilliana excêntrica. Morrissey voltou para sua casa com a fita com as três músicas que se tornariam "I Know It's Over", "There Is a Light That Never Goes Out" e "Frankly, Mr. Shankly".

Não perdemos tempo esperando para gravar músicas novas, e as primeiras sessões para o álbum *The Queen Is Dead* foram agendadas na sala 3 do RAK Studios, em St. John's Wood.

A primeira música que gravamos foi "Bigmouth Strikes Again", que vínhamos tocando em passagens de som e que para mim parecia um single. Foi ótimo começar as sessões com uma música impactante, e foi bom também porque havíamos convidado Kirsty MacColl para fazer os backing vocals. Era a primeira vez que eu me encontrava com Kirsty. Era ótimo tê-la por perto, extrovertida, inteligente, engraçada, e sabia muito sobre gravações de discos. Ela e eu ficamos no estúdio tocando e cantando até a manhã seguinte, e a partir daquela noite minha relação com Kirsty se tornaria uma das maiores amizades da minha vida.

A banda finalizou mais duas canções nos dias seguintes e, então, em uma manhã, fomos gravar a nova que havíamos composto, "There is a Light That Never Goes Out". Decidi gravá-la usando o violão Martin com o qual a havia composto, para capturar a mesma qualidade arejada, e passei pelos acordes com Andy e Mike, que a estavam ouvindo pela primeira vez, enquanto Stephen Street fazia alguns ajustes no som. A música ficou pronta rapidamente, o que é geralmente um sinal de uma boa canção. Sempre foi um momento importante para mim quando estávamos trabalhando em algo novo, mas com "There Is a Light" era óbvio que teríamos alguma mágica, e parecia que a música estava se tocando sozinha. Todas as minhas expectativas foram superadas, no entanto, quando Morrissey assumiu o microfone e tocamos a música como uma banda pela primeira vez. Cada linha era perfeita já que a letra e a música nos carregavam pelo que seria nosso novo hino. Ficamos empolgados e com apenas algumas tomadas tínhamos o que seria uma das nossas melhores músicas, e algo que na época parecia música pop e muito mais.

Sempre adorei trabalhar, mas também tinha um objetivo porque sentia que havia muito em jogo. Assumi meu lugar atrás da mesa de mixagem, fumei uns baseados, bebi muito café e me atentei a cada detalhe da gravação. Fumar maconha no estúdio nunca me atrapalhou. Me ajudava a bloquear o mundo exterior o suficiente para me concentrar no trabalho. Eu considerava fumar um baseado o mesmo que fumar um cigarro mais forte. As sessões começavam às 11h da manhã e trabalhávamos o dia todo até as 23h ou meia-noite, quando já não conseguíamos ouvir mais nada, então no dia seguinte voltávamos e fazíamos a mesma coisa. Eu não precisava de mais nada na vida. Meu mundo era o estúdio, e tentava ignorar tudo que pudesse me distrair.

Fiz uma nova descoberta nas gravações de *The Queen Is Dead* que seria um benefício para a banda e um passo importante em direção ao futuro. Tinha ouvido falar de um novo teclado chamado Emulator, que era um sintetizador digital que podia recriar sons de orquestra ou efeitos sonoros. Ele abriu um mundo totalmente novo para mim como arranjador. A primeira coisa que fiz no Emulator foram as cordas em "There Is a Light That Never Goes Out", e eu o usaria muito mais para fazer o que via como uma progressão dos discos anteriores. Usando o Emulator, eu podia orquestrar o que estava fazendo além de usar guitarras e comecei a pensar sobre possibilidades de um tipo diferente de som.

Fizemos um bom começo com o disco, e então surgiu um transtorno enorme na forma do advogado recém-contratado pela banda. Não sei como chegou a ser contratado, mas ele usava brinco e colocava os pés sobre a mesa para mostrar os tênis que usava com terno enquanto tentava nos impressionar com suas credenciais rock 'n' roll. Na primeira vez que o encontrei, ele disse que havia um assunto importante que precisava discutir comigo e Morrissey. Aparentemente, o contrato que tínhamos assinado no escritório de Joe entre nós e a Rough Trade estava para expirar com a finalização do novo disco.

O resto da reunião foi igualmente reveladora. O advogado já estava em negociações com a EMI em nosso nome, e estava feliz em nos assegurar que eles ficariam encantados em nos ter em seu catálogo, era tudo uma questão de informar a Rough Trade. Eu nunca tinha tido nenhum problema com a Rough Trade. Gostava das pessoas e respeitava Geoff Travis e Scott Piering, e mesmo que o selo às vezes pudesse ser um pouco improvisado, eu achava que as coisas tinham ido muito bem para todos nós, então deixá-los soava um pouco drástico. Mas assinar de novo com o mesmo selo aparentemente não era uma opção; parecia agora que precisávamos dar um grande passo em nossa carreira, o que soava lógico. Eu não tinha qualquer competência nesses assuntos, e mesmo sendo uma banda muito bem-sucedida, não me ocorreu que poderíamos assinar com quem desejássemos. Se fosse necessário deixar a Rough Trade, então a EMI parecia estar oferecendo um futuro majestoso para os Smiths curtirem felizes para sempre, e eu estava contente com a banda ficando maior. O fato de a EMI ter recusado nossa demo "What Difference Does it Make?" em 1982 era uma ironia que não tinha passado despercebida para mim, embora eu não tivesse certeza se a Rough Trade pensaria da mesma forma quando fossem informados.

Era um problema e tanto para absorver. Fiquei imaginando o que Joe teria para dizer sobre isso.

A banda fez uma pausa na gravação do álbum para aparecer no *Top of the Pops* naquele outono com nosso mais novo single, "The Boy With the Thorn in His Side". Era nossa oitava aparição no programa, e tínhamos nos tornado macacos velhos em dublar para toda a nação. Foi uma ocasião legal para mim, pois Billy Duffy também estava no programa com sua banda, The Cult, que estava fazendo sucesso considerável. Billy e eu nos encontramos na BBC e, embora nenhum de nós tivesse mencionado, estávamos cientes da novidade da situação. Tínhamos começado no conjunto habitacional de Wythenshawe com sonhos de estar em bandas, e aqui estávamos juntos no *Top of the Pops*. Eu o assisti quando foi sua vez de tocar, e era a mesma coisa de quando o observava na escada da casa de Rob. Ele era alguém com que eu podia me identificar, e embora o fato de nos encontrar não exatamente nos levasse de volta à realidade, nos fez compreender até onde havíamos chegado.

The Smiths precisava voltar ao estúdio. Fizemos uma pequena sequência de shows na Escócia, o que foi bom, mas eu estava ficando desencantado com excursionar. O estilo de vida na estrada estava acabando comigo e tinha me afastado de gravar o disco, o que era uma obsessão. Decidimos que o melhor a se fazer seria ir para um estúdio caseiro onde pudéssemos ficar longe de tudo e trabalhar nas músicas até o álbum estar pronto. Nos estabelecemos em uma grande e antiga casa de fazenda no condado de Surrey, chamado Jacob Studios. Chegamos ao estúdio na noite antes de começarmos, e escolhemos nossos quartos. Havia uma pequena casinha no final da propriedade, longe da residência principal, e eu fiquei lá. Instalei meu gravador de quatro canais e dois amplificadores, assim podia trabalhar nas músicas e ficar sozinho se quisesse.

Alguns meses antes naquele ano, um álbum de faixas perdidas do Velvet Underground havia sido lançado, chamado *VU*. Todo mundo que eu conhecia em Manchester tinha devorado cada nota do Velvet que estava disponível até então, portanto, a descoberta de material desconhecido era como as descobertas de dez novos mandamentos. Me apaixonei pela canção "I Can't Stand It". Eu amava os vocais de Lou Reed e fui especialmente arrebatado pelos poucos segundos da guitarra rítmica arranhada de Sterling Morrison que entra logo antes da voz. Sterling Morrison havia sido uma grande inspiração para mim no início, e eu amava o jeito como tocava. Fiquei vidrado em "I Can't Stand It"; sua simplicidade e a forma com que o ritmo me prendia era a mesma de quando tinha ouvido Bohannon e Bo Diddley. As pessoas ficam sempre impressionadas por guitarristas que ostentam proezas técnicas, mas eu sempre me deixei levar por guitarras que fazem "da-da-da-da-da". É primordial e humano, e evita a armadilha do ego que entra no caminho para fazer uma simples declaração. Assimilei o estilo arranhado de Sterling Morrison na troca de acordes em que estava trabalhando, e daquela inspiração acabei com uma faixa uivante destruidora de seis minutos e meio chamada "The Queen Is Dead", que seria a faixa-título do novo álbum. Quando gravamos a música, eu vinha tocando com um pedal wah-wah, e quando coloquei minha guitarra de volta no suporte ela reverberou exatamente no mesmo tom da faixa. Pedi a Stephen que gravasse, então mantive a guitarra reverberando no suporte e fiquei pisando para a frente e para trás no pedal para criar aquele tipo de uivo fantasmagórico. Tudo em que eu pensava enquanto fazia isso era "Não falhe agora, não falhe" e a reverberação continuou. Foi muita sorte. Quando cheguei ao final, caminhei até a sala de controle e a banda toda aplaudiu. Dois dias depois, Morrissey gravou o vocal e foi uma de nossas melhores performances. Tinha uma letra brilhante e ótima composição, com espaço para os membros da banda mostrarem exatamente o que podíamos fazer. Os Smiths haviam sido rejeitados em alguns círculos por serem um tipo de indie pop caprichoso. A faixa-título do nosso novo álbum iria provar como aquela avaliação estava errada.

As sessões continuaram e foram inspiradas e dedicadas, mas eu paguei um preço por isso. Passei do meu limite e não ousei reduzir a intensidade por um minuto. Sempre fui pequeno e funcionava sob pressão, mas meu estilo de vida incessante e ligado ao máximo estava começando a aparecer e cheguei a pesar 45 quilos. Depois de trabalhar o dia todo, voltava para a casa de campo e continuava acordado a noite toda, organizando o que iria fazer no dia seguinte. Raramente bebia quando estávamos trabalhando, mas estava tomando conhaque à noite e compensava com cocaína para manter o ritmo, então depois de algumas horas com os fones de ouvido eu desmaiava. Entrava na sala de controle para começar a trabalhar no dia seguinte por volta da hora que Morrissey já tinha organizado o que iria fazer e estava pronto para gravar seu vocal. Dificilmente pensava em comida, a não ser que fosse muito necessário. Eu só queria saber de gravar, e às vezes alguém fazia um sanduíche para mim.

Era inverno, e refugiar-se no interior da casa em noites escuras trazia um clima que era bom para a música. Me lembrava de estar no meu quarto quando adolescente com um futuro incerto pela frente e a luz da rua do lado de fora da minha janela brilhava na escuridão. Assim que identifiquei isso, tentei capturar a sensação nas novas gravações, e quando fizemos "I Know It's Over" e "Never Had No One Ever" pensei que tínhamos criado algo extremamente bonito. Eu estava orgulhoso demais da banda e da minha parceria de composição com Morrissey.

Nosso advogado apareceu uma tarde quando estávamos gravando. Eu não havia sido avisado que ele estava a caminho e me ressenti de ter que parar de trabalhar. Todo mundo saiu da sala e eu e Morrissey ficamos com ele. O advogado nos informou que a Rough Trade tinha recebido a notícia oficial de que *The Queen Is Dead* seria nosso último álbum com eles e que estávamos indo para a EMI. Parecia animador, mas para mim soava imprudente. Estávamos afastando as pessoas com quem vínhamos trabalhando, e parecia esquisito para mim que estivéssemos indo para a EMI sem ter encontrado com ninguém de lá. Então descobrimos que mesmo eles terem sido avisados, a Rough Trade na verdade tinha direito a lançar mais álbuns, e a conversa ficou pior, pois eles estavam ameaçando recorrer a uma ordem judicial e estavam dentro de seus direitos de impedir que *The Queen Is Dead* fosse lançado. A informação foi devastadora. Tudo que me importava naquele momento era terminar o álbum. Todo dia era dedicado a isso, e agora ele corria o risco de ser arquivado indefinidamente. Nosso advogado foi embora, e devíamos continuar trabalhando na gravação, a qual, como eu acabara de saber, podia não ser lançada sem uma disputa judicial. Fiquei mexendo nas guitarras, tentando ignorar tudo. Tive que tirar aquilo da cabeça e só dizer: "Foda-se. Vou lidar com isso amanhã".

Quando o amanhã chegou, recebi uma ligação de Geoff Travis me dizendo como ele estava decepcionado conosco e que ele interditaria o álbum se tentássemos quebrar o contrato com a Rough Trade. Ele falou sobre tudo o que passamos e me senti péssimo. Voltei a trabalhar. Andy estava gravando uma parte de baixo na sala de gravação e eu estava atrás da mesa de mixagem. Voltamos a fazer música, e depois fui chamado ao telefone. Alguém da Rough Trade precisava falar comigo urgentemente. Atendi e fui informado que Salford Van Hire estava ameaçando entrar com uma ação contra a banda porque o roadie tinha devolvido a van uns dias em atraso de uma sessão anterior e as notas fiscais não tinham sido pagas. A gravadora achava que a banda devia lidar com isso. Olhei para Andy esperando no estúdio com seu baixo e gritei "Arranje outra pessoa para resolver essa porra". Pode ter sido algo simples, mas depois da conversa telefônica que tive com Geoff, senti que estava em uma situação que não tinha nada a ver com música.

O álbum foi feito e fiquei satisfeito com ele. Sempre gostava quando um disco era finalizado e eu podia escutá-lo em casa, antes que todo mundo o conhecesse. Parece um segredo que representa seu mundo, e você fica entusiasmado com seu lançamento porque pode ser uma notícia boa para todos. Com o disco terminado, a banda voltou para Manchester e saímos juntos, porque era isso que fazíamos. Foi uma época legal para nós. *The Queen Is Dead* era bom.

Morrissey e eu tínhamos um encontro com nosso advogado sobre a situação com a Rough Trade em minha casa em Manchester. Eu tinha voltado para o estúdio em Surrey por mais alguns dias para mixar uma música e devia voltar na noite antes da reunião, assim estaria lá na manhã seguinte, mas esqueci da reunião e não lembrei dela até o meio da noite, quando já estava cansado demais. Eu tinha que participar dessa reunião, então eu e meu roadie Phil às 5h da manhã percorremos os 400 quilômetros de estrada no horário do rush para pegar o advogado na estação de trem. Na hora que chegamos em Manchester, com poucos minutos de folga, Phil estava exausto demais para continuar dirigindo e sem ter uma forma de entrar em contato com o advogado, decidi que eu iria buscá-lo. Havia dois problemas com esse plano: um era que eu estava completamente transtornado, pois estava dois dias sem dormir, e estava firme e forte na praia do rock 'n' roll; e o outro era que eu não sabia dirigir. Sem me deixar intimidar por nenhum desses fatores, entrei no BMW, dei partida e lá fui na direção da estação Piccadilly.

O trajeto passou como um raio enquanto eu achava o caminho, ignorando buzinas e alheio às expressões perplexas de qualquer pessoa que cruzasse meu caminho. Quando cheguei à estação, pude ver o advogado esperando com outros passageiros na calçada. Fui na direção deles na maior velocidade e então passei por eles tentando entender como parar. Cerca de 15 metros para baixo, tirei meu pé do pedal e o carro parou de uma vez com um chacoalhão. Bom trabalho. Desci e caminhei como se estivesse passeando até meu advogado, que apertou minha mão de forma frouxa e mostrou um sorriso mais frouxo ainda. Agi como se estivesse tudo normal e pensei: "Bem, se eu me encrencar na volta, tudo bem, meu advogado estará comigo". Ele entrou no carro, e enquanto eu entrava no trânsito e ziguezagueava pela avenida fiquei olhando para ele e papeando como se estivéssemos passeando pelo interior. Freei nas esquinas sem reduzir a velocidade, depois acelerei em todos os semáforos, e os olhos dele iam de mim para a rua e de volta para mim de novo em movimentos rápidos. Chegamos a uma rotatória e passei por ela animado, deixando escapar um "opa!" involuntário e depois dei a volta nela de novo, pois tinha perdido a saída. O tempo inteiro ele se agarrou na maçaneta da porta, com um olhar horrorizado diante da compreensão de que morrer nas mãos de um rock star tresloucado podia ser seu karma por usar aqueles tênis com terno. Por fim, chegamos à minha casa e eu apaguei na cadeira assim que começamos a reunião. Quando acordei, descobri que ele tinha insistido para eu continuar dormindo e que não se importava mesmo em pegar um táxi de volta à estação.

Com o álbum finalizado, procurei algo para fazer. O disco estava no limbo devido à disputa com a Rough Trade, e não havia um calendário de lançamento em vista. Morrissey e eu aproveitamos o tempo livre para fazer peregrinações pelas lojas de discos e rastrear single raros dos anos 1960 e 1970, e fizemos um pacto para encontrar algum disco que ou já tivemos, ou já amamos. Foram ótimos dias de passeio; tivemos excelentes momentos juntos e nos divertimos bastante. Ambos ficávamos esperando essas ocasiões em que ficássemos longe da insanidade; era um alívio apenas sermos nós mesmos e nos divertir um pouco. Fomos para Brighton, além de passarmos um fim de semana em Morecambe. Isso nos deu oportunidade de discutir o que estávamos sonhando para a banda, e manteve nossa relação exclusiva.

The Red Wedge foi um movimento político lançado por Billy Bragg para ajudar a levar consciência política e apoio ao Partido Trabalhista, que estava sob a nova liderança de Neil Kinnock. A Grã-Bretanha tinha continuado a testemunhar os efeitos desastrosos do thatcherismo, e os mais idealistas entre nós sentiam que devia haver alguma solidariedade na oposição ao governo conservador. Eu tinha a opinião que, se você era um músico alternativo, por definição tinha que ser antidireita, e embora isso não fosse explicitamente discutido entre as bandas na época, havia um entendimento de que o governo era nosso inimigo comum. Os Smiths foram convidados a tocar na turnê do Red Wedge, mas recusou, pois não parecia haver uma correta sintonia musical. Entretanto, eu queria dar o meu apoio e decidi participar do show me juntando a Billy Bragg em algumas canções.

O primeiro show do Red Wedge foi no Manchester Apollo, e apareci para uma coletiva de imprensa com o líder dos trabalhistas durante o dia. Depois de esperar um pouco, o grande momento chegou quando o Sr. Kinnock entrou com grande alarde e uma fanfarra. Era a terceira vez que eu me encontrava com um político; a primeira foi quando os Smiths conheceram Ken Livingstone no show do Conselho da Grande Londres e a segunda, quando tocamos em um show em Liverpool por Derek Hatton. Testemunhei o talento de políticos para o showbiz mais uma vez quando o Sr. Kinnock entrou com um sorriso tão grande que você ficava imaginando como que ele conseguiu espremer seu rosto pela porta. Sua confiança era inacreditável enquanto ele absorvia toda a atenção da sala. Se Liberace e Diana Ross estivessem lutando pelados e pegando fogo na frente dele, ainda assim ele não teria notado. Foi então que decidi que a maioria dos políticos é, em última instância, caçador de fama. Eles podem ter retórica e até defender o que é certo, mas são bastante ambiciosos e definitivamente mais do que satisfeitos em serem famosos. Só não eram descolados o suficiente para serem músicos nem bons o bastante para virarem jogadores de futebol.

Toquei com Billy no show do Red Wedge em Manchester, e então trouxe Andy comigo para fazer outro em Birmingham. Andy e eu recebemos pouca atenção em Birmingham por alguns dos membros de outras bandas e suas equipes, e partimos imediatamente depois de tocarmos. No dia seguinte, toda a banda The Smiths se reuniu na minha casa. Eu estava falando sobre o que tinha acontecido, e então alguém sugeriu que todos nós aparecêssemos no show Red Wedge daquela noite e tocássemos como uma banda. Entramos no carro, e Angie nos levou até Newcastle. Entrei na Prefeitura de Newcastle com a minha banda, fui até o gerente de palco e disse "Estamos aqui para tocar". Ele olhou para nós e perguntou onde estavam nossos roadies e onde iríamos instalar nossos equipamentos assim tão em cima da hora. Disse a ele que não tínhamos nenhum equipamento, nem mesmo guitarras. A história de que os Smiths iriam tocar se espalhou, e Paul Weller ofereceu seus equipamentos. Quando chegou a hora de subirmos no palco, Billy nos apresentou, e quando ele disse "The Smiths" houve alguns segundos de silêncio e então uma histeria poderosa. O público ainda estava descrente quando pegamos os instrumentos emprestados e começamos a tocar "Shakespeare's Sister". Pelos 25 minutos seguintes tocamos um repertório intenso e estreamos "Bigmouth Strikes Again" como nosso próximo single. Entrei rasgando na introdução, sabendo que era a primeira vez que as pessoas a estavam ouvindo, e Morrissey deu a melhor performance que já tinha visto. Quando terminamos, era como se o lugar tivesse sido atingido por um tornado. Tínhamos andado pelo local como um sinal de unidade. Tivéramos três anos de sucesso a nosso modo e com *The Queen Is Dead* sem ter sido lançado ainda pensei que ninguém podia nos deter. O momento foi o auge da carreira dos Smiths.

Ter *The Queen Is Dead* interditado era confuso. Eu não sabia o que isso significava, exceto que tinha gravado um álbum e agora precisava ficar sentado esperando alguém fazer algo. Então, certa noite, acordado, decidi tomar as rédeas da situação. Conversei com Phil para me levar de Manchester a Surrey para roubar as fitas máster. Na minha cabeça, se a banda não tinha permissão para ter o álbum, então ninguém teria. Eu pretendia invadir o estúdio e libertar *The Queen Is Dead*. Saímos de Manchester por volta de 1h30 da madrugada e estava começando a nevar. Isso não me impediu, pois estava movido pelo espírito da justiça alternativa. Após 80 quilômetros na estrada, a neve começou a cair mais pesada e senti que Phil estava em dúvida sobre continuar. Liguei o som do carro, determinado a prosseguir com nossa saga enquanto íamos em frente em um ritmo estável. Amanhecia quando por fim chegamos ao estúdio e nessa hora eu estava exausto, mas tínhamos chegado até ali e eu não queria ter feito tudo isso por nada. Estacionamos na estrada e sinalizei para Phil esperar por mim enquanto eu andava na ponta dos pés pela neve até a casa da fazenda e a porta da cozinha, que esperava que estivesse destrancada. Virei a maçaneta e a porta abriu. Entrei sorrateiramente, torcendo para a banda que estivesse instalada lá estar dormindo. Status Quo tinha estado lá umas semanas antes e eu não me imaginava trombando com nenhum deles. Me dirigi ao estúdio e ao armário, onde as fitas ficavam guardadas, e quando encontrei as prateleiras com nossas fitas a luz se acendeu atrás de mim e fui confrontado por Tim, um dos proprietários. Ele ficou assustado ao me ver.

— Oi, Johnny, o que você tá fazendo aqui? — perguntou.

— Oi, Tim — respondi, sucinto, como se nada fora do comum estivesse acontecendo. — Vim pegar nossas fitas.

— Suas fitas? — ele indagou, confuso.

— Sim... A Rough Trade as interditou e vim pegá-las — declarei, simplesmente.

Tim ficou ainda mais confuso e então se desculpou e me disse que não poderia me entregar as fitas. Ele não queria se envolver em uma disputa jurídica, mas a razão principal pela qual eu não podia levá-las era que a conta do estúdio pela gravação do álbum não havia sido paga. Pareceu razoável, e típico, e nenhum de nós fez alusão ao fato de que eu havia invadido o estúdio, tentando roubá-las. Dirigimos de volta a Manchester nos sentindo rejeitados, como se tivéssemos sido impedidos pelo sistema.

The Smiths e a Rough Trade acabaram chegando a um acordo por meio do qual iríamos lançar com eles mais um álbum. Não estava claro o que aconteceria no futuro, mas pelo menos no momento tínhamos garantido o lançamento de *The Queen Is Dead*. Foi fascinante ver a capa pronta. Morrissey me mostrou a arte em que ele estava trabalhando e fiquei tão animado quanto os fãs. Uma noite ele me ligou para perguntar se eu queria participar de uma sessão de fotos em Salford. Parecia profissional, como sempre, então na manhã seguinte, nos reunimos na minha casa, entramos no carro de Angie e dirigimos até o Salford Lads Club.

Parecia natural fazer fotos nossas na rua em Salford. A estética da banda tinha se alimentado muito daquela área, fosse uma citação da peça de Shelagh Delaney ou imagens de Albert Finney ou a personagem de televisão Elsie Tanner, então ficar parado numa esquina da verdadeira Coronation Street era nós em nosso mundo, e não muito longe de Ardwick. Era uma manhã tipicamente cinza, chuvosa e com ventania no noroeste. O carro estacionou, e descemos tentando não parecer que estávamos molhados e congelando. O fotógrafo fez umas poucas fotos nossas em frente ao Salford Lads Club, e alguns adolescentes apareceram de bicicleta para ver o que estava acontecendo. Então, fomos até uma viela atrás de algumas casas para fazer mais algumas, e a sessão terminou em 20 minutos. Vimos as imagens e estavam boas. Algumas eram melhores que outras, e como de costume marquei as que não gostei, como uma em que eu estava me encolhendo atrás de Morrissey porque estava com frio. Quando o disco foi lançado, a foto que eu tinha marcado como ruim foi a que foi usada na capa interior do disco. Fiquei imaginando por que isso havia acontecido. Não é um bom sinal quando você não tem controle de sua própria imagem, principalmente quando é a sua banda.

Com tudo dando certo com a música, as coisas estavam prestes a desandar para Andy. Ele estava cada vez mais envolvido no consumo de drogas, e não parecia haver uma forma de vencer essa batalha. Fizemos alguns shows na Irlanda, e como não queria levar drogas com ele, foi até um médico pedir um remédio que o ajudasse a tolerar a abstinência. Ele teve mais dificuldade para lidar com esses comprimidos do que com a droga, e eles o afetaram muito. Por fim, ficou óbvio para todo mundo que algo tinha que ser feito. Conversamos, e ele sabia que a situação não poderia continuar como estava. A situação ficou insustentável quando ele passou por um pesadelo durante um show. Metade do motivo era um problema técnico, e a outra metade era que ele não conseguia lidar com a questão. Sem saber o que mais podíamos fazer, não tivemos outra escolha a não ser pedir que ele saísse da banda. Era o momento que eu temia. Fui eu quem teve de informá-lo, e foi certo ele saber por mim. Andy chegou na minha casa, e mesmo nós dois sabendo o que estava acontecendo, isso não deixou a situação mais confortável. Choramos e nos abraçamos, e quando ele finalmente saiu e eu o vi caminhar porta afora com seu baixo, foi a pior coisa pela qual eu já tinha passado.

Estávamos todos incrédulos quanto a Andy não estar na banda, e só tínhamos uma ideia de quem poderia substituí-lo, e essa pessoa era Craig Gannon. Eu não conseguia imaginar fazer testes com um monte de desconhecidos. Ouvi falar de Craig quando ele estava tocando com Roddy Frame no Aztec Camera e um pouco mais tarde quando tocou com Si Wolstencroft no The Colourfield. Ele veio à minha casa e expliquei o que precisávamos. Ele estava nervoso, mas tocamos um pouco juntos e nos demos bem. Craig não era baixista, mas achei que ele era a pessoa certa e não julguei que ele fosse ter muito problema tocando o baixo. Ele já parecia membro da banda, e ajudava que fosse da nossa região.

Fiquei em contato com Andy. Ele vinha à minha casa, e era surreal o fato de ele não estar mais na banda. Eu temia o pior quando ele desaparecia por vários dias, e uma noite sua namorada ligou para dizer que ele não tinha voltado para casa. Não pensei muito nisso, mas depois ela ligou de novo, e de novo. Angie e eu ficamos preocupados, e de manhã a campainha tocou. Abri e era Andy. Ele tinha sido preso com heroína. Não sei se era o choque, mas ele estava estranhamente calmo. Ele sempre fora mentalmente forte, mas era como se, por estar fora da banda e depois ser preso, todos os seus medos tivessem enfim se concretizado e nada mais pudesse afetá-lo. Andy precisava de ajuda, e não havia ninguém para nos dar algum conselho. Éramos quatro caras muito jovens em uma banda independente de Manchester e ninguém sabia o que fazer. Era uma situação ruim, então nos reunimos e fizemos a única coisa que podíamos: admitimos Andy de volta na banda, e pareceu certo para todos nós.

Com Andy de volta, significou que Craig teve o tapete efetivamente puxado. Ele tinha acabado de ser convidado para entrar para os Smiths e agora estava sendo demitido. Ninguém de nós teve coragem de fazer isso com ele, então transformamos a situação em uma oportunidade para Craig tocar a segunda guitarra. Era uma novidade ter uma nova presença na banda, e isso melhorou o humor depois de tudo de pesado que tinha acontecido recentemente. A natureza insular dos Smiths era uma de nossas forças, mas nos fez bem ter uma distração e uma nova dinâmica. Musicalmente era libertador para mim também, pois eu podia tocar ao vivo diferentes partes da guitarra que tinha feito nos discos. Craig adicionou uma nova dimensão ao som. Ele tocava bem o bastante para se encaixar, e com Andy de volta estávamos soando formidáveis.

Finalmente chegamos a um acordo com a Rough Trade, e *The Queen Is Dead* foi lançado em 16 de junho de 1986 para sucesso de crítica e público, e foi anunciado como uma obra-prima. Foi gratificante ter sido tão bem recebido, mas o melhor era que os fãs finalmente iriam poder ouvir as novas canções. "Cemetery Gates", "The Queen is Dead", "Some Girls are Bigger Than Others" foram todas bem aceitas, mas "There is a Light That Never Goes Out" pareceu ser universalmente amada.

O lançamento trouxe compromissos para todos, especialmente para Morrissey, já que ele lidava com a imprensa. Ele decidiu se mudar para um apartamento na mansão de Oscar Wilde em Cadogan Square, em Londres. Não estava nos meus planos a banda se mudar para Londres; pensei que seria melhor estarmos em Manchester. Tínhamos uma base na minha casa, as músicas para *The Queen Is Dead* foram escritas lá e, pelo lado criativo, as coisas nunca tinham sido melhores. Eu estava completamente ciente de que éramos um grupo grande e que não podíamos comandar a banda estando no norte do país, mas a mudança significava que voltaríamos para a situação da qual fugimos em 1984, quando corremos da interferência da cena musical de Londres para gravar *Meat Is Murder*. Tudo que tínhamos ganhado com a volta a Manchester — autonomia, identidade e o fato de que morávamos a alguns minutos uns dos outros — seria sacrificado por uma existência fragmentada que estava relacionada com relações públicas, onde apenas veríamos os outros em emissoras de TV e sessões de fotos. Achei que seria um grande erro e, pela primeira vez, fiquei preocupado com as diferentes visões sobre a banda que eu e meu parceiro tínhamos.

Eu me mudei para Portobello Hotel em Notting Hill. Angie ficava indo e vindo de Manchester, e eu passava todo meu tempo livre comprando livros usados em Camden e roupas em brechós na King's Road e em Kensington Market. Uma das primeiras coisas que ter dinheiro proporcionou foi conseguir comprar livros. Eu lia tudo que encontrava dos beatniks e sobre filmes norte-americanos, e todo um mundo se abriu para mim. Na maioria das noites, eu estava em um minúsculo quarto de hotel com meu violão. Tinha muito tempo livre, e morar em um hotel era inconveniente porque gostava de trabalhar à noite. Costumava ir à casa de Kirsty para passar tempo com ela e seu marido, Steve Lillywhite, e foi por meio de Kirsty que encontrei um lugar para morar. Ela tinha um apartamento desocupado de um quarto só em Shepherd's. Me mudar para lá me daria algum espaço para equipamento. Também significava que Kirsty era minha senhoria, o que era legal a não ser que eu ficasse devendo ou quebrasse algo. Ela sabia exatamente onde eu morava, e não era alguém que você desejasse irritar — a não ser que não se importasse com dez minutos de palavrões criativos despejados em você.

Uma noite bem tarde, eu estava no apartamento com Phil quando o telefone tocou. Atendi e Kirsty disse:

— Tem alguém aqui que quer falar com você.

Esperei alguns segundos e então uma voz bastante reconhecível disse:

— Ei, Johnny... é o Keith.

Tentei agir como se tudo fosse completamente normal.

— Ah, oi, Keith... como vai?

— Legal, cara... Por acaso você tem dois violões aí? — perguntou meu herói.

— Vou ver — respondi, ainda tentando agir normalmente. — Sim, sim, tenho dois violões.

— Ótimo — disse Keith. — Por que você não vem pra cá e nós fazemos um som? Vou mandar um carro.

Desliguei o telefone e fiquei pulando como se o tapete estivesse pegando fogo. Um Bentley vintage apareceu e me levou para a casa de Kirsty, onde Keith Richards estava esperando. Fiquei me beliscando, mas apesar de a situação ser muito inusitada, Keith é um homem muito gentil e um verdadeiro ídolo de outros músicos. Foi fácil me identificar com ele e tocarmos juntos. Mandamos ver em algumas canções rock 'n' roll com Kirsty como se já fizéssemos isso há anos, e depois conversamos, fumamos um baseado, demos risadas e nos declaramos almas antigas.

UM 1986 MUITO INTENSO

Os aborrecimentos e dramas legais durante a gravação de *The Queen Is Dead* tinham começado a testar a minha determinação, e pela primeira vez eu teria preferido qualquer coisa a sair em turnê. A maioria dos músicos vive para estar nos palcos, mas eu era mais interessado no estúdio e não tinha o menor desejo de voltar à estrada de novo.

Eu estivera em estúdio recentemente com Billy Bragg para trabalhar no seu álbum *Talking With the Taxman About Poetry*. Foi interessante tocar com outro compositor e bastante divertido ser só um guitarrista e não ter que cuidar de nada. Eu gostava das sessões, elas eram totalmente focadas na música e na invenção, e tive sorte de ser convidado para gravar discos com pessoas de quem gostava. Fui convidado para gravar com Bryan Ferry, que tinha sido um dos meus artistas favoritos desde que comprei os discos do Roxy na época do glam. Ele tinha ouvido um lado B instrumental dos Smiths e queria compor comigo. Fiquei honrado com o convite e fui até o AIR Studios na Oxford Street. Quando cheguei lá, entrei direto na sessão errada, onde George Martin estava trabalhando em uma faixa dos Beatles. Pedi desculpas e ele foi muito simpático e me deixou ouvir a faixa de "Strawberry Field Forever" em multicanais. Fiquei na mesa de mixagem e tentei ficar tranquilo e não dizer nada estúpido.

Trabalhar com Bryan Ferry foi uma excelente experiência. Havia uma sensação de descobrimento em suas sessões, e aos 22 anos eu estava compondo com um dos meus cantores favoritos de todos os tempos. Nós nos demos bem de imediato e nos tornamos amigos, e o convidei para ir a uma sessão dos Smiths e conhecer a banda. Os outros membros dos Smiths ficaram muito entusiasmados por eu estar trabalhando com Bryan e quando ele apareceu em uma de nossas sessões para dar um "oi" foi um grande momento.

As ações legais para nos tirar da Rough Trade e nos colocar na EMI continuaram. O assunto pareceu ganhar ritmo quando os advogados começaram a trabalhar, e me foi entregue um contrato novinho em folha. O assunto estava fechado – ou estava em vias de ser, assim que assinamos. Ele nos foi levado às pressas no aeroporto bem quando estávamos entrando no avião para nossa turnê estadunidense de seis semanas, sem a presença do empresário, apenas uma ligação telefônica do nosso advogado naquela manhã que não consegui atender de forma apropriada. É difícil acreditar, mas só assinamos o contrato, o colocamos de volta no envelope, e Grant, nosso técnico de som, o enfiou em uma caixa de correio para mandá-lo de volta ao advogado. Eu fui estúpido a esse ponto.

Andy ganhou um respiro nos tribunais por sua prisão, e fomos aos Estados Unidos para a turnê. Duas semanas antes de partirmos, achamos que não iríamos conseguir, e Andy passou o set com Guy Pratt da banda de Bryan Ferry no baixo, o que achei extremamente profissional além de muito nobre.

No nosso primeiro dia no hotel nos EUA, antes que tocássemos uma nota, havia uma delegação da equipe de estrada no meu quarto ameaçando cancelar os shows porque ninguém tinha recebido e parte do material para montar o palco não havia chegado. Era uma situação de que nem eu nem Morrissey precisávamos, e acabei fazendo uma ligação frenética para a gravadora para pedir que nos adiantassem algum dinheiro para pelo menos começarmos a turnê e deixar todo mundo feliz.

Os shows eram sempre bons e muito intensos. Estávamos agendados para tocar duas noites no Universal Amphitheatre, em Los Angeles, e fomos avisados de antemão pelo promotor que qualquer tumulto ou invasão de palco, tal qual tivemos em Toronto, resultaria em intervenção policial e no banimento dos Smiths da Califórnia. A primeira noite em LA contou com algumas celebridades na plateia, e Joe Dallesandro, a estrela da capa do nosso primeiro álbum, veio nos conhecer no camarim.

Os shows dos Smiths em LA eram sempre um evento, e o anfiteatro tinha um clima animado antes mesmo de começarmos a tocar. Era um ritual nos prepararmos nos bastidores. Era assim desde que começáramos em Manchester três anos antes, com a diferença de que agora estávamos em camarins suntuosos com milhares de pessoas vibrando do lado de fora. Dei uma volta com meus dez dólares no bolso, minha mente meio focada, meio distraída, de forma a evitar o pânico, dedilhando riffs na minha Les Paul, normalmente de *Raw Power* — enquanto Andy fazia comentários engraçados, calmo, parecendo nem mesmo notar o que estava prestes a acontecer. Morrissey estava isolado e ocupado, se atentando a roupas, flores, cartazes, e parecendo se preparar para algo urgente, enquanto Mike batia suas baquetas nas cadeiras e Craig, sério, arranhava a Rickenbacker para aquecer. Os roadies entravam e saíam para nos consultar sobre mudanças de última hora e nos desejavam sorte, e a banda ficou junta enquanto passava pelo túnel que levava ao palco. Os gritos viraram rugidos quando as luzes da casa se apagaram e *Romeu e Julieta* de Prokofiev explodia na arena.

O anfiteatro estava totalmente lotado quando começamos a apresentação. Capturamos o público. Morrissey, ao segurar uma placa onde se lia *The Queen Is Dead*, levou as coisas a um novo nível. Ter Craig conosco como um quinteto fez diferença: éramos uma nova encarnação da banda, com um som mais expansivo e presença mais poderosa. Eu sentia mais pressão quando olhava de um enorme palco para uma vasta plateia onde a multidão esperava um show maior, e eu levava umas duas músicas para me ajustar. Morrissey convidou o público a chegar mais perto, intensificando a energia e aumentando a tensão para os seguranças, que estavam claramente ficando inquietos. Apresentamos uma música novíssima, "Panic", e na hora que chegamos no refrão, todo tipo de histeria estava prestes a explodir. Foi nesse ponto que nosso cantor deu a seguinte instrução para o público: "Se um segurança tentar te parar, dê-lhe um beijo na boca". E, com isso, cada membro da segurança deu um passo atrás e os fãs encheram o palco.

Descemos do palco em LA e fomos informados de que "alguém da Warner Brothers" queria falar conosco. Era Steven Baker, o vice-presidente do selo, dono da Sire, e tive a impressão de que ele provavelmente tinha descoberto nossa assinatura com a EMI, o que significava que deixaríamos a Warner. Steven era uma das poucas pessoas na indústria da música com quem os Smiths simpatizavam. Ele tinha cuidado de nós e éramos amigos, então assinar com outro selo não era uma boa notícia e eu sabia disso. Pedi ao segurança para deixá-lo entrar enquanto ia trocar a camisa que usei no palco. Quando voltei, Steven estava lá, mas o resto da banda tinha desaparecido. A gravadora estava irritada, e Steven queria saber por que estávamos saindo do selo. Fiquei envergonhado e senti que minhas obrigações tinham ido muito além do meu papel de guitarrista e compositor. Todas as exigências exageradas que estavam sendo cobradas de mim haviam se tornado demais para serem ignoradas.

Foi nessa turnê que passei a beber no palco, por nenhuma outra razão a não ser relaxar, e achei que seria uma coisa boa a se fazer. Com três quartos do show em andamento eu tinha um copão de conhaque e Coca-Cola em cima do suporte da bateria. A noite ficava bem animada, e eu levava a festa ao limite durante as últimas músicas, com milhares de pessoas enlouquecendo e fãs dando *mosh* do palco. Era uma experiência arrebatadora, e eu tentava manter esse espírito o máximo que conseguisse depois do show, até que a adrenalina abandonava o meu corpo e eu desmaiava onde quer que estivesse. Desfrutei da experiência de mergulhar no estilo de vida rock 'n' roll e tudo que vinha no pacote. Fazer aquilo toda noite começou a cobrar seu preço, principalmente porque eu era muito pequeno, mas era algo divertido e ninguém podia dizer que eu não estava vivendo um sonho.

Ir a novas cidades e estados era sempre bom e, apesar de toda a loucura, eu sempre ligava para minha família para dizer que estava em Nova Orleans, Texas ou qualquer outro lugar. A agenda dos shows não permitia ver nada além dos hotéis, mas eu sempre ficava feliz de estar em lugares que tinham sido cantados em músicas ou descritos em livros, ou porque eram as cidades natal de bandas e artistas, o que nos Estados Unidos quer dizer muitos lugares, se você é fã de música. Não acontecia muita visita turística nem compras. Nos dias de folga, geralmente só ficávamos no hotel.

Continuamos a fazer ótimos shows nos Estados Unidos, mas a turnê foi ficando cada vez mais instável. As expectativas de tocarmos para enormes públicos e manter uma agenda alucinante estavam cobrando seu preço. A bebida e as festas após os shows não ajudavam, mas a banda entrava no palco mais do que pronta e nunca deixava de ser profissional. A situação estava particularmente caótica em torno de nós: as pessoas pagas para tomar conta de nós eram muito frouxas e ninguém assumia responsabilidade. Homens jovens não são exatamente conhecidos por cuidarem de si mesmos, e definitivamente não são conhecidos por cuidar uns dos outros, então só seguimos o fluxo, e quando nosso último gerente de turnê foi demitido por nos fazer perder passagens de som muitas vezes, coube a Angie nos colocar em um avião. Quando chegamos à última semana, estávamos prontos para voltar ao Reino Unido, porém Andy foi ferroado por uma arraia na Flórida e acabou indo parar no hospital. Então desistimos, já que estávamos bem no final, e cancelamos os poucos últimos shows.

Voltamos à Inglaterra, e três semanas depois começamos uma turnê britânica. Houve momentos agressivos em dois shows, e saí direto do palco para o hospital com Morrissey uma noite depois de ele ter sido atingido na cabeça por uma moeda jogada da plateia durante a primeira música. Eu estava cansado de excursionar, e as coisas não estavam funcionando bem entre a banda e Craig. Ele sempre foi calado, mas se tornou mais distante do resto de nós e tinha até começado a ir aos shows sozinho. Achei que ele seria mais animado com a banda, e quanto mais ele se afastava, mais eu entendia como falta de interesse. Ele destruía quartos de hotel, que era sua forma de extravasar, mas isso era extremo e abominado pelo restante. No final, Craig, como todos nós, era um jovem tentando lidar com a pressão de uma situação louca. Foi um desafio para ele quando se juntou aos Smiths. À primeira vista, ele tinha conseguido o emprego dos sonhos, mas havia se colocado em uma situação intensa com um grupo de pessoas extremamente unidas que tinham um jeito não convencional de lidar com os acontecimentos. Tentamos fazê-lo se sentir parte do grupo, e funcionou por um tempo, mas ou ele tinha que se encaixar na nossa loucura, ou ficar do lado de fora. Isso não funciona muito tempo numa banda, então os Smiths e Craig se separaram, e a banda voltou a ser um quarteto.

A BATIDA

Angie e eu saímos para jantar com Mike e sua namorada uma noite depois que a turnê terminou. Estávamos na minha casa depois, e quando chegou a hora de Mike e Tina voltarem para casa, me ofereci para dar uma carona. Ainda não tinha me dado ao trabalho de tirar a carteira de motorista e me contentava em dirigir pelas avenidas com meu estilo próprio e único. Angie foi contra eu pegar o carro porque tinha bebido uma garrafa de vinho e meia garrafa de tequila, mas chegamos à casa de Mike sem qualquer problema e voltei em direção à minha na chuva. A cerca de dois minutos de casa, parei num semáforo e esperei. De repente, um som ensurdecedor veio pelos alto-falantes, pois a fita com a canção em que eu estava trabalhando tinha virado. O semáforo ficou verde, a música entrou e pisei e acelerei o mais rápido que pude.

Dentro de segundos, cheguei em uma curva e girei o volante com força. Estava indo rápido demais. O carro derrapou, perdi o controle e ele destruiu um muro de um lado da pista com um estrondo enorme antes de voltar pelo ar e bater no muro do outro lado da pista. A frente do carro ficou toda amassada, o painel afundou e o volante foi parar no teto. O carro continuou pulando na rua com fumaça saindo da frente até que parou e o silêncio foi total. Me escutei respirando. De repente fiquei sóbrio. Olhei pelo para-brisa e vi que a frente do carro estava completamente destruída. Um pedaço do painel estava a centímetros do meu rosto. Saí do carro e olhei para o meu corpo: tinha que checar se ainda estava vivo. O carro parou na diagonal no meio da rua, e freneticamente tentei empurrá-lo para o lado, caso outros carros estivessem vindo. Eu estava em choque, mas tinha me tocado do que estava acontecendo e fui correndo para casa para chamar alguém ou me esconder. No meio da confusão na minha cabeça, esperava que ninguém tivesse visto ou ouvido nada e que por algum milagre fosse capaz de fazer o problema desaparecer. Estava em um delírio louco quando corri para a minha casa e caí duas vezes. Alguns vizinhos saíram para a rua. Eles tinham ouvido a batida e tinham visto um jovem pop star lunático fugir de um BMW destruído, correr e cair vestindo um terno Yohji Yamamoto. Quando cheguei à porta, Angie e Phil já estavam a caminho para me encontrar. Eles tinham ouvido a batida e sabiam que tinha sido eu. Me conduziram de volta ao carro e três viaturas policiais estacionaram com as luzes piscando. Nessa hora, havia pessoas por todos os lados. "Você é um homem charmoso?"[6], perguntou um dos policiais, que por acaso era fã. Eu sentia uma dor enorme na lateral do corpo e meu pulso também começou a doer. O efeito da adrenalina e da bebida estava começando a passar e a sombria realidade tomou conta quando eu me sentei num muro e observei a cena no meio da noite. A frente do carro estava completamente amassada como uma lata de sardinha.

Quando o pessoal da banda veio no dia seguinte e viu os destroços, me dei conta de como tive sorte de ter sobrevivido. Fiquei um pouco machucado e tive que usar um colete cervical para o pescoço e as costas e uma tala no braço. Na semana seguinte, a banda entrou em estúdio e eu produzi nosso novo single, "Shoplifters of the World Unite". Duas semanas mais tarde, em 12 de dezembro, os Smiths subiram ao palco no Brixton Academy. Estávamos de volta ao nosso formato original e fizemos um ótimo show. Foi o último que fizemos.

---

6 O policial provavelmente fez uma brincadeira com o título da música "This Charming Man", dos Smiths. (N.T.)

A batida foi um enorme alerta. Eu vinha vivendo no limite e sabia disso. Era hora de refrear os excessos, e eu tinha uma nova energia positiva e propósito. Não queria fazer o mesmo que vinha fazendo, dentro e fora do palco, e nem achava que a banda devia se repetir. Com o álbum seguinte, eu queria me distanciar de algumas características consideradas "a marca dos Smiths". Parecia que ninguém nunca poderia falar de nós se não usasse as palavras "infelizes" e "ressoante", mesmo que tivéssemos provado que éramos muito mais que isso, e eu estava ávido para ver até onde podíamos levar as coisas em termos musicais. No Reino Unido, tinha havido um movimento de bandas com um som independente específico, mas eu sentia que não tinha nada a ver conosco, além de óculos baratos e algumas influências dos anos 1960. A cena independente na Inglaterra tinha sido dominada por uma música tão frágil que se tivesse sido mais estranha, borboletas e pétalas teriam saído dos alto-falantes. Também estava farto da forma com que a banda vinha sendo percebida. Estávamos começando a ser definidos por tudo aquilo que odiávamos, como se o que envolvesse a banda fosse negatividade — e eu não sentia isso. Eu dava entrevistas em raras ocasiões, elas eram sempre sobre o que os Smiths odiavam. Ficava imaginando se ia ser sempre assim.

Eu estava procurando e ouvindo coisas novas. Havia um disco fantástico e que se destacava do restante. Matt Johnson tinha publicado seu novo álbum, *Infected*, e todos tomaram conhecimento. Era inovador, com ótimas guitarras e forte composição, e conseguia ser um novo tipo de pop ao mesmo tempo que era bastante sociopolítico. Fiquei impressionado com o uso que Matt fazia da tecnologia e sua crescente habilidade como produtor. Ele estava inaugurando um novo terreno e fiquei feliz por ele.

Comecei a fazer o álbum *Strangeways, Here We Come* com o compromisso de usar menos overdubs e não preencher todo o espaço no som. Veio de uma nova confiança e um desejo de agitar as coisas um pouco, e era algo que eu tinha notado no *Álbum Branco* dos Beatles, que parecia ter uma sensação de suspensão e uma atmosfera de algo mal resolvido. Estava a fim de usar mais teclados e aluguei um Emulator para mim em casa que passamos a chamar de "Orquestrazia Ardwick". Minha primeira criação para o disco foi a introdução no sintetizador para "Last Night I Dreamt That Somebody Loved Me", depois de voltar a ouvir *Low* de David Bowie. Compor no sintetizador me deu novas possibilidades e tomei a decisão de que a primeira faixa do álbum seria só teclados e nenhuma guitarra. Mesmo que ninguém mais ligasse, era importante para mim fazer algo diferente, sentir que estávamos andando para a frente. Eu não sabia naquela época, mas meus experimentos com novas tecnologias seriam uma das chaves no futuro.

Tudo começou a ficar mais organizado quando os Smiths finalmente arranjaram um empresário de que todos gostávamos. Ken Friedman era um empreendedor californiano que tinha trabalhado com Bill Graham, promovendo shows em São Francisco. Ele me foi apresentado por Morrissey, e assim que ele se juntou a nós a situação começou a se resolver. Ken ficou espantado que tínhamos gastado tanto com advogados, e não conseguia acreditar que uma banda tão grande quanto os Smiths estava cuidando de tudo sozinhos e nem sequer tínhamos alguém para atender às ligações telefônicas. A primeira resolução do nosso novo empresário foi demitir o advogado e arrumar um contador. Depois, conseguiu que a Rough Trade e a gravadora estadunidense lançassem o novo álbum e fizeram com que elas concordassem em investir em divulgação e apoio apropriados, algo que a banda nunca tinha tido antes. Foi um alívio ter finalmente alguém cuidando dos negócios, e um bom sinal de que o empresário não era um homem que só dizia sim e nos idolatrava, como todo mundo em volta agora tinha começado a fazer até onde eu sabia.

A banda foi para um estúdio caseiro chamado Wool Hall, em Bath, para gravar *Strangeways, Here We Come*, e eu estava no meu domínio. Não precisava saber o que estava acontecendo no mundo exterior ou ver ninguém a não ser as pessoas da banda e Angie, e eu tinha tudo de que precisava. Eu adorava as novas músicas. "Unhappy Birthday", "Stop Me If You Think You've Heard This One Before" e "Death of a

Disco Dancer" tinham grandes performances da banda e um espírito despreocupado que me lembrava de nosso primeiro álbum, com Troy Tate; e com "A Rush and a Push and the Land Is Ours" consegui a minha faixa toda feita nos teclados, para começar o álbum. O melhor momento em *Strangeways* era "Last Night I Dreamt That Somebody Love Me". Ela foi construída em cima de um riff que me surgiu nos fundos do ônibus da turnê um dia quando estava me sentindo solitário, e quando terminei pensei que tínhamos atingido um nível de emoção tão bom como devia ser. A canção resumia tudo que era singular na banda. Soava como o drama da nossa vida.

A época de gravação de *Strangeways* foi a mais radiante para mim. A batida tinha me dado um senso de clareza, e eu não me sentia pressionado por aborrecimentos com a gravadora ou preocupado com o futuro. De vez em quando, fazíamos uma reunião para tomar algumas decisões burocráticas e logo voltávamos a trabalhar no álbum, que estava se tornando meu favorito. As coisas estavam caminhando sem percalços.

No meio da gravação do álbum, entretanto, algo mudou de repente. Novas alianças foram formadas entre membros da banda, e eu estava tendo que defender os méritos de nosso novo empresário. Eu não entendia por que havia um problema. Os negócios da banda finalmente estavam sendo cuidados pela primeira vez desde Joe, estávamos fazendo planos e tudo ia bem, mas o restante da banda teve uma mudança repentina e virou três contra um. Tudo que eu via como bom gerenciamento eles viam como interferência e perda de controle, e achei que era muito estranho que uma banda grande como os Smiths tentasse evitar ter alguém cuidando dos seus negócios. Essa nova sensação de oposição parecia que estava se tornando um tipo de dominação, com nossa amizade agora em segundo lugar, e eu podia sentir toda a positividade que eu tinha quanto ao futuro indo embora.

Estávamos agendados para gravar o vídeo de "Shoplifters of the World Unite" com a diretora estadunidense Tamra Davis. Andy, Mike e eu chegamos ao bairro de Battersea de manhã cedo para as filmagens, mas Morrissey não apareceu. Cada minuto que passava custava uma fortuna para a banda, então fui até a casa de Morrissey com Ken e Tamra para ver o que podia fazer. Ao contrário do dia em que formei a banda, bati na porta do meu parceiro e ele não me deixou entrar. Gritei: "Não faça isso", mas parecia que não estávamos mais do mesmo lado nem que éramos ainda amigos. Não havia como continuar desse jeito. Tamra começou a chorar e Ken tentava acalmar todo mundo. Eu não sabia o que mais poderia fazer, então fui embora.

Conversamos duas vezes nos dias seguintes, mas não chegamos a lugar nenhum. Não parava de pensar no futuro da banda. Tinha a sensação de estar me afogando. Os Smiths eram a minha vida e eu tinha protegido a banda e cuidado de todos desde os meus 18 anos, mas agora cada dia era um problema novo após o outro. Eu não tinha desistido completamente, e esperava que houvesse uma forma de continuarmos, mas não sabia como.

Fui de novo à casa de Morrissey e começamos a conversar. Morrissey me disse que ele não trabalharia com Ken. Disse que estava infeliz e queria que as coisas voltassem a ser como eram. Eu disse a ele que para mim não dava. Não estava mais preparado para lidar com tudo que surgia. Minha cota de gerenciar a banda sem um empresário já tinha acabado, e também a cota de reuniões com advogados sobre contratos, e reuniões com contadores sobre impostos que não entendia. Eu ainda tinha 23 anos e só queria ser o guitarrista da melhor banda do mundo. Outro empresário seria demitido e mais uma vez a cabeça de alguém estava na guilhotina, mas dessa vez me recusei a ser o carrasco. Chegamos a um impasse; um abismo se formou entre nós e não havia como transpô-lo. Eu sabia que significaria o fim da banda, mas não estava apto a encarar isso. Nossa conversa mudou para outro assunto e foi muito estranho, então fui embora e convoquei uma reunião com a banda para o próximo dia.

Eu precisava discutir a questão e dizer a todos o que eu tinha em mente antes de Angie e eu irmos a Los Angeles de férias por duas semanas. Nós nunca tínhamos tido férias tampouco lua de mel, então com o novo álbum terminado era o momento perfeito para viajar. Eu deixaria o assunto do empresário de lado por um momento, pensando que dar uma arejada seria bom para todos. A banda se encontrou num restaurante elegante de peixe com fritas em Kensington. Andy e eu nos sentamos de um lado e Morrissey e Mike, do outro. Disse à banda que precisávamos repensar os rumos e ter alguma perspectiva. Eu estava tentando espantar o mal-estar que tomava conta de nós e falei vagamente sobre reinventar a música, embora não tivesse certeza do que aquilo significava. Sabia que os outros não consideravam mais Ken Friedman o empresário da banda e eu não tinha uma solução para isso. Expressei minhas frustrações o melhor que pude sem tentar soar negativo demais, mas por dentro sentia que estava me afogando.

A reação da banda foi sem entusiasmo e antipática, e de novo pareceu que eu era minoria. Eles já tinham discutido o que queriam fazer, e agora Mike parecia ser o novo porta-voz. Ele me informou que a banda pretendia voltar ao estúdio para gravar músicas novas, o que achei uma sugestão bizarra. Tínhamos acabado de terminar um álbum cujo lançamento ainda demoraria uns meses. Eu estava prestes a sair de férias, e agora me diziam para voltar ao estúdio e sem música alguma. Era como um teste estranho, e eu era culpado de alguma violação. O clima congelou. Era claro que eles tinham um problema, mas eu não sabia qual. Eu amava aqueles caras e queria que tudo estivesse bem, mas entendi que uma nova dinâmica tinha se desenvolvido na banda e eu estava tendo que me submeter.

Concordei em voltar ao estúdio para agradar a todos, e escolhemos o estúdio caseiro de nosso amigo James Hood em Streatham, já que era informal e não custaria muito. Eu não tinha ideia do que faríamos, mas arranjei o estúdio com Grant, que estaria comigo atrás da mesa de mixagem, e esperava pela banda. Havia um clima desconfortável desde o momento em que nos encontramos, e então Mike chegou até mim e disse: "Vamos fazer uma cover. É uma música de Cilla Black". Achei que ele estivesse brincando, mas olhei para os outros e percebi que era verdade. Eu não queria fazer uma cover de uma música de Cilla Black tampouco queria saber por Mike que iríamos fazer essa cover. Não era assim que ia funcionar. Comecei a ficar nervoso. Minha dedicação à banda estava sendo testada, o que era duro de aceitar, já que eu tinha formado a banda para começo de conversa. Cedi e ouvi a música de Cilla Black. Era uma coisinha boba de merseybeat chamada "Work Is a Four-Letter Word", com letra que dizia "você nasceu preguiçoso" e "mude sua vida". Gravamos, e quando estava finalizada pensei que não era sequer digna de ser associada aos Smiths.

Um sentimento de opressão afetava as sessões todos os dias. Todos precisávamos de uma folga um do outro, e o estresse estava sendo expresso em forma de desespero e desconfiança. Quanto mais as coisas ficavam estranhas, mais eu queria cair fora, e quanto mais eu queria cair fora, mais tensa era a sensação entre todos.

A despeito de toda a esquisitice, Morrissey e eu conseguimos compor uma nova música chamada "I Keep Mine Hidden", e depois tentamos outra cover, uma música de Elvis Presley chamada "A Fool Such As I". Soava tão desesperada quanto parecia, e a abandonamos depois de duas tomadas. Eu estava determinado a terminar as duas canções que tínhamos gravado, e passei as duas noites seguintes dormindo embaixo da mesa de mixagem para que pudesse ir embora sabendo que tudo estava feito. No dia em que as sessões terminaram, fui para o aeroporto entorpecido depois de ter trabalhado a noite toda, Angie e eu entramos no avião. Quando decolamos, senti uma incrível sensação de alívio.

Tomar um pouco de sol era exatamente o que eu precisava. Passei dois dias fazendo quase nada. Foi legal não ter que estar em lugar nenhum por um tempo. Eu ainda estava em estado de choque com os acontecimentos das semanas anteriores. A situação tinha atingido um ponto de ruptura e pensei muito sobre as novas divisões na banda. Esperei um dos outros me ligar, mas não houve nada, e quanto mais os dias se passavam sem qualquer notícia, mais isso me irritava e mais eu começava a pensar que os Smiths poderiam de fato acabar.

Angie e eu retornamos para casa e retomamos nossa vida de volta em Manchester. Eu andava gravando faixas instrumentais em meu novo equipamento de gravação e comecei a pensar sobre um novo tipo de música. Todos tinham voltado para Manchester e era estranho estar a apenas alguns minutos de distância dos outros membros dos Smiths e não saber nada de ninguém. Mas ao mesmo tempo era um alívio em comparação com o que tinha se tornado a realidade do dia a dia da banda, e eu sentia a liberdade de voltar a ser apenas um músico. Eu esperava um sinal de que alguém fosse fazer algo para salvar a situação, e então do nada recebi uma ligação da agente de publicidade dos Smiths, Pat Bellis. Ela me disse que a mídia tinha de alguma forma ouvido boatos de que eu tinha deixado a banda, e ela queria saber o que eu pretendia fazer. Não parecia bom, e eu não queria me forçar a dizer nada para ela, para a banda ou qualquer outra pessoa sobre qualquer separação por meio de uma declaração pública. Dois dias depois, saiu uma matéria dizendo que eu estava saindo dos Smiths. O artigo incluía uma foto nossa tirada pelo assessor de imprensa em que eu aparecia carrancudo enquanto os outros três Smiths estavam todos sorrindo. Com a história aí para todos verem, eu não tinha escolha a não ser fazer uma declaração. Ainda não tinha notícia dos outros, e com tudo que tinha acontecido só pensei "Foda-se". Encarei o inevitável e anunciei que estava saindo dos Smiths. Os outros membros da banda soltaram uma declaração no mesmo dia. Dizia que eles me desejavam sorte e que "estavam considerando outros guitarristas para me substituir". Achei que fosse algum tipo de pegadinha, mas então um de nossos amigos me ligou para dizer que era verdade e que tinham entrado em estúdio com outro guitarrista. Era difícil ouvir que a banda tinha me substituído tão rápido, a menos de uma semana da matéria publicada. Era a gota d'água. Eu não podia voltar nem que quisesse.

Virou um inferno depois que deixei os Smiths, e a novela começou. A banda não deu certo com o novo guitarrista, e em todo lugar que eu olhava, as pessoas estavam discutindo a separação e tinham uma opinião sobre ela. Me mantive distante da mídia e recusei a avalanche de entrevistas que surgiram porque sabia que todos queriam uma história sensacionalista e esperavam que eu desacreditasse os outros para ressaltar o meu lado. A separação não foi apenas o fim da banda, foi uma quebra de relações muito íntimas, entre mim e Morrissey especialmente. Eu não queria discuti-la na mídia. Já era difícil o bastante lidar com ela, e dolorido demais contá-la em público. Tive que recuar e deixar as pessoas falarem o que quisessem, fosse verdade ou não. Quanto mais amarga a separação se tornava, mais eu queria evitar tudo, e logo fiquei feliz por estar completamente fora. Angie precisou lidar com isso também. Ela estivera lá desde o começo, quando era só eu e ela, depois Joe e Morrissey, e ela teve que lidar com a decepção de tudo isso quando terminou, como todo mundo.

Além de ter sido muito estressante, a separação dos Smiths também trouxe uma enorme sensação de alívio quando finalmente aconteceu. A disputa continuaria por muito tempo, mas, por mais difícil que fosse, sempre soube que a banda teria uma duração finita, e agora acontecimentos conspiraram para trazer seu fim. Eu era dono da minha própria vida de novo.

Eu só tinha 23 anos e Angie, 22 quando os Smiths se separaram, e tínhamos voltado a ser só nós dois. Eu não tinha a menor ideia do que iria fazer. Só sabia que queria tocar guitarra e fazer algo diferente do que vinha fazendo nos últimos cinco anos. Foi um tempo de rejuvenescimento, pró-futuro, pró-música.

TALKING HEADS: 88

O Talking Heads me convidou para gravar com eles o álbum novo em Paris. Algumas músicas já tinham sido designadas para eu tocar, mas também queriam fazer algo do zero comigo. Eles tinham sido uma banda muito importante para a minha geração, conseguindo o raro feito de ser uma das maiores do mundo enquanto mantinham sua integridade artística. Eu conhecia as músicas deles de trás para a frente e me senti lisonjeado e entusiasmado com o convite para contribuir com um de seus álbuns.

Voei para o estúdio em Paris para encontrar David Byrne no primeiro dia. Gentilmente, ele tinha deixado vago o apartamento em que estava ficando para mim e Angie enquanto ele foi para um hotel. Quando cheguei lá, notei uns protetores de ouvido na mesa da cozinha. Não pensei nisso até que a casa noturna começou a bombar embaixo de nós à meia-noite e mandou ver na *disco music* até o amanhecer. Steve Lillywhite, que produzia o álbum, estava na sala de controle quando cheguei para começar a gravação, e foi bom ter a presença de alguém que eu conhecia. Eu queria tocar de imediato e logo comecei, usando uma Fender Stratocaster para uma pegada apropriadamente balançada do Talking Heads, e disse a ele para colocar a fita. Steve pôs a primeira música e comentou: "Essa é meio que uma tela em branco".

Fiquei escutando a percussão esparsa e o ritmo da bateria por um tempo, daí a linha de baixo de Tina Weymouth entrou e dois acordes de guitarra, então... isso ia se repetindo. Eu estava esperando uma canção que soasse como Talking Heads, e essa era só um balanço, muito legal, por sinal. "OK", pensei, "relaxa".

— Manda de novo, Steve — eu disse. Me esforcei para tentar conceitualizar uma abordagem para a faixa que pudesse viajar dos meus dedos. "OK, agora... Lá vamos nós", pensei. E... nada. "Que droga, hein?" Eu não conseguia pensar em nada. Normalmente consigo ouvir, se não exatamente o que vou tocar, pelo menos algo, mas não dessa vez. Fiquei perplexo. Mas não queria entrar em pânico. Só havia uma coisa a fazer: deixar o estúdio e pôr minha cabeça no lugar. Saí andando pelas ruas de Paris. "O que você está fazendo?", disse a mim mesmo. "Você perdeu a habilidade." Dei uma volta no quarteirão e depois outra e me ocorreu algo: coloquei um riff nela, um daqueles bons. Estava sendo muito comedido. Precisava dar a minha cara àquele som — afinal, era por isso que eles me queriam ali, para começo de conversa.

Voltei para o estúdio, liguei minha Gibson 335 de 12 cordas e disse a Steve para tocar a fita de novo. A introdução começou, e sem pensar toquei a primeiríssima coisa que me veio à mente. Steve sorriu e fez sinal de positivo, e quando chegou a parte seguinte, mergulhei direto num riff que surgiu sem pensar muito. Era isso. A canção ganhou vida e todo mundo estava balançando. Depois, tudo ficou mais fácil. David acrescentou suas letras e seus vocais brilhantes e a música se tornou "(Nothing But) Flowers". Foi o primeiro single do álbum que se chamaria *Naked*, que sugeri que chamasse *Talking Heads: 88*. Fiz mais três músicas com o Talking Heads. "Ruby Dear" foi gravada ao vivo, com os quatro membros originais e eu na guitarra. Eu não tinha gravado ao vivo com ninguém antes a não ser os Smiths. Era uma curva de aprendizagem, e no que se trata de curvas de aprendizagem, o Talking Heads era um bom começo.

Angie e eu chegamos ao aeroporto Charles de Gaulle para voar para casa. Já estava dormindo em uma daqueles bancos circulares e depois só me lembro de ser acordado com um rifle na cabeça por um policial militar francês aos berros: "Anda, anda — *allez-vous-en*! Vamos evacuar!". Angie me puxou enquanto o policial nos agarrou e nos fez sair rápido, gritando "depressa, depressa!". De repente, houve uma explosão, com vidro voando para todo lado e sirenes tocando em um volume ensurdecedor, e o policial me empurrando para o chão. As pessoas estavam correndo de um lado para o outro. Quando olhei a comoção em volta, vi que a área em que eu estava dormindo tinha sido explodida por uma bomba que estava bem embaixo dela. O tempo parou, e então tudo em que eu podia pensar era em agradecer o policial: "*Merci! Merci!*". Eu esperava ser retirado do aeroporto, mas tivemos que esperar lá até entrar em um avião para Heathrow. Pousamos duas horas depois, e meu técnico de guitarra estava esperando por mim. Entrei no carro.

— Como foi Paris? — ele indagou.

— Bom, bom — respondi. — Os Talking Heads são legais.

De volta ao Reino Unido, todo mundo estava se aproveitando e alimentando o drama da separação dos Smiths e me senti como o inimigo público número 1. Já tinha virado uma saga, e todos pareciam querer que ela continuasse. A cada dia era uma nova carnificina, e eu não sabia mais o que esperar. A história vinha sendo explorada pela mídia pelo que ela valia. Cada movimento meu era mostrado como uma prova de que eu era o canalha ambicioso que odiava os Smiths e tinha profanado o túmulo da galinha dos ovos de ouro ao tocar com Talking Heads e Bryan Ferry, quando eu só estava aceitando convites maravilhosos de ótimas pessoas com as quais realmente queria tocar.

Os outros Smiths ficaram juntos como uma banda com o nome de Morrissey. Achei que fazia total sentido, mas a mídia retratou isso como uma declaração simbólica contra mim pelos outros e usou isso para dramatizar ainda mais a saga. Eu me refugiei na música. Compus algumas canções novas para Kirsty e apareci de surpresa num show em Brixton com o A Certain Ratio para tocar o clássico do Haçienda "Shack Up". Eu estava na casa de Kirsty numa tarde quando recebi uma ligação. Era o empresário de Paul McCartney me perguntando se queria encontrar com Paul para tocar. Não precisei pensar duas vezes, e dentro de poucos minutos recebi um fax com uma lista de velhas canções rock 'n' roll que Paul queria que eu aprendesse.

Eu conhecia "Twenty Flight Rock", de Eddie Cochran, e "Long Tall Sally", de Little Richard, e havia algumas de Buddy Holly e Elvis Presley também. Na semana seguinte, fui a um espaço de ensaio fora da cidade, onde dois músicos, cujos nomes reconheci de álbuns de rock, já estavam lá: Henry Spinetti na bateria e Charlie Whitney do Family na guitarra. Eu era muito mais novo que todos e estava nervoso demais. Conhecia as músicas porque Joe as tocava na Crazy Face, mas nunca de fato as havia tocado antes. Eu ia ter que improvisar. Paul e Linda chegaram, e foi um momento importante para mim e provavelmente um risco ocupacional para eles. Como todo mundo no planeta, eu estava extasiado por conhecer um Beatle, mas também era fã de Linda. Ela era alguém de quem eu gostava desde criança. Admirava o compromisso dela com o vegetarianismo, e porque a considerávamos um exemplo, os Smiths tinham pedido a ela para fazer algo conosco em *The Queen Is Dead*. E agora aqui estava eu com Linda e Paul prestes a tocar. Eles foram simpáticos e agradáveis, e Paul me perguntou sobre como foi tocar com o Talking Heads enquanto ele se preparava. Estar na presença de um Beatle, como todo mundo que já esteve dirá, pode fazer você sentir uma curiosa mistura de expectativa selvagem com leve ansiedade. Acrescente a isso o fato de que eu estava tocando com um dos Beatles aos 24 anos de idade, e você vai ter uma ideia da situação em que me encontrava.

A primeira coisa que notei em Paul McCartney era quanta atitude ele tem assim que pega o baixo. Dá para ver seu total domínio do instrumento. Deu também para ouvir, em volume ensurdecedor, enquanto ele ficava olhando para seu amplificador e mandou uma nota. Foi o melhor som de baixo que já tinha ouvido, e o mais alto. Começamos com "Twenty Flight Rock", que consegui pegar na noite anterior, e tive que me segurar para não gritar "Puta que pariu! Aí está o Paul McCartney, cantando bem na minha frente! Todo mundo tá vendo que é o Paul McCartney... bem na minha frente?". Felizmente, me segurei para não fazer isso, e só tentei tocar e soar o mais autêntico e anos 1950 possível. Em um momento, Paul me perguntou se eu sabia "I Saw Her Standing There", e tentei fazer uma cara séria enquanto respondia "Sim, acho que sei". Então, ele me perguntou como quem não quer nada se eu gostaria de cantar a harmonia. Uma voz em minha cabeça começou a gritar: "Você está se referindo à parte de John Lennon? EU... VOU... CANTAR... A PARTE DE JOHN LENNON?". Mas só assenti e disse: "OK, vou tentar". Quando me dei conta, eu e Paul McCartney estávamos olhando um para o outro cantando "I Saw Her Standing There". Não podia acreditar no que estava acontecendo, mas aproveitei cada momento. Criei coragem e sugeri "Things We Said Today". Ele chamou na contagem e lá fomos nós. Achei que ficou muito boa.

Minha experiência de tocar com músicos lendários diz que, sem exceção, tudo se resume a tocar. Não tem muito essa de ficar sentado conversando e fazendo nada. Toquei com Paul McCartney o dia todo. Quando finalmente fizemos uma pausa, nos sentamos juntos e Paul e Linda me perguntaram o que estava acontecendo comigo. Linda era uma pessoa boa, engraçada, envolvente e interessada de verdade no que eu estava fazendo. Ela perguntou sobre a separação dos Smiths, e fui honesto e falei que era difícil e que em todo lugar que eu ia as pessoas não pareciam querer me deixar livre disso. Ela ouviu com atenção e Paul estava assentindo. O assunto mudou para uma conversa genérica entre músicos, e às vezes Paul exclamava "É, os Beatles fizeram isso no Japão" ou "Isso aconteceu com a gente uma vez", como se fosse a coisa mais natural do mundo, o que para ele era, pois estava só conversando com outro músico. Foi legal conversar com eles, e então me dei conta de que tive uma oportunidade única de obter a visão e o conhecimento de um homem que de fato conhecia minha situação. Alguém que tinha sido definido pela relação com seu parceiro de composição e a separação de sua banda tinha pairado sobre cada movimento seu, independentemente da imensa jornada pessoal e profissional. Se alguém pudesse me iluminar com sabedoria e conhecimento, seria esse homem na minha frente. Então, depois de relatar os detalhes básicos dos últimos acontecimentos, segurei o fôlego e esperei por Paul McCartney me esclarecer. Ele fez uma pausa, esperei, e então ele pausou de novo e disse: "Assim são as bandas". Ao longo dos anos me vi em situação similar quando um colega músico relatava sua história de tristeza e o dilema com sua banda. Pensava em diferentes palavras para falar, mas no final o melhor é dizer: "Assim são as bandas". Ouvi isso de Paul McCartney, e ele sabe uma ou duas coisas sobre bandas.

O ASSUNTO DO MOMENTO

Como todo mundo, fui fã dos Pretenders por muitos anos. Quando o álbum de estreia deles saiu em 1980, James Honeyman-Scott na hora se tornou um dos meus guitarristas favoritos. Eles tinham um estilo moderno e genuinamente rock, e com suas letras e vocais, Chrissie Hynde tinha o som e a atitude de uma verdadeira e excelente vocalista liderando uma ótima banda. Um dia Ken Friedman me ligou. Eu não o via desde o fim dos Smiths – ele não estava por perto quando a banda terminou, pois tinha tirado algum tempo para superar a experiência indo escalar o Himalaia. Acho que empresariar os Smiths pode ser traumático para um homem. Fiquei feliz em saber dele, e estava ligando para dizer que Robbie McIntosh tinha saído dos Pretenders antes do fim da turnê deles e Chrissie queria saber se eu queria me juntar à banda por alguns shows. Era puxado aprender o repertório deles em cima da hora, mas era uma ideia excitante e uma chance de fugir de todo o drama que envolvia a separação dos Smiths e a claustrofobia que eu estava sentindo na Inglaterra. Eu disse que faria e fui encontrar Chrissie em sua casa em Maida Vale.

Ela abriu a porta, sua aparência era exatamente como eu imaginava e usava uma camiseta escrito "Aprendi guitarra em três minutos". Conversamos um pouco sobre Iggy Pop e Mitch Ryder, e ela sugeriu que fôssemos ao Marquee para ver uma banda. Quando chegamos à casa noturna e entrei, tive a sensação de que Chrissie poderia ser uma amiga. Ficamos só uns minutos e depois fomos caminhar pelas ruas do Soho e conversar. Chrissie era alguém que eu conseguia entender. Sua atitude sobre fazer parte de uma banda era positiva e poética. Ela já tivera enorme sucesso, mas via a fama e sua carreira quase como um assunto paralelo ao negócio de verdade que era plugar e tocar. Ela era engraçada e tinha opiniões interessantes sobre muitos temas, e desde aquela primeira noite que nos conhecemos ela me deu muito insumo para pensar.

A turnê começaria na costa oeste dos Estados Unidos, e o primeiro show seria em uma semana. Abriríamos para o U2 na famosa turnê *Joshua Tree* deles, que estava sendo gravada para o filme *Rattle and Hum*. Tive quatro dias para aprender o repertório dos Pretenders, e o escritório deles me enviou fitas VHS de dois shows para analisar. Passei os dois dias e as duas noites seguintes aprendendo as músicas, e então fui a um ensaio para conhecer o resto da banda e a equipe. Todos foram simpáticos, mas eu sabia que eles estavam imaginando se eu seria capaz de dar conta da tarefa que tinha em mãos e de ser bom o suficiente para tocar para 70 mil pessoas. Peguei minha guitarra e olhei para o repertório. Chrissie me perguntou o que eu queria tocar, e escolhi a música "Kid" já que a conhecia desde quando era adolescente e sempre a tocava nas lojas de guitarras. Começamos e soou boa logo de cara. Soubemos que ia funcionar. Meu papel na banda, no entanto, não era apenas o de guitarrista principal. Há muitos backing vocals nas músicas dos Pretenders, que eu tinha que cantar com o baixista, Malcolm Foster. Passamos por todas as partes em detalhes e tocamos um pouco mais e dali em diante eu estava fazendo o vocal de apoio para Chrissie Hynde. Mudanças significativas podem acontecer na vida em poucos minutos, e essa era uma para mim. Chrissie disse que soava legal e que eu poderia fazer, o que já estava bom o suficiente para mim e seria bom o bastante para qualquer um, e foi assim que voltei a cantar.

Voamos para encontrar o U2 na turnê. Meu primeiro show foi no Oakland Coliseum, na Califórnia. Nunca tinha visto tanta gente junta, muito menos tocado para esse número de pessoas, e o vão para as câmeras na frente do palco era tão grande quanto alguns lugares em que eu tinha tocado com os Smiths. Colei pedaços de papel com os acordes das músicas no dorso da minha guitarra, e pensei que era melhor trocar a cédula da sorte no bolso de trás por uma de 20 dólares. Tocamos ótimas músicas, foi incrível, e eu me sentia elevado e a milhas de distância do passado.

Estar em turnê com o U2 abriu meus olhos. Eu nunca havia sido exposto à ambição naquela escala antes, e foi interessante observar uma banda se conectar com uma multidão tão vasta todas as noites. Sempre respeitei The Edge e o considerei um grande guitarrista e alguém que você reconheceria no primeiro segundo que o ouvia tocar. Ele fez questão de entrar no meu camarim toda noite para falar "oi", e era legal ter alguém com quem conversar sobre guitarras. Algo totalmente novo para mim era ter crianças na turnê, isso fez uma grande diferença. Geralmente, bandas em turnê são uma coisa muito masculina e definitivamente não se vê muitas crianças. Chrissie trouxe suas duas filhas, Natalie e Yasmin, e além de ter pessoinhas adoráveis por perto, isso trazia uma sensação de perspectiva e normalidade para tudo, algo com que eu não estava acostumado na estrada. Num minuto, eu estava brincando com duas menininhas ao lado do palco e, em seguida, tocando para um oceano de gente. Era muito agradável e fazia com que a enormidade da situação não ficasse demais.

The Pretenders era uma banda de que todos no mundo do rock gostavam. Os agentes de imigração me perguntavam qual a minha profissão e em qual banda eu estava tocando, e quando eu dizia "The Pretenders" era recebido com um sorriso. Muitas pessoas bem famosas também gostavam da banda, e fui apresentado a alguns fãs muito interessantes. Jack Nicholson saiu com a banda nas duas noites dos shows em LA e Chrissie me apresentou a Bob Dylan. Uma noite ela me disse que tinha convidado um amigo para jantar conosco. Eu estava sentado quando a campainha tocou. Fui ver quem era e Bruce Springsteen estava em pé do lado de fora. Eu, Angie e Chrissie nos esprememos em seu Volkswagen Beetle e ele nos levou para jantar, onde passamos a maior parte da noite falando sobre bandas de garagem dos anos 1960. Ele era ótima companhia e dividiu comigo sua filosofia de que cada ingresso de show vendido é um contrato individual com um fã, o que era um verdadeiro privilégio de ouvir e uma filosofia que nunca esqueci. Toquei mais alguns shows com The Pretenders, indo para a América do Sul pela primeira vez e tocando em estádios que eram maiores do que os que tínhamos tocado com o U2. Chrissie e eu fomos para a Jamaica para um concerto tributo a Bob Marley. Gostei da Jamaica e me dediquei aos costumes locais com desenvoltura, seguindo o ditado "Quando em Roma..." e a máxima "seria rude não fazer", compartilhando com Grace Jones e o restante dos Wailers até que estivesse tão relaxado que não conseguia imaginar como Bob Marley conseguiu escrever as palavras "Get Up, Stand Up", quanto mais fazer o que a letra dizia.

Voltando para Londres, Chrissie se envolveu no trabalho com a PETA, uma organização que defende os direitos dos animais. Foi educativo ver a realidade e o aumento da crueldade contra animais acontecendo no mundo. Ser apresentado a pessoas comprometidas com uma causa e testemunhar sua dedicação altruísta reforçou meu próprio compromisso com o vegetarianismo e me ensinou os valores de tomar uma atitude e defender suas crenças, custe o que custar. Foi bom ser confrontado por questões mais sérias do que o que estava acontecendo na minha vida. Eu tinha ficado emocionalmente ferido pelo ocorrido com os Smiths, e me juntar com Chrissie me ajudou demais. Ela havia experimentado os desafios reais de lidar com a morte de dois colegas de banda, Jimmy Scott e Pete Farndon, e sua atitude me ajudou a colocar minha situação numa perspectiva melhor. Também me fez pensar que devia haver alguma verdade na ideia de que as pessoas certas podem aparecer na sua vida no momento oportuno.

Fiquei um tempo em Londres, e os Pretenders entraram em estúdio com Nick Lowe para gravar duas músicas para um filme. Fizemos a música de Burt Bacharach "The Windows of the World" e "1969" dos Stooges para um single. Acabou sendo um documento perfeito de como os Pretenders soaram comigo na banda. Depois de terminarmos a turnê, surgiu a questão sobre a minha permanência ou não na banda. Esperávamos gravar um disco em algum momento e trabalhamos em uma música no estúdio, mas os Pretenders precisavam de uma pausa de tudo isso. A banda vinha excursionando e gravando fazia alguns anos quando Robbie saiu, e eu cheguei a uma situação que senti que era o fim de um capítulo, quando minha vida estava prestes a começar um novo.

A NOVIDADE

De volta a Manchester, as coisas estavam ficando insanas. Todo mundo tinha uma experiência diferente quando ia ao Haçienda. O lugar ainda ficava meio vazio, mesmo nos fins de semana, mas um ou dois amigos me contaram sobre os momentos incríveis que eles tiveram já que Mike Pickering estava tocando um novo tipo de música de Chicago e eles saíam todas as noites e tomavam uma nova droga, que chamavam de E. Algo importante sem dúvida estava acontecendo: uma nova atitude tomava a cidade e todos estavam juntos nessa.

União não era um conceito totalmente desconhecido na cidade, porque, afinal, fazia anos que íamos a shows e casas noturnas juntos. A diferença era que agora todos estavam cientes dessa união e a valorizavam. Dançar juntos, ir a uma casa noturna juntos, seguir novas modas juntos, andar pela cidade juntos. Um número enorme de pessoas estava nessa onda, o que era incrível e nada mal. Manchester precisava disso, em termos musicais, culturais e sociológicos. Havia paralelos óbvios com o movimento paz e amor dos hippies nos anos 1960, e não apenas devido à presença de uma droga do amor e pessoas dançando com as mãos para cima. Joe sempre dizia que, se o movimento hippie não tivesse acontecido na Grã-Bretanha, a cultura de bebida e agressão dominante daquela época teria tornado impossível sair à noite em

Manchester, tal era a quantidade de violência que se encontraria nas ruas e nas casas noturnas, onde as pessoas estavam começando a carregar correntes e facas.

No começo dessa nova cena em Manchester, ninguém sabia que era um "movimento". Não se chamava "rave" ou "acid house" ainda. Era apenas uma onda novíssima, e significava que uma mudança radical iria acontecer porque tudo que não se encaixava de repente se tornou irrelevante e com data de validade vencida, o que atingiria muito a música rock que rolava e a moda também. Ela permeava tudo, das casas noturnas até a rua, criando uma cultura completa que você abraçava e explorava, ou teria de tentar muito imaginar que não estava acontecendo. As pessoas mudaram as roupas que usavam, bandas mudaram seu som, designers gráficos mudaram sua direção e drogados e alcoólatras mudaram o que ingeriam. A cultura da dance music e do ecstasy era a novidade, e não tinha como negar que ela fez mais feliz muita gente que não era feliz, e algumas pessoas que não eram muito legais de repente ficaram mais legais.

Angie e eu estávamos passando a maior parte do tempo na estrada, indo e voltando com os roadies entre Manchester e Londres, onde eu estava gravando muito com Kirsty. Eu ficava no estúdio alguns dias, depois entrávamos no carro ao final de uma sessão e, não importava hora da noite que fosse, aparecíamos no Haçienda, que de repente começava a ficar mais cheio e alegre até que começou a parecer o centro de um novo universo musical. Na minha mente, o Haçienda sempre foi associado a um mundo digital devido ao som dos discos de música eletrônica que ecoavam de lá quando abriu e por causa da estética visual de Peter Saville que o acompanhava. Eu gostava de tecnologia, principalmente quando era usada para fazer música pop, desde os sintetizadores do Roxy Music e de "You Make Me Feel Mighty Real" do Sylvester até "How Soon Is Now", dos Smiths. Eu estava interessado em máquinas que criavam música desde que o Emulator tinha me mostrado o caminho do futuro.

Me encontrei com Bernard Sumner depois de um show do New Order e do Echo and the Bunnymen em São Francisco – eu tinha ido à Califórnia para me encontrar com os produtores de um filme de Dennis Hopper chamado *As cores da violência*, para o qual fui convidado a tocar na trilha sonora. A última vez que eu tinha visto Bernard foi quando os Smiths e o New Order tocaram no Festival of the Tenth Summer em Manchester e nos reunimos depois do show de São Francisco para colocar o papo em dia. Como eu, Bernard conhecia tudo sobre os altos e baixos de estar em uma banda bem-sucedida de Manchester, e ele também tinha tido uma história um pouco dramática. O New Order vinha gravando e excursionando sem descansar, mesmo depois do Joy Division. Tinham passado pela morte de Ian Curtis e tiveram êxito em se ressuscitarem como uma nova entidade antes de construírem o Haçienda. Bernard tinha chegado em um ponto de sua vida em que queria fazer algo diferente, fora do formato de um grupo, e via em mim um agente livre.

Partimos de onde tínhamos parado, e Bernard me perguntou se eu estaria interessado em compor algumas músicas, o que pareceu uma boa ideia. Tínhamos trabalhado juntos antes quando fizemos o disco de Mike Pickering para a Factory, e embora os Smiths e o New Order tivessem uma abordagem diferente sobre como fazer música, compartilhávamos da mesma sensibilidade, pois vínhamos do mesmo lugar. O New Order tinha mais uns shows para fazer, então combinamos de nos encontrar quando voltássemos para Manchester.

Fui para Nova York para trabalhar no filme de Dennis Hopper. Estava em pé tocando a guitarra, com a produção de Herbie Hancock, quando senti uma presença muito intensa bem atrás de mim. Eu tocava para a cena de um carro de polícia dirigido por Robert Duvall, e enquanto eu fazia isso, Dennis Hopper colocou seu rosto bem ao lado do meu e sussurrou:

– Faça soar como os tiras, cara... faça soar como os tiras. – Continuei tocando enquanto ele vagava pela sala, analisando a ação na tela, depois o que eu estava fazendo e depois a tela de novo. Reuni sons de uivo e de sirenes de um jeito que nunca tinha feito antes. Quando a cena terminou, ele ficou a meio metro de distância e me encarou, completamente sem expressão. Eu o encarei de volta e não disse nada, então ele deu o sorriso mais espetacular e enigmático e disse: — Gosto de você, Johnny.

Eu não tinha a menor ideia do que iria acontecer quando saí dos Smiths. Até onde sabia, eu poderia ter que voltar e começar tudo de novo. Eu não sabia que iria receber uma ligação de Paul McCartney ou Dennis Hopper ou os Talking Heads; só sabia que queria tocar guitarra, o mesmo desejo desde criança. Fiz as sessões simplesmente porque recebi convites interessantes e porque era excelente; eu gostava de gravar discos com pessoas ótimas, então tocar nessas ocasiões pareceu a coisa perfeita a se fazer. Eu não queria estar em uma banda, ou pelo menos pensei que não queria, até Matt Johnson voltar para a minha vida e me convidar para entrar no The The.

Matt me contatou do nada. Ele estava para entrar em uma nova fase depois de *Infected* e, agora que os Smiths tinham terminado, ele foi atrás do pacto que tínhamos feito em 1981, antes de nossos caminhos decolarem em direções diferentes e extraordinárias. Combinamos de nos encontrar em um show de Iggy Pop no Brixton Academy, e foi ótimo vê-lo de novo. No camarim do Iggy depois do show, Matt estava me contando sobre seus planos de lançar uma nova versão do The The, e Iggy, que não perde uma oportunidade, disse: "Vocês estão trabalhando juntos? Vocês deviam fazer algo juntos". Foi a iniciação perfeita, um começo auspicioso sancionado pelo grande homem.

Desde que eu dormira em seu sofá para conseguir um contrato de gravação para os Smiths, tinha acompanhado o que Matt vinha fazendo, e com *Soul Mining* e *Infected* ele fez dois álbuns que eu adorava. O The The não era um grupo convencional; era mais um título ou apelido para o projeto em que Matt estivesse trabalhando, fosse colaborando com músicos diversos, fosse indo atrás dos seus interesses em vídeo e cinema. O plano era montar uma banda para gravar um disco e cair na estrada pela primeira vez. E, além de ser uma oportunidade para trabalharmos juntos, era o momento perfeito. Eu tinha contratado um empresário em Londres chamado Marcus Russell por recomendação de Ken Friedman, e meu escritório então se tornou também o do The The. Eu já morava entre Manchester e Londres, então trabalharia com o The The e depois voltaria para o norte para trabalhar com Bernard quando ele não estivesse com o New Order. Só faltava Bernard e eu decidirmos um nome para o que vínhamos fazendo. Em uma reunião com Peter Saville, ele nos pressionava sobre isso. Bernard olhou em volta na sala e viu que o nome do aparelho de ar-condicionado era "Electronic". Apontou para ele e disse: "Vamos nos chamar Electronic".

O clima com o The The e o Electronic era muito positivo e visionário. Bernard e sua namorada, Sarah, foram morar comigo e Angie enquanto procuravam a casa própria. Eu conhecia Sarah havia muito tempo, e nós quatro nos tornamos muito próximos. Em 1988, todo mundo em Manchester parecia estar passando por um momento de liberação, e não foi diferente para mim. Eu era jovem e me sentia livre pela primeira vez em anos.

Matt Johnson é um dos poucos parceiros que tive com a mesma idade que eu. Somos ambos garotos da classe trabalhadora autodidatas que cresceram na Grã-Bretanha dos anos 1970 de Harold Wilson e Edward Heath e viramos adultos quando o regime de Thatcher cobrou o preço sobre a nossa geração. Enquanto eu estivera ocupado com os Smiths, Matt seguira uma intrépida jornada sozinho, e tinha se colocado em situações extremas física e psicologicamente durante a gravação do seu trabalho mais recente. Ele mergulhou em acontecimentos mundiais e me apresentou para muitas coisas, mais notadamente Noam Chomsky e os ensaios de Gore Vidal. O QG do The The ficava em um prédio antigo em Shoreditch que tinha sido um dia loja de artigos esportivos para homens. Ficava em uma esquina, com Matt ocupando o espaço grande do segundo andar da loja, de forma que passávamos a maior parte do tempo sob um intenso brilho laranja das luzes da rua que nos inundavam pela janela. Durante o dia, o lugar parecia um filme de Hitchcock ou um filme *noir* de detetive dos anos 1950, cheio de suspense. À noite parecia mais como Nova Orleans às 3h da manhã ou *Coração satânico* de Alan Parker, e Matt e eu ficávamos acordados até tarde bebendo vodca e ouvindo Ennio Morricone, Tim Buckley e Howlin' Wolf.

Shoreditch naquela época era um lugar bem degradado e tenso. Às vezes, saíamos no começo da madrugada para um mergulho em King's Cross e voltávamos ao amanhecer, com o trânsito de Londres e as pessoas indo para o trabalho arruinando nossa realidade. Estar no The The também abriu meus olhos para a psicogeografia de Londres, já que nós dois perambulávamos pelas partes da cidade sobre as quais Matt tinha escrito em músicas como "Perfect" e "Heartland":

Beneath the old iron bridges, across the Victorian parks
And all the frightened people running home before dark
Past the Saturday morning cinema that lies crumbling to the ground
And the piss stinking shopping centre in the new side of town
I've come to smell the seasons change and watch the city
As the sun goes down again.[7]

Matt sempre olhava para o mundo em busca de inspiração em vez de ficar só falando de si mesmo. Suas letras evocavam seu ambiente, e eu pessoalmente me identificava com as músicas que estava tocando.

Os outros dois membros do The The eram músicos que eu já conhecia. David Palmer tinha tocado em *Infected* e era requisitado por todos. Eu o conheci quando estava na ABC; era o baterista que todos os bateristas que eu conhecia queriam ser. O baixista era James Eller, que tinha tocado na banda de Julian Cope. Ouvi falar muito dele pelos

7 "Sob as velhas pontes de ferro, pelos parques vitorianos/E todas as pessoas assustadas correndo para casa antes de escurecer/Para o cinema de sábado de manhã que se esfarela no chão/E o shopping center com cheiro de mijo no novo lado da cidade/Vim sentir o cheiro da mudança de estações e observar a cidade/Enquanto o sol se põe de novo". Letra da música "Heartland". (N.T.)

meus amigos, e seria a primeira pessoa que eu teria chamado se estivesse montando a banda. Nós quatro queríamos tocar juntos, e quando finalmente se juntou a nós o tecladista craque chamado D. C. Collard, o The The se tornou muito unido como amigos e também como uma banda muito boa.

Quando foi anunciado que eu tinha entrado para o The The com Matt Johnson, era bastante previsível que houvesse certa negatividade de algumas áreas da imprensa musical britânica. Matt foi chamado para defender nossa colaboração e foi acusado de ter a audácia de acolher um fugitivo dos Smiths. O fato de nós dois mantermos uma crença na missão do The The deixou a milícia independente ainda mais desconfiada, mas a mesquinharia nos galvanizou. Estávamos comprometidos com o que estávamos fazendo e achávamos que as pessoas que de fato compravam discos e iam a shows iriam gostar do que estávamos fazendo. Elas gostaram: o álbum que gravamos, *Mind Bomb*, entrou no top 5 e os shows tiveram ingressos esgotados em todos os lugares.

O primeiro som que gravamos foi uma música chamada "The Beat(en) Generation", que se tornou o primeiro sucesso no top 20 de Matt. Quando gravamos a faixa de abertura do álbum, "Good Morning, Beautiful", uma história de um satélite se dirigindo ao nosso planeta e uma exposição da autodestruição da humanidade, fizemos no meio da noite, tendo ingerido drogas psicodélicas por vários dias. Quando liguei minha guitarra, Matt se aproximou de mim com um ar conspiratório, com os olhos esbugalhados, e disse:

— Você consegue fazer soar como se Jesus estivesse se encontrando com o diabo? — Seu pedido fez todo o sentido para mim e reuni a resposta apropriada, que ele seguiu vociferando de forma demoníaca em um velho microfone de blues. *Who is it? Whose words have been twisted beyond recognition in order to build your planet Earth's religions? Who is it? Who could make your little armies of the left and your little armies of the right, light up your skies tonight?*[8] Ficou maravilhoso.

No The The, tive a liberdade de tentar qualquer coisa e fui incentivado a fazer o que não tinha feito antes: usar fuzz, ruídos industriais e ecos radicais; todos empregados no espírito da experimentação.

Em contraste com a intensidade do The The, estávamos muito decididos a nos divertir, quanto mais infantil a atividade, melhor. O AIR Studios ficava em andares bem altos da Oxford Street, a rua mais agitada de Londres e sempre cheia de consumidores e turistas. Toda manhã, Matt comprava seis quilos de tomates passados e competíamos para ver quantas pessoas acertávamos. Não nos contínhamos e não fazíamos distinções. Atingimos mulheres, homens de negócios, crianças e aposentados. Fazíamos muito isso, e quanto mais fora do controle ficava, mais engraçado era. Eu ria até meu rosto doer. Era o melhor passatempo que alguém já tinha inventado em um estúdio de gravação.

Como Matt tinha feito muitos sons abstratos e o que era conhecido como "textural" em seus discos anteriores — tocando teclado com pedais de efeitos antigos que alteravam radicalmente a natureza dos sons das coisas, junto com algumas técnicas de estúdio —, tive que inventar maneiras de reproduzi-los na guitarra quando por fim saímos em turnê. Era um desafio tentar fazer esses sons diversos. Lembrei de uma citação de um antigo guitarrista que dizia que todos os músicos atingem um platô criativo onde já aprenderam tudo o que tinham para aprender e param de se desenvolver, algo que me atingiu como uma ideia muito deprimente. Sempre quis continuar melhorando e aprendendo meu ofício, mesmo que precisasse me isolar para isso. Quando me juntei ao The The, minha técnica de guitarra melhorou consideravelmente. Aprendi tudo que podia sobre novas tecnologias de guitar-

8 "Quem é? Quais palavras foram distorcidas para além do reconhecimento a fim de construir as religiões do nosso planeta Terra? Quem é? Quem poderia fazer seus pequenos exércitos da esquerda e seus pequenos exércitos da direita, iluminar o céu esta noite?" (N. T.)

ra: dispositivos de programação, filtros, modulação, efeitos reversos e qualquer forma de mudar o som com pedais, algo que entendi como "produzindo com seus pés" e que se tornaria inestimável no futuro.

O The The viajou pelo mundo, e finalmente fui para o Japão e a Austrália. Eu tinha 25 anos e estava a milhares de quilômetros de distância de onde eu tinha estado como membro dos Smiths. Senti que tinha voltado a ser a pessoa que fora antes, em um novo lugar, tendo novas experiências, em uma nova situação. Na Grécia, tocamos na Acrópole, em Atenas. Acabei ficando sob o sol dando entrevistas o dia todo e tive insolação. Não fazia ideia de como a insolação é desagradável. Estava enjoado e alucinando quando entrei no palco, e depois de ficar parado como um poste durante a primeira música, Matt veio até mim e perguntou se eu estava bem.

— Estamos na Acrópole, Matt? — perguntei.

— Sim — ele disse, rindo.

— Ah, bom — eu disse. — Está bem, então. — E continuei o show.

O The The fez shows por um ano quando aconteceu uma terrível tragédia. O irmão mais novo de Matt, Eugene, se deitou na cama um dia reclamando de dor de cabeça e morreu de repente aos 24 anos. Foi devastador. A banda toda tentou dar apoio a Matt e sua família, mas nos sentimos inúteis e foi desolador ver meu amigo ter que lidar com uma catástrofe dessas. Paramos a turnê por um período curto e depois a retomamos. Não sei como Matt conseguiu, mas passou por tudo isso e no final gravamos um show no Royal Albert Hall chamado *The The Versus the World*, que capturou a banda como ela de fato era naquele momento.

Brierley Avenue, 19, Ardwick. Eu tinha consciência de que era um garoto do interior.

Com meus pais. Ardwick, 1967.

Membros d'A Tribo, em algum momento dos anos 1960. Minha mãe e meu pai são o segundo casal da esquerda.

Minha mãe e meu pai em uma de suas saídas pela cidade.

Claire e eu depois que ganhei minha primeira guitarra. Minha irmã era um doce, desde que não mexessem com ela.

Sala de artes na escola St. Augustine, 1977. Andy Rourke era o único outro moleque do meu ano com um corte de cabelo que fugia às regras.

Claire após voltar da escola. Está sorrindo porque é sexta, dia de sair para dançar.

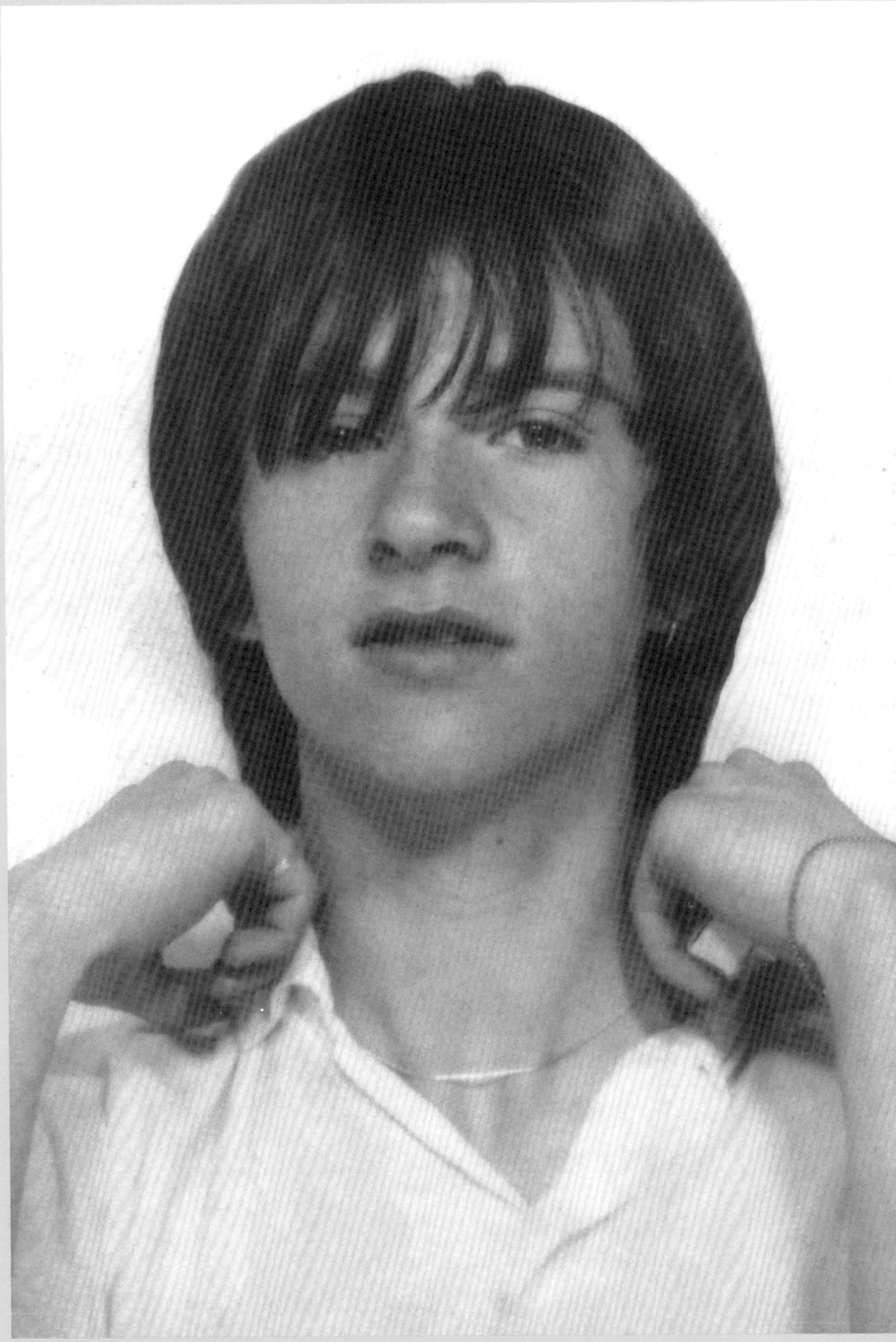

Fora da escola mais uma vez, aos 14 anos. Logo após o show da Patti Smith, 1978.

Acima: Com meu irmão, Ian, em 1979, após eu ter entrado para o Sister Ray.

Abaixo: Billy Duff com sua camisa punk cor-de-rosa que ele deixou atrás do amplificador para mim.

Acima: De volta à casa dos meus pais pensando em uma nova forma de compor.

Abaixo: Logo após Angie e eu termos nos conhecido. Angie estava a fim de uma aventura.

Trabalhando na X-Clothes.
Estão olhando o quê?

À esquerda:
Prontos para ver Iggy.

Na página ao lado:
Com Angie em uma noite no Ritz, em Manchester, 1980. Ela era tão bonita e superdescolada.

Uns dias depois de eu ter batido na porta de Morrissey. Estava usando jeans baggy Levis dos anos 1950 com botas de ciclismo.

Acima: Si Wolstencroft. Morrissey e eu pensamos que tínhamos achado nosso baterista. Ele era bom e tinha o visual certo.

À direita: No Drone Studios, no primeiro dia da formação oficial do The Smiths tocando juntos. É uma tremenda ironia que a primeiríssima coisa que os Smiths fizeram quando se juntaram foi começar a rir incontrolavelmente.

Acima: Joe Moss acreditava cegamente em mim e na banda.

À esquerda: Tínhamos a mesma obsessão e dedicação.

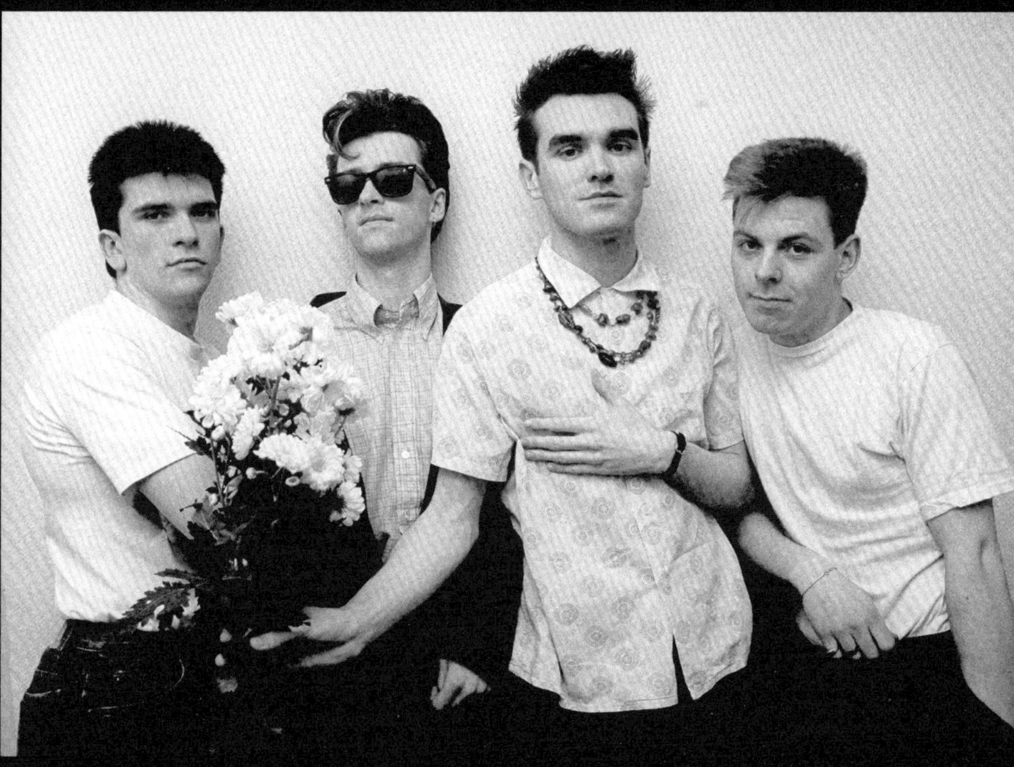

A primeira imagem famosa dos Smiths. Vestindo o casaco de couro preto que tinha comprado quando trabalhava na Ivor e os Ray-Ban que peguei na X-Clothes.

Comecei a pensar sobre como as garotas Perry andavam na cidade.

Acima, à esquerda: Com Andrew Berry em Earls Court. Sempre tive um melhor amigo

Acima: The Ronettes me inspiraram a levar as coisas a um nível completamente novo

À esquerda: Earls Court, 1984

Abaixo: Prestes a subir ao palco com a Gibson 355. Bélgica, 1984

Acima: Um jovem fã se propôs a escalar a barreira de ferro. Antes que alguém pudesse impedir, havia uma multidão dançando conosco.

Na página ao lado: Adorei a turnê nos EUA em 1985.

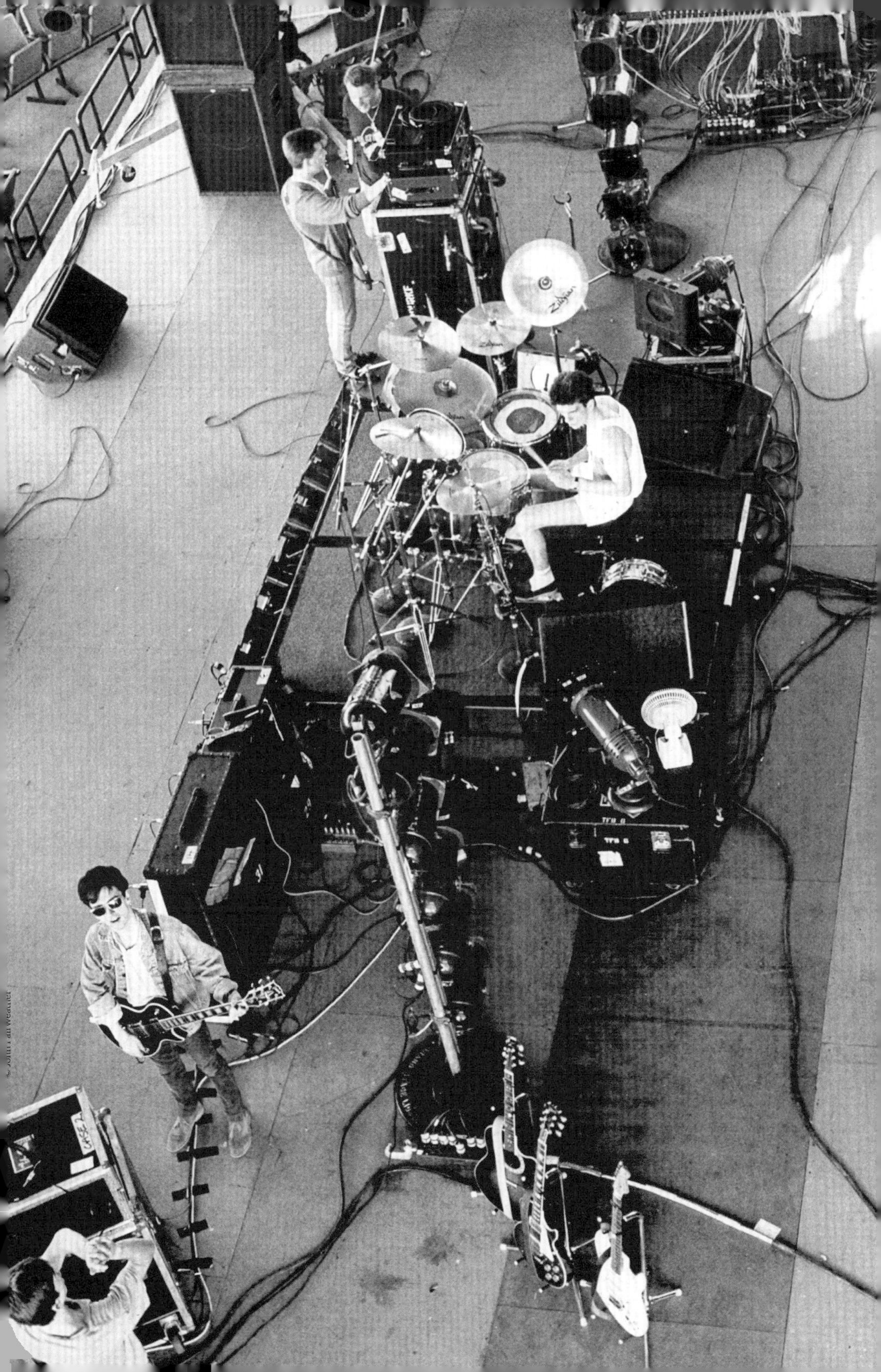

Oxford, 1985, aos 21 anos. Levei a sério meu papel de produtor da banda.

Acima: Na estrada, 1984.

À direita: Eu tinha uma relação íntima com meu parceiro de composição, que eu amava, tinha uma namorada que era o amor da minha vida e achava que minha banda era a melhor do mundo.

Les Paul vermelha.
Passagem de som, Paris.

Após o embate com os executivos da Warner nos bastidores em LA.

As turnês estavam perdendo o encanto para mim.

Acima: Ajustando o som com meu roadie, Phil, e nosso técnico de som, Grant Showbiz. Nova York, 1986.

À esquerda: Bastidores. Turnê norte-americana, 1986.

O sinal de alerta. Precisei verificar se ainda estava vivo.

Kirsty MacColl. Uma das maiores amizades que tive na vida.

The Wool Hall. A gravação de *Strangeways* foi uma época iluminada. Foi o meu elemento, e então algo mudou de repente.

© Jeff Katz

Na página ao lado, acima: The The. Da esquerda para a direita: eu, James Eller, David Palmer, Matt Johnson.

Na página ao lado, abaixo: Meu estilo de guitarra funcionou com os The Pretenders e Chrissie me fez pensar em muitas coisas.

Acima: Com Matt Johnson no topo do World Trade Center. Matt e eu cumprimos nosso pacto.

Abaixo: Nile e Sonny, 1996.

À esquerda: Meu reencontro com Billy Duffy na estreia do Electronic no Dodger Stadium.

Abaixo: Electronic. Todo mundo estava passando por um momento de liberação.

Joe cuidou de mim desde os meus 18 anos.

© Loren Jansch

Com Bert Jansch, 2003. A gente se comunicava quando tocava guitarra.

Acima: The Healers.
Ardwick Green Park.

Dr. Johnny,
The Night Tripper, 2003.

À esquerda: Modest Mouse. A melhor época da minha vida. Tom Peloso, Joe Plumber, Jeremiah Green, Eric Judy e Isaac Brock.

À esquerda: Eu?... Estou ocupado!

Abaixo: Nosso carnaval com uma balalaica náutica para sabe-se lá onde.

The Cribs. Tive que me concentrar para não ser carregado pelo ciclone que passava ao meu lado.

A música pop não fica mais poderosa que isso.

© Dan Massie

The Messenger, 2013.

Com Angie. Ivor Novello Awards, 2010.

© Pat Graham

Minha banda. Iwan Gronow, Jack Mitchell e James Doviak.

David Cameron, pare de dizer que é fã dos Smiths. Não, você não é. Te proíbo de gostar da banda.

A experiência não pode ser substituída.

© Lawrence Watson

Tocando no álbum de Noel, *Chasing Yesterday*, em 2014. Era óbvio que tínhamos uma ideia e que tínhamos que segui-la.

© Marc McGarraghy

Ser a melhor banda ao vivo parecia uma boa ambição.

© Niall Lea

GET THE MESSAGE

Era só eu e Bernard Sumner no estúdio quando o Electronic começou a trabalhar; sem produtores, engenheiros de som nem outros músicos. Andávamos pra lá e pra cá, ligando as coisas, e fizemos tudo nós mesmos. Não tínhamos nenhuma estratégia a não ser criar algo novo, e para mim isso significava um mar aberto de possibilidades. Eu via o trabalho com Bernard como uma oportunidade de experimentar com música eletrônica e aprender o quanto pudesse sobre trabalhar com máquinas. Eu queria programar batidas de bateria e compor o máximo de *synth pop* em sua essência, sem me preocupar com o que fossem pensar. Bernard achou que eu estava louco por ir contra minha natureza, e nossas conversas eram sempre assim:

Ele: Põe uma guitarra aí.
Eu: Não.
Ele: Põe uma guitarra aí, Johnny.
Eu: Não precisa.
Ele: Mas todo mundo vai me culpar, dizer que é por minha causa.

Trabalhamos continuamente por um ano intercalando com os trabalhos com o The The e o New Order, gravando muitas ideias até que tivéssemos nosso método de composição. Eu começava uma canção com uma ideia para um verso no sintetizador, e Bernard fazia sugestões.

Depois ele assumia a parte seguinte e vice-versa. Outras vezes um de nós tinha uma ideia para a música toda e o outro ajudava a concretizar. Apesar da minha vontade de fazer o contrário, eu ainda tocava guitarra nas músicas, mas geralmente depois que tivesse tentado fazê-la soar como um sintetizador. Naquela época, para mim era importante e necessário fazer coisas diferentes daquelas pelas quais eu era conhecido. É prerrogativa de qualquer artista não querer ficar se repetindo. Ao contrário das artes visuais, é um dos aspectos mais estranhos da cultura pop que se espere sempre que músicos tentem repetir aquilo que lhes trouxe sucesso, o que para mim é tão absurdo quanto esperar que David Hockney continue fazendo pinturas *splash* pelo resto da vida.

Bernard e eu genuinamente não tínhamos previsto quanto a imprensa nos perguntaria "Os Smiths vão voltar?" e "O New Order está se separando?".

Meu novo parceiro gostava bastante das músicas dos Smiths e respeitava o que tínhamos feito, mas ele não dava a mínima para esse tipo de fofoca ou a mídia em geral e não queria bancar uma persona indiferente, mesmo tendo sido um líder bem-sucedido por muitos anos. Sua filosofia era fazer a música acontecer e aproveitar aquilo pelo que você tinha trabalhado, tentando não deixar os aspectos destrutivos da fama afetarem sua sensibilidade ou seu mundo interior. Amém, irmão.

Construir meu próprio estúdio foi o passo seguinte, e eu estava muito entusiasmado com isso. Podia fazer o que quisesse e ir lá quando quisesse, o que significava estar lá o tempo todo. Quando Bernard saiu por uma semana, em uma tarde ensolarada me vi mexendo com um som de baixo que eu tinha sampleado de um disco antigo de soul. Estava brincando com ele e surgiu algo muito bom. Programei uma batida, e com a faixa rítmica rolando já soava perfeito e eu sabia exatamente como a guitarra seria. Toquei alguns acordes num violão de 12 cordas e acrescentei um arranjo de cordas. Antes que percebesse, tinha uma faixa instrumental que era diferente de tudo que tinha feito ou ouvido antes. Na noite do sábado, quando Bernard voltou, havia muitas pessoas na minha casa antes de irem para o Haçienda. Joguei a nova música entre os outros discos que estavam tocando e disse para Bernard:

— O que acha da nova demo?

Ele me olhou curioso e disse:

— Isso somos nós? É mesmo? — Foi um grande momento. Tocamos a faixa algumas vezes e todos estavam adorando. — Chame de "Get the Message" — ele falou.

Ter muitas pessoas na cena permeava muito do que fazíamos. Tanta festa acontecia que era incrível que conseguíssemos fazer algo, mas isso refletia totalmente os tempos e isso tudo direcionava para nosso novo disco. Sempre haveria uma reunião como aquela em algum lugar antes de todos irem para o Haçienda. Íamos para a cidade e nos rendíamos à folia, ouvindo a nova música que era excelente e estava ficando cada semana mais influente. 808 State, The Stone Roses e Happy Monday estavam todas no nosso território, e Manchester era o centro de tudo.

Em algumas noites, eu ficava trabalhando no estúdio quando a noite estava bombando. Cerca de 5h da manhã, meu irmão Ian telefonava para me avisar que uma gangue de malucos sob os efeitos de ecstasy estava saindo de uma festa em Moss Side e indo para a minha casa. Ian era o Protetor da Vibe, afastando os tipos errados de pessoas que me tivessem em seu radar e se certificando de que eu não fosse importunado. Ele só tinha 16 anos, mas era esperto e protegia o irmão mais velho.

Logo depois que o Electronic se formou, recebi uma mensagem por um amigo que Neil Tennant estaria interessado em trabalhar conosco e que talvez poderíamos gravar algo com o Pet Shop Boys. Nós amávamos os discos do Pet Shop Boys, e no dia que era para Neil e Chris Lowe virem ao meu estúdio, comecei a trabalhar em uma ideia que parecia o refrão de uma música. Quando Neil e Chris chegaram, todos trabalhamos na ideia até que, por fim, conseguimos uma faixa de apoio para Neil levar; ele escreveu a letra e aquilo virou "Getting Away with It". Fomos ao Haçienda naquela noite e todos nos reunimos no dia seguinte para compor outra canção: "The Patience of a Saint". Foi uma colaboração interessante e bem-sucedida que era exatamente o que Bernard e eu tínhamos previsto para o Electronic quando falamos sobre uma nova forma de fazer as coisas pela primeira vez, e era o começo de uma relação criativa entre mim e o Pet Shop Boys, que iria durar muito tempo.

O impacto da cena de Manchester podia ser visto no país todo já que cada vez mais pessoas se dirigiam à cidade para participar da experiência "Madchester"[9]. De repente, era a coisa mais descolada do mundo fingir que você vinha das áreas mais carentes da cidade e falar como se mal tivesse frequentado a escola e tivesse passagem pela instituição para menores infratores. Infelizmente, muitas pessoas começaram a agir daquela maneira também, o que foi um efeito colateral da cena e achei decepcionante. Por vir das regiões mais pobres da cidade, eu tinha visto as aspirações das pessoas da classe trabalhadora, e de repente havia esses tipos andando por aí usando sua falta de oportunidade como uma medalha de honra. Isso era confuso para mim e uma regressão para pessoas comuns. Talvez fosse para jogar os holofotes sobre as pessoas de Manchester, mas isso também desvalorizava aquilo pelo que alguns vinham trabalhando sua vida toda, isto é, o orgulho e a vitória de se erguerem por meio de melhoria e disciplina. O que tinha começado como algo autêntico estava virando um estereótipo deprimente do nortista, que atrasou a imagem da classe trabalhadora do norte em 40 anos e criou o temido fenômeno cultural que é o "Homem de Man", ou o cidadão profissional de Manchester. Havia inclusive pessoas que fingiam ser de Manchester, o que duvido que tivesse acontecido antes.

Um novo e muito mais sério aspecto dessa cultura também começava a se apresentar. As oportunidades econômicas do comércio da nova droga geraram extrema violência, e a união que existia no começo virou mordacidade. Gangues começaram a dominar e se autointitularam

9 Madchester é o nome do movimento musical ocorrido em Manchester da década de 1990, cujos maiores expoentes eram as bandas Happy Mondays, The Charlatans e Inspiral Carpets. O trocadilho usa o significado de *mad* (louco) em associação à loucura provocada pelo uso de drogas, que era cada vez mais intenso na cidade. (N.T.)

reis da vida noturna, principalmente no Haçienda, que nessa época era a casa noturna mais notória no mundo. Manchester tinha virado Gunchester[10]. Era um dilema para Bernard, um dos sócios do clube, e me vi em alguns encontros com pessoas duvidosas que eram parte de um mundo no qual eu não estava interessado.

Uma noite, parei do lado de fora do Haçienda e dois tipos que eu sabia que faziam parte de uma das gangues se aproximaram e se ofereceram para estacionar meu carro. Não tinha serviço de valet no Haçienda, mas eu sabia que recusar não seria uma boa e aceitei. Mais tarde, quando estava saindo, um deles se aproximou de novo e disse: "Espere aqui, vou pegar seu carro para você". Esperei na rua e apareceu meu carro, que era um conversível, com a capota abaixada e dois gângsteres dentro dele. Eles pararam e saíram. Quando entrei no carro, eles se sentaram no capô e um deles disse:

— Tudo certo, John? Só queria bater um papo.

"Uh-oh", pensei.

— Como estão as coisas, cara? — falou, sorrindo ainda sentado no carro.

— Ah, ótimo — respondi, tentando não soar antipático embora o mais distante que conseguia diante das circunstâncias. — O que tá pegando?

— Só queríamos dar uma palavra — ele rebateu — sobre o show no G-Mex. — Eu não fazia ideia do que ele estava falando. — Estamos armando um show no G-Mex... vocês e os Mondays.

— Não sei nada sobre isso — lancei, sem saber onde a conversa iria levar e tentando montar um plano na cabeça o mais rápido possível.

— É, estamos incluindo vocês. Serão a atração principal, não se preocupe com nada — ele continuou. — Temos toda a publicidade resolvida e conseguimos alguns DJs.

Nessa hora, saquei o que tinha acontecido e mandei esta:

— Ah... certo. O que rola é... Eu toparia, claro... mas é o Bernard, sabe. Ele não gosta de tocar ao vivo... Odeia, na verdade.

---

10 Gunchester é o apelido que a cidade ganhou na década de 1990 devido à intensificação de crimes, como tráfico de drogas e uso armas de fogo (*gun* = arma). (N.T.)

"Muito bem, menino Johnny", disse para mim mesmo, "problema resolvido".

Infelizmente, meu novo amigo no carro estava bastante acostumado com tramoias e já estava bem na minha frente.

— Não, fechamos com Barney. Ele tá muito a fim de fazer. Mandou falar com você sobre isso.

Eu sabia que era conversa e meu instinto agiu e me disse para começar a jogar conversa fiada.

— Bom, olha só, é que... temos poucas músicas... e elas são muito complicadas de fazer só nós dois, sabe. — Assim que comecei a falar dessa maneira, o jeito dele mudou de apreciação para desprezo. Vi minha oportunidade. — A gente ia precisar de muitos samplers, sabe? Samplers, para o som, e... equalizadores, sabe? Equalizadores gráficos... com discos midi e rígidos, muitos discos rígidos.

O Sr. Turma da Gangue parecia todo desconcertado, como se tivesse acabado de perceber que eu era um artista arrogante e não um dos camaradas. Pude ver que ele ficou decepcionado comigo e deve ter pensado: "Esse Johnny Marr é esquisito pra caralho".

Dei partida no carro e tentei parecer estar desapontado sobre as histórias dos discos midi e rígidos, e com uma resignação do tipo "Desculpa aí, talvez da próxima vez, galera" pisei no acelerador e arranquei o mais rápido que pude. De volta para casa, contei para Angie, Bernard e Sarah sobre isso e como eu tinha sido brilhante ao nos salvar de um apuro bem delicado com uma das gangues. Bernard ouviu e disse, sério:

— Acho que parece legal, talvez devêssemos tocar.

"Getting Away With It" foi o primeiro single do Electronic e apresentava Neil Tennant nos backing vocals. Foi lançado em dezembro de 1989, antes do nosso primeiro álbum, que sairia pela Factory Records, um gesto de respeito da minha parte para com Tony Wilson e algo que Bernard fez por lealdade ao selo. Nos Estados Unidos, tínhamos um contrato com a Warners por causa dos Smiths e do New Order. Certa noite, recebi uma ligação de um dos diretores da gravadora na costa leste para dizer que ele iria se encontrar com Morrissey e que eu deveria considerar retomar as atividades com meu antigo parceiro. Quando educadamente recusei, ele disse "Seria melhor para o Electronic se você reconsiderasse". Eu nunca soube o que motivou a ligação, mas a julguei inapropriada num momento em que eu estava trabalhando em algo potencialmente lucrativo para o selo.

A popularidade de "Getting Away With It" me surpreendeu e ela se tornou minha música de maior sucesso nos Estados Unidos. Com ela, veio a reputação do Electronic como uma "superbanda", um gancho explorado pela imprensa que compreendíamos — afinal, éramos, ou tínhamos sido, membros do The Smiths, New Order e Pet Shop Boys. Mas estávamos desconfortáveis também, já que o rótulo de supergrupo geralmente evocava uma imagem de rock stars entediados e autoindulgentes que só se reuniam quando a limusine vinha buscá-los. O Electronic estava bem longe disso. Trabalhávamos no estúdio todos os dias e nos considerávamos mais parecidos com músicos de casas noturnas lançando discos de 12 polegadas em selos brancos independentes, ou o novo tipo de grupo que estava surgindo, como Mark Moore's S'Express, de que eu gostava muito. Também me sentia inspirado por Brian Eno, que não parecia colocar quaisquer limitações no que fazia e em como fazia as coisas, e seu método de usar o estúdio como um instrumento era uma ideia que eu estava interessado em levar o mais longe que pudesse.

Em agosto de 1990, o Electronic tocou seus primeiros shows com o Depeche Mode no Dodger Stadium em Los Angeles para 80 mil pessoas em cada noite. Quando chegamos ao aeroporto, fomos recebidos por um comitê de cavalheiros de Manchester que eu conhecia das casas noturnas. Eles se incumbiram de embarcar em uma viagem a campo e formar nossa comitiva pela duração da turnê, só tirando o olho de nós para "ver o que tava rolando em Compton", que eles conheciam de clipes de rap e decidiram que era o lugar de maior interesse cultural no Estado Dourado. Quando chegamos em LA, descobrimos que o Happy Mondays também estava na cidade, gravando o álbum *Pills 'n' Thrills and Bellyaches*, e Sunset Boulevard de repente foi invadida por rapazes e moças de visual inusitado, todos embalados em ecstasy, usando tênis Travel Fox e calças boca de sino de 55 centímetros.

Nos primeiros shows, reunimos uma turma de amigos para tocar conosco, e levei Ian para trabalhar como um faz-tudo. Ter meu irmão comigo foi ótimo. Ele tinha acabado de sair da escola e nós sempre fomos muito próximos. Ian sabia tocar bateria, guitarra e baixo, mas nunca de fato quis ter uma banda. Ele é extremamente consciente, e o fato de trabalharmos juntos significava que minha família estava mais diretamente envolvida no meu mundo de novo.

As duas noites no Dodger Stadium foram uma estreia brilhante, e o Pet Shop Boys tocou duas músicas conosco. Na segunda noite, Bernard, que tinha saído para comemorar na noite anterior e esqueceu que teria de tocar de novo na seguinte, estava na maior ressaca. Ele chegou em mim durante umas das músicas e disse, sério: "Esse é o pior momento da minha vida". Tudo bem, Bernard... Oba! Uhu! Ele sobreviveu e fez um trabalho memorável até. Aqueles dois primeiros shows do Electronic foram os meus favoritos da banda.

Todos que conhecem Bernard Sumner, ou têm bastante informação sobre ele, sabem que ele gosta de barcos a vela — barcos grandes, iates. Eu nunca tinha tocado com ninguém que velejasse, e conforme o tempo foi passando, ficou claro que eu provavelmente me juntaria a ele — ou eu fazia isso ou Bernard continuaria se referindo a mim como "Sr. Estúdio" e "Sr. Cronicamente Insociável". Eu ficava intrigado com a ideia de velejar. Eu, Angie, Bernard e Sarah, sozinhos num iate, no meio do mar.

O que poderia dar errado? Eu achava que Bernard era muito bom, já que ele passava tanto tempo fazendo isso, pensando nisso e lendo sobre isso, mesmo no estúdio de gravação.

A primeira vez que velejei com ele foi em Lake District, na Inglaterra. Estava chovendo demais, ventando muito e todo mundo pensou que eu odiaria, mas quando zarpamos e fiquei na proa com a chuva caindo em cima de mim, adorei. Nós quatro velejamos muito: pelo Mediterrâneo, pelo Caribe, pela Califórnia. Ao lidar com o oceano, aprendi que, além de manejar uma embarcação de quase 20 metros em mar aberto, velejar também é uma grande aprendizagem de aceitação e atenção plena. Você tem que aceitar que é a natureza que está no comando e que ela é uma força muito maior que você, não dá para ludibriá-la ou dominá-la. Se você não obedecer, terá sérios problemas, e mesmo que obedeça, ainda tem que ser bem vigilante e prestar atenção.

Em Hamburgo, Bernard e eu decidimos conceder as entrevistas do dia enquanto velejávamos no lago em um barco pequeno com uma vela. Os jornalistas apareceram, esperando uma discussão intensa e profunda sobre os Smiths e o New Order, mas tiveram que tentar ficar tranquilos enquanto balançavam na água e abaixavam a cabeça para evitar serem atingidos toda vez que decidíamos virar, que era sempre quando eles faziam uma pergunta sobre os Smiths ou o New Order. É assim que se dá entrevistas.

Como no Electronic éramos só nós dois, o que significava que Bernard e eu acabávamos viajando muito juntos, e se você viaja muito com alguém que tem medo de avião, acaba ficando com medo também. Peguei meu medo de avião do Morrissey. Sempre nos sentávamos juntos nos aviões e ele odiava voar. Nas minhas tentativas de acalmá-lo, acabei ficando superconsciente de cada sinal de turbulência, já que ele se agarrava ao assento ou a mim, até que fiquei pior do que ele. Billy Bragg também odiava voar, e ele não ajudava em nada. Um dia, em um voo para São Francisco, quando cometi o erro de pedir a ele tranquilizantes para Morrissey, ele disse:

— Tranquilizantes não vão ajudá-lo, já que estamos nos chocando com nosso destino, John. Você sabia que, quando um avião atinge o mar, o impacto é o mesmo de atingir o concreto?

— É... não, Bill, não sabia — falei, de repente ficando mais nervoso.

— Só estou falando — acrescentou Billy —, e não esqueça que estamos dentro de um tubo de metal pressurizado pairando a 9 mil metros de altitude. Não é natural. Vai um amendoim?

Qual era o problema desses caras, esses bardos da Inglaterra? Foi uma das desvantagens da minha empatia com vocalistas ter assimilado algumas de suas peculiaridades, e minhas experiências como viajante internacional foram arruinadas por um terror hediondo até que superei isso, não antes de transmiti-lo para Bernard Sumner.

Apesar de muitos anos de viagens bem-aventuradas com o New Order, Bernard agora estava em uma banda comigo, e o Electronic voava bastante. Atingimos o ápice quando fomos para as Filipinas gravar um vídeo e tivemos que voar num helicóptero várias vezes sobre um vulcão para obter uma imagem aérea dramática. Descobrimos que iríamos voar em um helicóptero militar, o que significava que não tinha portas, e meio como um soldado de cavalaria, ávido para provar que, ao contrário de mim, ele não era um completo covarde, Bernard heroicamente me deixou sentar no meio do banco de madeira, com ele numa ponta e a câmera na outra. Quando a aeronave subiu e ficou pairando meio instável acima do chão, vi no rosto dele algo que nunca vira antes: pavor. Por algum motivo, achei o desconforto de Bernard muito, muito engraçado e isso me deu uma crise de riso incontrolável, e quanto mais agudo ficava seu desconforto, mais engraçado se tornava quando nos aproximávamos de topos de árvores e sobre a floresta onde foi filmado *Apocalypse now*. Eu estava me divertindo muito, uivando e gritando, adorando a experiência. Percebi que Billy Bragg tinha razão sobre um tubo de metal pressurizado no ar não ser algo natural. Mas aqui estava tudo bem: para mim não tinha nenhum problema a ausência de portas, o ar entrando e as hélices zumbindo na nossa cabeça — na verdade, era muito bom. Bernard, no entanto, tinha sentimentos muito diferentes, e ficava rezando para acabar logo, com uma expressão tanto de completo terror quanto de total ódio da minha histeria. "Caralho! Caralho!", ele gritava. Achei que fosse morrer de rir. Desde aquele momento eu nunca mais tive problemas em uma aeronave. Não importa a dificuldade da situação. Curto voar. Obrigado, Bernard, você é o cara.

"Get the Message" foi um single do qual tive muito orgulho. Ouvi a versão final pela primeira vez em um trem-bala de Tóquio para Osaka uma noite depois que fiz um show com o The The. Angie tinha chegado com a fita da mixagem dos novos vocais que Bernard tinha feito e estava animada para que a ouvisse porque sabia que eu ia amar. Me sentei na poltrona mal iluminada na estação de trem de Tóquio, e quando ele partiu para Nagoya, coloquei a música para tocar, e o vocal meio falado entrou — *I've always thought of you as my brick wall, built like an angel, six feet tall*[11] — fiquei embasbacado. Eu não sabia o que era, mas sabia que tínhamos feito algo completamente singular. Não era The Smiths, não era New Order, éramos nós, e era muito legal.

Pelo fato de não sermos uma banda da maneira tradicional com músicos permanentes, o Electronic não excursionava, o que foi mais uma decisão minha. Promovíamos nossos discos dando entrevistas, e eram muitas. Eu pegava um avião para uma cidade na Europa ou nos Estados Unidos e passava o dia todo conversando com a imprensa, e depois voava para a cidade seguinte, e depois outra e assim por diante. Era intensivo e sempre nos faziam as mesmas perguntas, mas conseguíamos não ficar

11 "Sempre pensei em você como meu muro de tijolo, construída feito um anjo, um 1,80 metro de altura". (N. T.)

loucos. Nossa decisão de não excursionar era em parte porque ambos tínhamos feito muito isso recentemente com o The The e o New Order, mas principalmente porque eu curtia muito gravar discos, e se você desse a alguém como eu a oportunidade de passar em um estúdio o máximo de tempo que conseguisse, era isso que eu iria escolher. Eu participava de sessões de gravação desde o início da minha carreira e tinha tocado em discos de outras pessoas todo o tempo em que estive nos Smiths. Considerava um dos privilégios da minha vida poder colaborar com alguém que eu respeitava e contribuir para seus discos com meus sons e ideias.

Eu vinha visitando Billy Bragg no estúdio quando soube que ele estava com a ideia de fazer algo meio reggae e meio na linha de "Louie, Louie", com algumas frases interessantes sobre sexualidade. Achei que era bom o que ele estava fazendo, então levei uma fita disso para casa. Trabalhei no que achei que fosse ser uma demo, mas soava tão bom que decidi transformar num disco e esperava que Billy gostasse. Ele veio ao meu estúdio e gostou da faixa, e nos dias seguintes fizemos o single "Sexuality", com minha produção. Era uma ótima canção pop com letra brilhante. "Sexuality" se tornou um hit nas paradas no verão de 1991, e produzi coisas e toquei em outras mais com Billy.

Numa manhã, em plena cena Madchester, atendi a porta sem a menor ideia do que estava fazendo. Fui cumprimentado por Billy e banda extremamente despertos e animados, ligados, com olhos brilhantes, que tinham acabado de chegar de Londres para gravar um disco como tínhamos planejado. Na mesma hora vi que, para Billy, provavelmente eu me considerava um messias da rave, vestido todo de branco, descalço e um cabelo curto laranja igual ao de David Bowie em *Low*. Na sessão toda, Billy ficou reclamando que ele não gostava que seu produtor não usasse meia. Protestei dizendo que era algo mais *new wave* dos anos 1970 do que achar que estava em uma praia do Mediterrâneo; mas naquela época eu também estava levando uma vida onde não conseguia imaginar meias, ou qualquer outra coisa que não fizesse sentido sob efeito de alucinógenos. Foi claramente fortuito que a música que estávamos gravando era uma faixa bastante psicodélica chamada "Cindy of a Thousand Lives", que eu achava completamente brilhante. Para minha sorte também, Billy é alguém que entendia meus esforços genuínos de equilibrar despretensiosidade com uma ocasional excentricidade hedonista condizente com um rock star, e ele se divertia com minhas peculiaridades.

Quando fizemos "Sexuality" e "Cindy of a Thousand Lives", ficou óbvio que deveríamos chamar Kirsty MacColl para cantar já que tínhamos todos trabalhado juntos antes e formávamos uma espécie de gangue. Eu tinha escrito uma faixa instrumental recentemente e mandado para Kirsty a fim de saber a opinião dela. Ela me ligou de volta no dia seguinte e disse: "Compus um vocal para ela e é um single". Fizemos a música, que se chamava "Walking Down Madison", e se tornou um sucesso. Quando ela estava terminando o álbum, precisava de um título para ele. Kirsty era muito perspicaz e seu título funcional para o disco foi *Al Green Was my Valet*. Eu achei que ela precisava de algo além, e porque cheguei a morar no apartamento dela, sugeri *Electric Landlady*, como um trocadilho com o álbum de Jimi Hendrix. Estava brincando quando disse isso, mas foi o que ela acabou usando no álbum.

As outras sessões que fiz naquela época foram com os Pet Shop Boys. Sempre os admirei, e nunca sabia no que ia ser convidado para tocar. Às vezes os discos eram sinfônicos e orquestrais, outras vezes eram pop artesanal de alta tecnologia. Embora a imagem do Pet Shop Boys seja dois homens estilosos em salas bem equipadas que permitiam que as máquinas fizessem todo o trabalho, isso não é totalmente verdade — exceto pela parte do estilosos e bem equipados, que é completamente verdade. Minhas sessões com o Pet Shop Boys foram concentradas e sempre inspiradoras. Nunca faltam ideias para Neil e Chris, e eu acabava empregando vários estilos de guitarra diferentes. Toquei em mais músicas do Pet Shop Boys do que qualquer outro músico, sendo "This Must Be the Place" a minha favorita, do álbum *Behaviour*, mas houve tantas boas, e quando eu trabalhei com eles sempre tive uma sensação de que o momento era importante.

NILE

Desci de um avião em 1991 depois de fazer uma viagem promocional com o Electronic, e Angie estava no aeroporto para me encontrar. Fazia um dia quente na Inglaterra, e ela chegou no meu velho Mercedes conversível. Eu estava dirigindo para casa numa estrada do interior quando ela disse: "Tenho uma coisa pra contar. Vamos ter um bebê". Fiquei encantado e estacionei o carro no acostamento para processar a notícia. Descobrir que vai ser pai significa cinco minutos de total euforia seguida de uma preocupação novíssima em folha — de que tudo ficará bem, de que você é capaz de lidar com a situação e assim por diante. Há muita emoção e alegria, mas, ao ser pai pela primeira vez, você se preocupa com quase tudo até o bebê nascer. A notícia foi excelente para todos, e dar início a uma nova geração uniu nossas famílias.

Meu filho nasceu em uma noite de sexta-feira em Manchester, e Angie e eu o chamamos de Nile, em homenagem a Nile Rodgers. Amávamos a música e respeitávamos o homem, mas também gostamos da ideia de nosso filho ter o mesmo nome de um rio. Quando ele nasceu, eu já o conhecia, que é algo que muitas pessoas dizem ao ver seus filhos pela primeira vez, mas é verdade. Tive uma impressão de como seria sua natureza, e ela nunca mudou desde o primeiro momento que o vi. Depois de permanecer no hospital por algumas horas, ficou tarde e era hora de ir embora. Dirigi de volta com todas as janelas abaixadas e furei todos os sinais vermelhos que cruzei no caminho. Pensei que, se a polícia me parasse, eles não seriam tão cruéis a ponto de prender um cara que tinha acabado de se tornar pai, e mesmo que eles prendessem, eu não ligaria.

DUSK

No começo de 1993, o The The voltou ao estúdio para fazer o álbum seguinte: *Dusk*, e eu sabia que seria especial. Nos mudamos para o porão do edifício em Shoreditch e mergulhamos durante todo o processo em uma escuridão atmosférica iluminada por lamparinas psicodélicas projetadas nas paredes. Eu estava hospedado em South Kensington e dirigia pelo rio e ao longo de Embankment em manhãs nubladas de verão com a capota abaixada quando fazia meu percurso até o estúdio, acompanhado por nosso tecladista, D. C. Collard, que estava se hospedando comigo. O percurso até o estúdio de manhã era a única vez em que eu via a luz do dia, já que, quando descia até o estúdio, ficava totalmente comprometido com o mundo que estávamos criando e quase nunca saía antes de completar 14 horas lá.

Na época em que fizemos *Dusk*, o The The estava junto como banda havia quase cinco anos. Tínhamos tocado no mundo todo e conhecíamos um ao outro muito bem. No The The, a criatividade era sempre muito intensa, mas a atmosfera no estúdio quando fizemos esse álbum foi especialmente comovente e afetuosa, e às vezes eu me via tendo que deixar o estúdio por um tempo porque estava sobrecarregado. A canção mais poderosa e emotiva de todas, e que eu considero uma das maiores de todos os tempos, é "Love is Stronger Than Death", com sua frase de abertura *Me and my friend were walking in the cold light of mourning,*[12] que descreve Matt e eu andando por Londres após a morte de Eugene. Conforme a faixa avançava e eu ouvia Matt cantando, toquei a gaita com lágrimas rolando pelo meu rosto. Houve outros momentos em *Dusk* que foram totalmente The The, e que só aquela banda poderia proporcionar. "Dogs of Lust", "Helpline Operator" e "This Is the Night" evocavam a inquieta vida noturna que tinha conhecido com Matt em Londres e Nova York, e "Slow Emotion Replay" era tão bonita que, na gravação, cantei uma harmonia improvisada no microfone da minha gaita simplesmente porque estava feliz demais gravando-a. Amo esse disco. Ele capturou um espírito que eu compartilho com Matt, e "Slow Emotion Replay" tem uma das minhas letras preferidas do The The:

The more I see
The less I know
About all the things I thought were wrong or right
And carved in stone.
So, don't ask me about
War, Religion or God
Love, Sex or Death
Because...
Everybody knows what's going wrong with the world
But I don't even know what's going on in myself.[13]

Quando eu estava no The The, Matt foi criticado por tocar em assuntos como a guerra no Oriente Médio e o fundamentalismo religioso por algumas pessoas que diziam que ele estava levando os assuntos a sério

12 "Eu e meu amigo estávamos caminhando na luz fria do luto." (N.T.)

13 "Quanto mais eu vejo / Menos eu sei / Das coisas que julgava erradas ou certas / E entalhadas na pedra. / Então, não me pergunte sobre / Guerra, Religião ou Deus / Amor, Sexo ou Morte / Porque... / Todo mundo sabe o que está errado com o mundo / Mas eu não consigo ver o que há de errado comigo." (N.T.)

demais na música pop. Canções como "Armageddon Days Are Here Again" e "Sweet Bird of Truth" mostraram que ele foi profético e corajoso para um músico moderno de rock. Mental e espiritualmente, Matt é uma das pessoas mais audaciosas que já conheci. O jeito em que ele aparece nos vídeos de "Infected" e "I Saw the Light" é como ele é de verdade, embora também seja muito engraçado. No The The, estávamos tentando encontrar alguma verdade sobre o estado em que o mundo se encontrava e sobre a condição humana. Uma vez, Matt me disse: "A verdadeira inspiração viaja pelas eras como uma flecha". É um grande conceito para assumir como um grupo de rock, e *Dusk* é uma das melhores coisas que já fiz. Às vezes, quando estou por aí no mundo, alguém me mostra uma cópia de *Dusk* ou *Mind Bomb* para autografar e eles sempre perguntam: "Quando Matt Johnson vai gravar outro disco?". Os discos têm um significado especial para as pessoas, e ter estado no The The foi uma parte muito importante da minha vida. É impressionante que, depois de nosso primeiro encontro em Manchester quando éramos adolescentes, Matt e eu cumprimos nosso pacto e fizemos sucesso juntos.

Quando chegou a hora de cair na estrada de novo com *Dusk*, no entanto, tive que dar um passo para trás. Não queria deixar Angie e o bebê, e tinha chegado a hora de explorar algum lugar mais perto de casa.

Ter um bebê em casa trouxe muitas mudanças à nossa vida, e era ótimo ser uma família. Não chegava a ser uma residência convencional já que o lugar estava sempre cheio de músicos, que iam e vinham. Meu estúdio era muito moderno, e Bernard às vezes trabalhava nele para o New Order, e o usou para algumas gravações da música que fizeram para a Copa do Mundo, "World in Motion". Como sempre, minha vida seguia a canção que eu estivesse fazendo, mas eu arrumava tempo para ir a um parque com Nile, ficar olhando para ele enquanto observava os pássaros e correr atrás dele — isso me colocava no mundo real, do qual eu não tinha mais necessidade de fugir.

Crianças adoram música, e Nile amava Kraftwerk e Bob Dylan, e ele sempre se divertia no estúdio, brincando com os dispositivos e ouvindo tudo enquanto eu trabalhava. A primeira música favorita do meu filho foi "There She Goes", do The La's. Foi um grande sucesso quando ele era criança e tocava no rádio o tempo todo. Lee Mavers, que compôs e cantou a música, veio à minha casa um dia para analisarmos a possibilidade de fazer alguma coisa juntos. Nos demos bem e, depois de um tempo, pegamos dois violões e começamos a tocar algumas músicas, "I Can See for Miles", do The Who, e algumas dos Stones e Bo Diddley. Estávamos muito entretidos quando meu filho veio andando para ouvir o que estava acontecendo. Lee falou oi para ele e perguntou qual era seu nome. Nile respondeu, e então perguntei:

— Qual é sua música preferida, Nile?".

— "There She Goes" — Nile disse naturalmente, sem ter ideia de quem era o homem ou por que eu estava perguntando, e depois dessa resposta, Lee se levantou e tocou a música inteira como se estivesse cantando para 20 mil pessoas. Nile ficou parado, impressionado, de boca aberta, enquanto Lee Mavers cantava para ele. Foi algo encantador e muito impactante. Lee e eu tocamos juntos duas vezes, mas não levamos adiante. Ele tinha as empreitadas dele para fazer e eu tinha as minhas.

A cena de *guitar music* na Inglaterra pós-rave era muito vaga e estava ainda por encontrar sua "razão de ser". A revolução na música eletrônica nos anos anteriores significou que bandas normais de rock pareciam estranhamente redundantes, e embora algumas estivessem tentando assimilar a nova tecnologia enquanto ainda mantinham valores do rock, eu não estava muito interessado nisso.

Era o momento certo para um novo paradigma na *guitar music*, mas naquele ponto eu não sabia de onde viria. The La's era a *guitar band* sobre a qual todo mundo que eu conhecia estava comentando, e quando os ouvi pela primeira vez senti que poderiam sinalizar algum tipo de mudança de maré.

O Electronic estava planejando o próximo álbum: Ian cuidava do estúdio e Angie supervisionava tudo. Ian viajava bastante para fora da cidade e sempre recebia fitas demos de pessoas querendo que ele entregasse isso para seu irmão. Convenientemente, ele sempre se esquecia de me passar qualquer coisa, pois tinha crescido ouvindo esses pedidos o tempo todo. Estávamos ocupados um dia quando ele mencionou de passagem que um amigo estava montando uma nova banda, e depois falou disso de novo umas semanas depois, dizendo que tinha encontrado esse amigo por acaso na cidade e a nova banda era bem legal. Para Ian dizer que a banda era "bem legal" é porque ela era "muito boa" em qualquer outra língua, e ele me entregou uma fita. A capa tinha a imagem da bandeira do Reino Unido como se estivesse descendo com a descarga em uma privada. Coloquei numa prateleira e esqueci dela. Poucos dias depois, estávamos dirigindo pela cidade quando passamos por um sujeito encurvado com um casaco de lona caminhando debaixo de chuva.

— É o Noel — Ian disse.

— Noel? — perguntei.

— Sim, Noel — Ian disse. — O cara da fita que te entreguei umas semanas atrás.

Estava chovendo muito. Parei o carro e gritamos para Noel entrar. Eu disse oi e ele pareceu bastante reservado. Estava tocando o CD ao vivo de Bob Marley and the Wailers no volume máximo, e andamos por um tempo antes de encontrar uma loja de guitarras. Depois disso, fomos tomar uma xícara de chá, e a primeira coisa que ele me perguntou foi o que eu tinha achado da fita, que eu não tinha ouvido. Compreendendo que devia ter pelo menos uma música nela, eu disse a ele: "Gostei da primeira música, muito". Me simpatizei com ele de cara. Ele era esperto e tinha uma impenetrabilidade. Vi sua paixão naquilo que fazia e levava muito a sério a tarefa de ser compositor. Era óbvio que ele tinha ideia do que deveria fazer.

Depois de falar sobre Neil Young e guitarras por um tempo, deixei-o em sua casa. Quando voltei para meu estúdio, procurei pela fita dele em meio a várias na minha prateleira e identifiquei aquela com a bandeira. Li alguns dos títulos: "Columbia", "Married with Children", "Fade Away", "Rock 'n' Roll Star", coloquei e apertei o play. O que ouvi soou novo embora imediatamente familiar de uma maneira boa. Quando uma música soa familiar pode significar que é simplesmente comum, mas também que é muito boa. Reconheci alguns pontos de referência: estava acenando para o rock clássico, mas tinha algo novo, e não havia nada como aquilo. Era tão a cara de... Manchester. Ouvi com mais atenção e então decidi ligar para Noel agora que tinha examinado sua banda mais detalhadamente. Ele atendeu o telefone. Eu disse a ele que tinha gostado da banda e perguntei se tinha algum show agendado. Ele me disse que estava tentando e combinamos de nos encontrar em sua casa na noite seguinte para ver o The Verve, que estava tocando na cidade.

Noel, como quase todo mundo de Manchester que era aspirante a boêmio, morava em um bloco de apartamentos chamado India House. Bati na porta e, quando entrei, fui apresentado a um menino sentado no sofá com um incrível corte de cabelo — bastante curto na frente e longo nas laterais — ladeado por duas meninas bonitas tão encantadas por ele e seu cabelo que nem pareceram notar alguém entrando no minúsculo apartamento. Olhei para o espaço apertado, e Noel orgulhosamente me mostrou dois de seus bens mais valiosos: uma guitarra Epiphone e um enorme aquário.

Olhei para o aquário, apontei para um peixe e perguntei:

— Como se chama aquele ser azul?

E então de trás de mim veio a voz do Sr. Cabeleira, que disse:

— É só peixe, porra.

"Ah", pensei, "atitude. Muito bom", e saímos para ver The Verve.

Ficamos perto dos fundos — eu, Noel e Ian, e o menino do corte de cabelo com sua blusa azul da Adidas com listras brancas. Sua aparência e postura ecoavam o visual casual da Manchester do final dos anos 1980, mas porque ele era jovem agora significava algo diferente: menos casa noturna, mais rua e rock 'n' roll.

The Verve tocava um novo tipo de rock para um novo tempo. Embasada em critérios clássicos, a música deles era uma reafirmação dos valores de *guitar bands* que tinham sido colocados de lado nos anos anteriores, e isso ressoava numa nova geração que estava cansada do techno pop convencional e artificial e que não conseguia se identificar com a negatividade das novas bandas estadunidenses. Jovens britânicos reivindicavam uma cultura de guitarra incisiva, contagiante, com visual e mensagem que combinassem. Era algo que tinha começado com The La's, e eu tinha ouvido também na fita de Noel. Havia algo no ar, e o verão estava chegando.

Combinei com Noel de ver sua banda tocar. Ele tinha ido até o grêmio estudantil em Manchester e insistido para que deixassem sua banda tocar lá ou ele iria pôr fogo no lugar. Eles eram a primeira banda naquela noite, então às 19h Ian e eu subimos ao último andar do prédio da universidade e esperamos pelo começo do show com outras 12 pessoas que também estavam lá. Eu não sabia quem eram os outros membros da banda, além de Noel, e quando eles entraram no palco, notei que o baterista tinha cabelo curto encaracolado — não o tipo Syd Barrett, cara estranho de cabelo enrolado com cachos soltos, mais como Dave Barrett, o cara normal com cabelo encaracolado que senta atrás de você na aula de ciências. ""O... kay" pensei, dá para deixar crescer. Depois vi o baixista, que Ian tinha me dito se chamar Guigsy. Parecia bem relaxado, e atrás dele vinha um tipo comum carregando uma guitarra semiacústica para ligar no amplificador. "Aquele é o vocalista?", pensei.

— Ian, quem é aquele? — questionei.

— Ele? — disse Ian. — É o Bonehead.

— O quê?

— Bonehead — Ian confirmou.

— Bonehead?[14] — perguntei. — O resto da banda chama ele de Bonehead? — Fiquei pensando se era para ser um insulto ou algo chamativo, ou ambos. De qualquer forma, era engraçado.

14 Cabeça-dura em inglês. (N.T.)

Naquele momento, notei que Noel tinha aparecido de trás do amplificador. Parecia bastante sério com sua Epiphone, quase se encolhendo. Estava observando o equipamento e inspecionando o público quando entra o moleque que eu tinha visto no apartamento: Sr. Cabeleira... Sr. Peixe. Ele passeava pelo meio do palco com o nariz empinado e olhava para todo mundo com um jeito zombeteiro enquanto chacoalhava um tamborim branco em formato de estrela sem motivo aparente. Pensei que ele fosse o dançarino, como Bez do Happy Mondays, então Ian me disse:

— Esse é Liam, o vocalista.

"Bom", pensei, "se ele for bom metade do que ele pensa que é, então pode ser interessante".

Eu não sabia que ele era irmão de Noel, mas, quando vi os dois juntos, de repente percebi que essa banda tinha uma linha de frente de verdade, e dentro de poucos segundos de retorno uivante, eles mandaram uma melodia em volume ensurdecedor que devagar fui reconhecendo como "I Am the Walrus".

O som era colossal, intencional e eletrizante, e com 30 segundos eu já sabia que muitas pessoas iriam gostar deles. Não tinha ideia de quão grandes exatamente eles seriam, mas de que atrairiam as pessoas e que tinham algo excelente e um espírito autêntico para mostrar. Tocaram umas seis ou sete músicas e, quando terminaram, Noel se aproximou e perguntou o que eu tinha achado. Disse a ele que tinha ficado de queixo caído. Fiquei feliz por ele, pelo fato de a banda ser tão boa e, na semana seguinte, não conseguia tirar aquela apresentação da minha cabeça. Liguei para o meu empresário, Marcus Russel, contei a ele tudo sobre a banda e recomendei que viesse vê-los tocar. Fui insistente, e ele concordou em dar uma olhada quando fizessem outro show.

Liguei para Noel de novo e perguntei se ele tinha outros shows agendados e na hora respondeu: "Sim, nesta sexta". Quando perguntei onde seria, ele falou que seria na universidade de novo.

Não sei se ele desligou o telefone e correu na esquina para tentar conseguir o show, mas liguei para Marcus de novo e disse: "O Oasis vai tocar na sexta, você tem que aparecer", e ele veio.

Quando fomos para a universidade dessa vez, o público tinha aumentado para 25. E entraram Tony — o baterista —, Bonehead e Guigsy, e na sequência Noel e Liam, e eles mandaram "I Am the Walrus" muito, muito alto. O repertório foi tão bom quanto da última vez e, quando eles terminaram, Marcus virou para mim e questionou:

— O que você acha?

Ian e eu dissemos juntos:

— São bons pra caralho.

Noel me procurou, eu o apresentei a Marcus e eles conversaram um pouco. No caminho de volta para minha casa, fiquei pensando no show e em como era bom ver algo novo. Poucos dias depois, recebi uma ligação de um Noel agitado além do normal para dizer que eles tinham feito um show na casa noturna King Tut's, em Glasgow, e conhecido o diretor da gravadora Creation Records, Alan McGee, e ele tinha oferecido a eles um contrato de gravação na hora. Noel queria assinar o contrato, mas não tinha um empresário e me perguntou o que eu achava. Interpretei essa ligação como um cuidadoso respeito aos protocolos para ver se para mim estava tudo bem ele contatar meu empresário e eu disse: "Você e Marcus deveriam conversar". Ele perguntou se eu tinha certeza e reforcei que era o que ele devia fazer.

Podia sentir que uma dinâmica já estava começando para a banda. Eu disse a Noel que, se havia um conselho para dar a alguém, seria para continuar compondo mais e mais músicas, porque, quando você compõe, os eixos entram no lugar, mas sem as canções não adianta ficar negociando nada. Era a coisa mais inteligente em que eu conseguia pensar, embora tivesse bastante certeza de que ele já sabia disso.

Também disse a ele para arranjar uma guitarra extra, pois ele levava muito tempo afinando entre as músicas. "É fácil para você dizer isso", ele falou, "eu só tenho minha Epiphone".

Desliguei e pensei por um minuto, daí fui ao estúdio e olhei para as minhas guitarras. Decidi que seria uma boa ideia se eu aparecesse com a Les Paul 1960 que eu tinha usado em "Panic" e "London" com os Smiths e que tinha pertencido a Pete Townshend. Coloquei-a no case, dirigi até a casa dele e disse: "Toma, pode usar essa aqui". Foi o único momento em que eu ou qualquer outra pessoa viram Noel Gallagher ficar sem palavras.

O Oasis lançou seu primeiro disco e na mesma hora começou a receber muita atenção. De repente a banda estava em todos os lugares. Noel estava falando da guitarra e disse que a primeira coisa que fez com ela foi compor "Live Forever". Fui ver a banda e quando o vi tocando essa música, compreendi que a guitarra pertencia a ele. O jeito que ele a segurava, o *timing* do nosso encontro, ele começando sua jornada e as músicas que estava compondo com ela... parecia tudo certo e fazia sentido. Fiquei muito feliz por ele. Eu não tinha ideia do quão grande o Oasis seria. Simplesmente gostava de Noel e sua banda.

O sucesso deles foi tão fenomenal que significou grandes mudanças no meu escritório. O que originalmente era somente eu, meu empresário e um assistente em um espaço emprestado no oeste de Londres se transformou, num curto espaço de tempo, em uma loucura: um grande e novo escritório com muitos assistentes extremamente ocupados. No meio da primeira turnê deles, recebi uma ligação telefônica frenética para me dizer que, na noite anterior em Newcastle, a banda tinha se envolvido em uma briga no palco com pessoas do público e a Les Paul que eu tinha dado a Noel tinha sido avariada.

— O que quer que eu faça sobre isso? — perguntei.

— Você tem outra que eu possa usar? — foi a resposta.

Olhei para minhas guitarras e refleti: "Bem, ele está acostumado a tocar a Les Paul 1960 dos Smiths e do The Who, então não posso mandar para ele nada inferior". Peguei minha Les Paul 1970 que usei em *The Queen Is Dead* e enfiei no case com um bilhete: "É um pouco mais pesada, em quilos e no som. Se conseguir um bom entrosamento com ela, vai fazer esses idiotas perderem a cabeça. Um abraço, Johnny", e a enviei para Newcastle.

Um membro do Kraftwerk morando com um membro dos Smiths é um conceito louco, mas aconteceu. Mark Reeder, um amigo meu e de Bernard que tinha um selo em Berlim, sugeriu que convidássemos Karl Bartos para trabalhar conosco no segundo disco do Electronic. Todos conhecíamos Karl do tempo com o Kraftwerk, e combinamos de encontrá-lo em Düsseldorf. Bernard e eu esperávamos que, como Karl era um dos pioneiros da música eletrônica poderia querer usar a mais alta tecnologia quando trabalhássemos juntos. Imaginamos que ele nos mandaria arquivos de música programada para tocarmos, via a maravilha que era a nova linha modem. Quando chegamos a Düsseldorf, fomos recebidos por um cara de visual descolado, mais para um músico trabalhando do que um manequim de showroom ou um robô. Nos sentamos do lado de fora de um café e tomamos um sorvete. Quando perguntamos a Karl como ele gostaria de fazer as gravações, ele disse: "Formamos um círculo com nossos instrumentos e improvisamos", o que foi uma surpresa. Depois Karl nos mostrou seu estúdio e demonstrou como o Kraftwerk criou os sons em alguns de seus discos. Bernard Sumner ficou pasmo quando Karl casualmente tocou "Computer Love", "Autobahn" e "Trans-Europe Express".

Começamos a trabalhar em um novo disco do Electronic, e Karl se mudou para minha casa conosco. Foi um bom arranjo, já que Karl era um amigo, e por essa época minha casa era essencialmente um estúdio caseiro com uma família nele. Trabalhando com Karl, aprendi sobre a história alemã em primeira mão: compositores, filósofos e o que estava de fato acontecendo com os músicos na contracultura alemã. Influenciamos um ao outro, e às vezes saíamos para ver o tipo de música que estavam tocando nas casas noturnas. Karl tinha boa memória e depois escrevia a música numa lousa branca quando voltávamos ao estúdio. Em uma manhã após longa noite, estávamos todos na cozinha e Karl usava uma camiseta preta com shorts. Andrew Berry colou do meu lado e disse:

— Johnny... sua vida é uma loucura.

— Ah, é? — eu disse. — Por que você acha isso?

— Ora — ele respondeu —, tá aí um cara do Kraftwerk... de cuecas.

QUANDO VO
ESTÁ COMEÇ
MAIS QUER É
E TER A OPO
DE FAZER O
FAMA, DINH
STATUS SÃO
MAS SER OUV
VOCÊ PRECIS

Ê É JOVEM E
NDO, O QUE
SER OUVIDO
TUNIDADE
UE AMA.
RO E
ONHOS,
DO É O QUE
A.

SONNY

Era meia-noite na véspera do Ano-Novo de 1993 quando Angie me disse que teríamos outro bebê. Ficamos superanimados em ter outro bebê, e uma forte intuição nos dizia que seria uma menina.

Na manhã em que Angie entrou em trabalho de parto, ela agarrou meu braço com toda a força sem avisar e simplesmente disse "AGORA!". Pulei no carro, minha esposa me olhou muito sério e disse: "Precisamos chegar lá RÁPIDO!". Era o pico do horário de rush, e havia carros colados uns nos outros. Tentei ficar calmo ao manobrar na Princess Parkway, enquanto a situação no veículo ia avançando muito rápido. Fui costurando no trânsito, gesticulando pedidos de desculpa e dizendo: "Desculpa, amigo... Sinto muito por isso", e então, quando chegamos em um ponto travado que pareceu uma eternidade, fui resmungando "Vamos! Vamos!". O bebê nasceria a qualquer minuto, e minha pressão sanguínea e níveis de estresse estavam nas alturas com cada "argh!" e "uau" que Angie gritava. Ainda estávamos longe, e havia uma grande possibilidade de meu próximo filho nascer em Whalley Range. Me preparei para estacionar ao lado da avenida e eu mesmo fazer o parto, pensando: "Ah, Deus, pelo menos espere até chegarmos em Ardwick". Finalmente estávamos a dez minutos do hospital, acelerei pelas ruas secundárias de Moss Side, freei bruscamente às portas do St. Mary's e gritei para a equipe do hospital: "Está nascendo AGORA!" enquanto um porteiro preocupado levava Angie apressado para a sala de parto, onde a bebê nasceu antes mesmo que eu tirasse meu casaco.

Nós a chamamos de Sonny, um nome em que eu e Angie pensamos por muito tempo. Olhei para ela um tempo, imaginando tudo que iria experimentar na vida. Eu cresci com minha irmã e, desde a adolescência, tenho estado com minha namorada: sempre tive garotas na minha vida. Agora eu tinha uma menina que era mais próxima a mim do que qualquer um. Eu a observei e pensei: "Você e eu vamos nos divertir". Corri para pegar Nile na escola e voltei para o hospital com ele com a capota abaixada enquanto The Kinks tocava no rádio. Nile ficou fascinado com a irmã. Com os quatro reunidos pela primeira vez, eu e Angie tínhamos nossa própria tribo. Naquela noite, os Pretenders tocaram em Manchester no Apollo e Chrissie dedicou a música "Kid" para Sonny. Meu amigo Greg Dulli também estava tocando naquela noite em Manchester com sua banda, The Afghan Whigs, e ele dedicou uma canção a Sonny também. Ela nasceu ao som de música e foi um bom dia para a minha menina vir ao mundo.

Eu amava ser pai, e Angie era uma mãe maravilhosa. Tudo que fizemos, fizemos juntos. Foi importante para mim e Angie que nossos filhos recebessem educação, principalmente porque nossas escolas tinham sido uma decepção, e queríamos que eles estivessem perto da natureza tanto quanto fosse possível, corressem atrás de suas curiosidades e fossem cidadãos do mundo.

TRIBUNAL

O momento era difícil para o Electronic. Bernard estava lidando com algumas questões no Haçienda, pois a violência das gangues na casa deixou consequências sérias, legais e financeiras, e ele sempre tinha que fazer uma pausa das gravações para frequentar reuniões que se tornavam cada vez mais estressantes. Eu estava sendo arrastado para uma série de reuniões na época também relacionadas à minha antiga banda, já que uma situação que vinha sendo tramada, e que eu vinha tentando resolver, tinha agora virado um caso de justiça; era deprimente, mas os Smiths tinham ido parar no tribunal.

Mike Joyce entrou com uma ação contra mim e Morrissey, alegando ter sido sócio nos Smiths e, como não havia nenhum acordo que dizia o contrário, ele alegava ser sócio igualitário. Isso foi baseado na Lei da Sociedade de 1890, que diz que a menos que haja um acordo claro, todas as partes são iguais; ele tinha direito, portanto, a uma divisão igualitária dos ganhos com discos e shows. Andy também participou dessa ação, mas ele fez um acordo e concordou em receber 10% no futuro. Minha posição era a de que Mike tinha concordado com essa porcentagem dos ganhos quando a banda decidiu as partilhas em um dia muito emotivo no Pluto Studios em 1983. Mike defendeu que ele nunca soube qual era a divisão e, como isso nunca foi escrito nem assinado, ele tinha direito a 25% dos lucros. Entrou como prova no julgamento o fato de que as partilhas não foram consistentes, devido à nossa desorganização. Parecia estranho para mim que você pudesse estar em uma banda com três outras pessoas por cinco anos e não saber qual era a parte de cada um; ninguém abriu disputa ou rejeitou as finanças em momento algum durante os cinco anos em que a banda esteve junta.

The Smiths como banda nunca foi igualitária. As pessoas podem querer pensar o contrário, mas qualquer um que estivesse perto de nós em qualquer função diria que os Smiths não era uma banda com divisões iguais. Morrissey e eu a formamos, e com exceção do primeiro ano quando Joe esteve conosco, nós a gerenciamos, e normalmente empresários recebem 20% da renda de uma banda antes de os membros dela receberem suas partes. Tínhamos as obrigações legais e as responsabilidades, e nossos nomes que estavam nos contratos. Nós contratávamos e demitíamos, e negociávamos tudo com a gravadora. Morrissey fazia todo o trabalho de arte dos discos e eu produzia a maioria deles. Seria legal pensar que todos fizeram o mesmo tanto, mas não foi assim, foi mais como The Kinks ou Kraftwerk, em que os dois membros fundadores eram os responsáveis. É desse jeito em muitas outras bandas, e era assim nos Smiths. Se Mike Joyce não estava feliz com 10%, ele deveria ter saído. Ele deveria ter dito: "Não estou feliz com isso. Arrumem outro baterista".

Fiquei surpreso com a ação, mas não fiquei magoado. O que me desconcertou foi que ele moveu essa ação contra mim e Morrissey, mas continuou a tocar na banda de Morrissey depois da separação dos Smiths. Mike e eu tínhamos sido bons amigos, mas agora era só uma questão de quem iria cavar mais sujeira. Meu instinto dizia para continuar fazendo música, o que fiz ao gravar o segundo álbum com o Electronic e trabalhar com o Pet Shop Boys.

Os Smiths se encontraram de novo no tribunal. Praticamente trombei com Morrissey do lado de fora do prédio enquanto estávamos entrando e, por mais surreal que a situação fosse, eu estava feliz em vê-lo. Depois vi Mike e Andy, que foi difícil. Eu não sabia como me sentir.

Andy parecia em estado de choque e Mike foi simpático. Tomamos nossos lugares em um tribunal vazio e esperamos pelo que iria acontecer. Enquanto tentava entender a situação, fiquei pensando em como cheguei a um tribunal metido em uma guerra contra três pessoas que adorava. Desde criança, tinha trabalhado para ser músico. Tive diferentes bandas quando era adolescente, entrava em ônibus com amplificadores e tinha dedicado minha vida a isso até que consegui formar os Smiths. Percorremos uma incrível jornada em cinco anos, criamos nosso próprio estilo de música, que muitas pessoas amavam, e quebramos algumas regras. Tivemos um sucesso incrível do nosso jeito, mas nosso *modus operandi* era disfuncional em grandes proporções e tinha causado muitos problemas para o grupo, o que havia levado ao nosso inevitável fim. Eu tinha percorrido um longo caminho, e essa banda havia ido longe demais.

As pessoas que estavam comigo no tribunal — meu empresário, o advogado e seu assistente — estavam em pé ao meu lado, mas achei que eles eram todos inúteis, não porque não gostasse deles, mas porque eram todos de fora. Eles não estavam lá quando os Smiths estavam juntos. Eles não estavam lá quando eu e Morrissey passávamos o dia todo caçando pessoas para fazer nossas primeiras demos. Eles não estavam nos camarins. Não estavam quando a banda trabalhava junto nos discos nem quando a banda discutia questões financeiras.

Os repórteres da Fleet Street se apressaram e fizeram anotações antes de os trâmites começarem, checando cada piscar de olhos e analisando a linguagem corporal para qualquer ato que pudesse ser interpretado como drama.

Quando Morrissey foi ouvido, foi um desconforto desde o começo. Ele discutiu com o juiz, que era rude e pomposo, e em certo ponto Morrissey perdeu a paciência e saiu da tribuna frustrado. O advogado de Mike se certificou de ter jogado algumas iscas para a corte e a mídia ao imputar a Morrissey o fato de que ele considerava seus companheiros de banda "tão substituíveis quanto peças de um cortador de grama".

Observei os repórteres enquanto eles devoraram aquela frase e a anotavam, e dois deles até deixaram a sala para telefonar a seus editores. Missão cumprida, agora todo mundo tinha "o gancho". A frase foi assimilada nas matérias jornalísticas e nos trâmites como se tivesse sido dita por Morrissey, o que não era verdade. O advogado de Mike tinha plantado isso. Ele sabia exatamente o que estava fazendo e funcionou. O juiz caiu, a imprensa caiu e o público caiu.

Observei a mentira e foi como ser amarrado e amordaçado enquanto todo mundo jogava sujeira. Foi degradante para a banda ser distorcida dessa forma e colocada em uma posição tão baixa, não apenas porque estávamos discutindo por dinheiro, mas porque, para mim, The Smiths era legal demais para terminar desse jeito. Eu tinha tentado encontrar uma forma de chegar a um acordo sem ter de ir aos tribunais, mas não conseguia fazer isso sozinho. A cada minuto eu ficava mais desdenhoso da situação toda. Não respeitava ninguém em nenhum dos lados, incluindo eu mesmo. Vi os advogados se sentando juntos após o dia de audiências, marcando pontos e trocando gracejos sobre como cada um tinha ido. Para eles, isso era só um dia de trabalho, e nós éramos apenas rock stars com quantidades ilimitadas de dinheiro que tínhamos adquirido com facilidade no jogo da fama. Eles não tinham ideia de que estavam profanando o sonho de alguém; para eles, isso era "apenas negócios". Ter de ouvir a história dos Smiths contada em termos tão distorcidos por amigos tão ardilosos sem nenhuma compreensão do que é uma banda foi desagradável e grotesco. Todo o amor que a banda teve pelo que fez e por cada um foi extinto e interpretado da pior maneira possível até que não houvesse mais nada. Poucas semanas antes, tive que ligar para Joe para informá-lo que ele seria requisitado pela lei para testemunhar. Ele não ficou feliz, mas compareceu assim mesmo. Foi convocado à tribuna, e todos observamos quando o advogado de Mike o criticou com acusações de fraude e duplicidade, porque ele era conhecido por ser próximo a mim e, portanto, precisava ser desacreditado o máximo possível. Que ótimo.

Todos os quatro membros da banda foram chamados à tribuna. Eu sabia que não tinha por que tentar ser esperto, e até então eu estava sob a ilusão de que Morrissey e eu poderíamos vencer. Respondi o mais diretamente que pude, sem deixar o advogado de Mike me liquidar. Eu tinha sido forçado a ir ao tribunal, e decidi que o que quer que acontecesse eu iria me defender e ter a satisfação de colocar tudo no devido lugar. Pelo menos dessa forma eu não teria arrependimentos e poderia sair de lá de cabeça erguida.

Quando o juiz decidiu a favor de Mike, ele fez questão de tratar mal a mim e especialmente a Morrissey, de quem claramente não gostava, fazendo observações sobre ele que eram pessoais e bastante chocantes. Além de dar a Mike tudo que ele tinha pedido, decretou que Morrissey e eu pagássemos pelos custos jurídicos de Mike, que pelos sete anos anteriores já tinham sido pagos pelo auxílio jurídico.

Morrissey entrou com recurso sem obter sucesso, e Mike revisou sua reivindicação contra Morrissey e garantiu imposições sobre sua renda e bens. Eles continuaram as batalhas legais por mais 18 anos. Paguei minha parte de uma vez. Não queria ficar arrastando isso pelo resto da minha vida. Queria me ver livre disso de uma vez por todas. Algo excelente, no entanto, surgiu desse processo: Joe Moss e eu decidimos que deveríamos trabalhar juntos de novo.

Quando a audiência terminou, saí do tribunal e fui direto para onde o Electronic estava ensaiando para um show no dia seguinte. Comigo e com Bernard na banda estavam Jimi Goodwin, do Doves, e Ged Lynch, do Black Grape. Eu estava esgotado e emocionado quando entrei, mas eles estavam esperando com seus instrumentos e me deram um abraço. Tendo acabado de sair de um processo, parecia bom ser apoiado por três caras legais em um grupo. Liguei minha guitarra e ouvi o zumbido vindo do amplificador, o baterista fez a contagem para "Forbidden City" e comecei a tocar. Era a única coisa a fazer.

Era ótimo poder trabalhar com Joe de novo, e senti como o retorno do filho pródigo. Embora a vida tivesse mudado desde que tínhamos nos visto pela última vez, nossa relação era praticamente a mesma. Ele vinha ao estúdio e ouvia as músicas em que eu estava trabalhando com o Electronic, e compensávamos o tempo perdido. Nos dois anos anteriores, ele estivera ocupado cultivando novas bandas e montando uma casa de shows em Manchester: Night & Day Café. Uma das bandas de Joe se chamava Haven, que eu gostava muito e acabei produzindo dois álbuns deles. Eu havia tido muitas ofertas para produzir muitas bandas antes e as tinha recusado. É um verdadeiro trabalho de amor produzir o disco de outra pessoa, e você tem a responsabilidade de entregar um resultado mágico para o artista. Mas era ótimo estar de volta fazendo algo com o Joe.

Em Los Angeles, gravei uma sessão com Beck para o álbum *Midnite Vultures*. Entrei no estúdio e, depois de conhecer todo mundo, notei que havia fotos de Prince por todo o lugar. Entendi como ironia, principalmente os pôsteres em que Prince estava usando roupas íntimas femininas e fazia uma cara sexy, mas então, quando ouvi a música, entendi que os pôsteres eram para valer, pois o disco era muito, muito dançante. Toquei em uma música chamada "Milk and Honey" e em outra chamada "The Doctor". Depois de uma sessão, todo mundo ficou a fim de ir a um bar local ver uma banda que fazia tributo ao Van Halen. Me explicaram que banda — que, exceto pelo vocalista, não se parecia nada com o Van Halen — era o *crème de la crème* das bandas tributo com cabelo de poodle dos anos 1980, então topei pela diversão. Como meus anos de formação haviam sido na Inglaterra das bandas independentes dos anos 1980, eu meio que não entendia a seriedade cultural e a importância do Van Halen, e só conseguia pensar em como todos estavam fascinados e entusiasmados e na alegria que esses camaradas vestidos em elastano podiam levar ao rosto dos meus colegas estadunidenses. Gostei de trabalhar com Beck. Além de ser talentoso ao extremo, ele é muito divertido, assim como todos em sua banda, e fiquei bastante amigo do produtor, Mickey Petralia.

BOOMSLANG

É incrível a variedade de pessoas que você conhece em um elevador. Conheci atores, músicos, jogadores de futebol, fãs e pessoas de Manchester em férias. Estava no elevador em Nova York quando um cara de aparência rija e intensa me disse em seu sotaque inglês: "Gosto daquela música nova do Electronic". Óbvio que ele era músico pela aparência e o jeito que se portava. A princípio não sabia quem era, mas notei algo de familiar. Quando saímos do elevador ele me disse: "Te vejo lá embaixo", e depois de fazer duas ligações desci ao bar do hotel, onde havia muita gente do rock com roupas laminadas e camisetas escrito *staff* que parecia estar envolvida com o The Who. Depois de falar um oi rápido para John Entwistle, me sentei a uma mesa com o novo conhecido vagamente familiar e, naquele momento, compreendi quem ele era.

— Você toca bateria? — perguntei.

— Sim, vou tocar com o The Who hoje à noite no Madison Square Garden.

— Legal! — eu disse. — Você é Zak Starkey?

Eu tinha ouvido falar muito de Zak nesses anos. Sua reputação era de ser um baterista incrível, e eu sabia que era filho de Ringo Starr. Nosso amigo em comum Alan Rogan tinha me dito muitas vezes que Zak e eu devíamos nos conhecer, já que ele pensava que tínhamos muito em comum. Minha amizade com Zak decolou com uma velocidade supernatural. Era como se estivéssemos tentando compensar por todos os dias desde o nosso nascimento. Éramos mesmo muito parecidos. Sabíamos por que nossas peculiaridades deviam ser preservadas, e íamos atrás das coisas na vida do mesmo jeito. Ele era a única pessoa que eu conhecia que não bebia e corria, ainda assim botava pra quebrar. Quando era criança, envolveu-se com música de uma forma mística assim como eu, e quando eu estava me transformando com o glam rock e minha guitarra, ele estava fazendo o mesmo com sua bateria. A única diferença era que, enquanto eu assistia a Marc Bolan em *Born to Boogie* na tela do cinema, ele assistia a isso na vida real, no set de filmagem. Achei isso brilhante, e ele também, e achei brilhante que ele concordava.

Nos reunimos para compor algumas músicas. Éramos só nós dois nos divertindo com uma guitarra e uma bateria por um tempo, e então lembrei que Lee Mavers tinha me falado sobre um baixista de Liverpool chamado Edgar "Summertyme" Jones. Contatei Edgar, e antes que percebêssemos, nós três estávamos tocando algumas vezes na semana. Comecei, então, a pensar em um novo grupo. Compus algumas músicas e cantei nas demos que fiz para que, quando encontrasse um vocalista, tudo o que ele teria de fazer era aparecer sem se preocupar com as letras. Tinha ouvido falar de um cantor de uma banda de Manchester sem gravadora e fiquei bastante impressionado com ele a ponto de achar que tinha encontrado a pessoa certa para ser o frontman. Toquei o CD do cara para Zak e Edgar, e depois que eles ouviram Zak disse:

— Achei que você fosse ser o vocalista.

— O quê? — indaguei.

— Não precisamos de outra pessoa — Edgar disse. — Ele é meio enfadonho... Acho seu vocal melhor.

Tive que pensar sobre o que eles estavam dizendo. Eu respeitava o julgamento de Zak e Ed já que sabiam bem o que estavam fazendo. Retomamos o trabalho e tudo em que eu pensava era "Eu serei o frontman?".

Eu, Angie e as crianças havíamos nos mudado para uma casa em Cheshire chamada Forest Edge. Estava detonada quando a compramos, precisava de obras e amor. A casa tinha sido construída nos anos 1920 pelo presidente da Rolls-Royce e tinha lindos jardins e um quintal. Bem em frente, havia uma reserva de cervos de um quilômetro quadrado. Forest Edge era a clássica casa de campo de "guitarristas de rock", ou mais precisamente "casa de campo de um guitarrista *indie*" – como Jimmy Page se ele tivesse assinado com a Rough Trade. Não tínhamos um fosso, mas, sim, um estúdio e nosso próprio bosque. Era o paraíso para as crianças. Assim como todos os outros lugares onde Angie e eu moramos, nossa casa se tornava o QG para o que quer que eu estivesse fazendo, e ao longo dos anos nossa casa tinha sido usada pelo The The, New Order, Pet Shop Boys, The Charlatans e Oasis, assim como algumas outras bandas que deixei usarem o estúdio porque gostava delas. Nile e Sonny cresceram em torno de artistas e músicos, e as outras crianças na vizinhança gostavam de vir em casa porque sempre tinha algo interessante acontecendo e um cachorro da raça terra-nova grande e preto chamado Boogie. Era bom para todos com quem eu estivesse trabalhando, já que meus amigos músicos tinham o benefício de um estúdio adequado enquanto estavam cercados por uma atmosfera familiar e crianças curiosas. Minha vida pessoal sempre seguiu a direção do meu caminho artístico, o que quer que significasse e onde quer que me levasse, e, para minha sorte, minha família não teria isso de outra forma. Nosso lar era um estúdio caseiro sempre povoado por pessoas interessantes, todas excelentes, e algumas eram um pouco loucas, como eu.

Em 1999, Bernard e eu fizemos o último disco do Electronic, *Twisted Tenderness*. Era muito mais voltado às guitarras, e me diverti bastante gravando-o. Fazia nove anos que tínhamos começado a trabalhar juntos no Electronic, e naquela época tínhamos feito tudo que nos propuséramos a fazer e mais um pouco. Não excursionar deu muito certo para mim, já que conseguia estar mais perto dos meus filhos, o que é um luxo para um músico, embora eu praticamente morasse no estúdio. Eu estava trabalhando em muitas coisas diferentes durante esse tempo com diversas pessoas. Tinha levado meu interesse em tecnologia ao limite e aprendido tudo sobre gravações de discos. Era hora de voltar à estrada com uma banda, e Bernard sentia o mesmo ao se reunir de novo com o New Order.

Como sempre, eu estava procurando algo diferente para fazer. Ouvia muita banda psicodélica dos anos 1960, e as bandas alemãs comumente chamadas de "krautrock", principalmente Faust, com sua combinação de trance e espaço pastoral. Queria tocar músicas hipnóticas e, em um dos nossos encontros, Zak declarou: "Deveríamos ter um repertório para duas horas, com apenas cinco canções longas nele, e teríamos sorte de conseguir passar por três delas".

A lógica que eu estava seguindo era reflexo de livros que estava lendo. Madame Blavatsky, Gurdjieff e P. D. Ouspensky abriram minha imaginação para vários conceitos e possibilidades. Eu gostava do imaginário do esoterismo. A linguagem me intrigava, e quanto mais material eu devorava, mais isso influenciava minha vida e meu pensamento. Eu queria saber tudo sobre isso, e quando encontrei Aldous Huxley, ele se tornou meu escritor e pensador favorito. Colecionei primeiras edições e rastreei fitas de suas leituras. Quanto mais eu descobria sobre seu trabalho, mais eu tinha que explorar. Era interessante que, apesar do fato de que ele ficava melhor quanto mais velho estava, a reputação de Huxley vinha do trabalho que ele fez na primeira metade de sua carreira, e por mais magistral que *Admirável mundo novo* seja, é até leve se comparado às conquistas gigantescas de *A filosofia perene* e os ensaios e as palestras da segunda metade de sua vida pelas quais ele é menos conhecido. A cultura envolvendo *As portas da percepção* é um legado muito menor do que Huxley merece, e ilustra a natureza redutora da fama e como uma pessoa pode ser definida por algo que fez na juventude, apesar de seu trabalho da vida mais madura ser igualmente substancial.

Por meio de toda a leitura e reflexão que fiz, continuei me deparando com uma palavra: curandeiro.[15] Eu estava lendo *A doutrina secreta*, de Blavatsky, e o termo saltou como um ótimo nome de banda. Me lembrei de uma conversa que tive com Keith Richards sobre bandas com bons nomes e, após tê-lo informado que "The Rolling Stones" era o melhor, ambos concordamos que "The Upsetters", do Little Richard, e "The Wailers", do Bob Marley, eram bons competidores. Achei que o nome "The Healers" era perfeito e decidi que queria que esse fosse o nome da minha nova banda. Falei sobre isso com Joe e Zak e eles sugeriram que tivesse meu nome para que soasse mais comercial. Entendi a lógica disso e concordei, mas secretamente fiz planos para tirar meu nome dali assim que as pessoas soubessem quem éramos.

The Healers era um experimento para quebrar o formato "quatro caras com guitarras". Era libertador estar em um grupo grande, e a lista aumentou com o acréscimo de Liz Bonney na percussão e Lee Spencer nos sintetizadores. Estávamos prontos para começar a tocar quando Edgar nos deixou para entrar na banda de Paul Weller, mas, após uma recomendação de Noel Gallagher, conseguimos Alonza Bevan do recém-extinto Kula Shaker no baixo, e com o acréscimo de um segundo guitarrista de Manchester chamado Adam Gray, The Healers era uma família grande e feliz de rock espacial eletrônico com seis integrantes pronta para cair no mundo.

Sair como frontman do The Healers era um passo rumo ao desconhecido, e como não tínhamos lançado nenhuma música ainda, nenhum fã nem a imprensa sabiam o que eu estaria fazendo. Meu plano era desenvolver o som da banda tocando ao vivo e adotei a filosofia: "Vou fazer o que quiser, mesmo que o público não saiba o que está acontecendo". É uma ideia nobre, mas um pouco inconveniente quando você é conhecido por fazer algo totalmente diferente, e as pessoas

15 *Healer* em inglês. (N.T.)

com certeza se perguntaram por que eu estava no meio de um bando de viajantes do rock espacial. Também me perguntavam se era assustador ser o frontman, como se, ao migrar do humilde lado esquerdo do palco para a glória do centro do palco, eu fosse me dissolver sob o brilho dos holofotes. Eu não estava assustado, mas, no começo, não fazia ideia de como seria. Desde garoto que eu não era o frontman em uma banda. Tinha ouvido John Lee Hooker dizer que, quando ele estava no palco, recebia a energia que vinha do público e a mandava de volta amplificada, e quando o público devolvia para ele mais uma vez, amplificava-a mais um pouco. Soava como uma boa estratégia. Empreguei-a e funcionou bem. Gostei de ser o homem à frente da minha própria banda, e ajudava o fato de os outros serem todos pesos-pesados. Os shows eram altos e soltos, e o público estava comigo.

Na verdade, eu tinha estreado na frente de uma banda com Chrissie Hynde e os Pretenders de apoio, em um concerto em tributo a Linda McCartney no Royal Albert Hall, em abril de 1999. Depois de tocar com The Pretenders, toquei duas canções com Marianne Faithfull e depois toquei de novo com Paul McCartney.

Excursionar com o The Healers foi bom, pareceu natural. Eu sempre tentava melhorar, o mesmo que tento fazer com tudo, e essa era a próxima nova estrada para possibilidades criativas.

Bert Jansch já estava longe dos olhos do público por bastante tempo quando o encontrei. Ele continuava a ser um grande músico, fazendo shows mais intimistas e lançando discos durante os anos 1980 e 1990, mas, com relação à cena musical e à mídia, Bert conduziu sua carreira bem abaixo do radar e sem a necessidade de validação crítica. Ele era alguém que tinha me inspirado muito nos meus anos de formação e tinha feito o mesmo por Jimmy Page, Neil Young e Bernard Butler, junto com uma legião de outros guitarristas. Sua influência ficou comigo por toda a minha carreira, e eu tinha tomado emprestado seu estilo para "Unhappy Birthday" e "Back to the Old House", dos Smiths.

Bernard Butler e eu nos tornamos amigos e eu o considerava uma alma gêmea. Bernard me disse que Bert Jansch estava fazendo um show em um pequeno porão de um pub em Crouch End e sugeriu que aparecêssemos lá. Assistimos com espanto e a devida reverência junto com o leal séquito de Bert – que Bernard apelidou de "The Muswell Bills and Muswell Jills" – enquanto Bert passava brilhantemente por seu repertório de antigos clássicos e apresentava boas músicas novas também.

Quando Bert terminou e estava guardando sua guitarra, Bernard disse para mim:

– Vai falar oi pra ele.

– O quê? – respondi.

– Vai... – ele disse, bem devagar, como se estivesse falando com um idoso aposentado – até lá... e se apresenta.

– OK – falei, dócil, e fui em direção ao homem que tinha sido uma figura enigmática na minha imaginação durante anos. – Oi... Bert? – gaguejei.

Bert parou o que estava fazendo e olhou para mim.

– Sim? – perguntou com um olhar sério.

– Sou Johnny Marr, e sou... é... guitarrista. Eu... só queria... dizer como o show foi bom e... sou um grande fã..

Nessa hora Bernard veio me socorrer. Ele já tinha encontrado Bert antes e corajosamente tentou entabular alguma conversa entre seu amigo, que de repente tinha ficado sem palavras, e o herói de seu amigo. Depois de nosso primeiro e estranho encontro, Bert e eu ficamos muito próximos. Eu costumava fazer visitas a ele e à sua esposa, Loren, na casa deles em Kilburn e tocávamos guitarra juntos. A reputação de Bert de não ser comunicativo e ser conciso não era muito correta; ele só não gostava de conversa-fiada. Ele tinha muito a dizer sobre muitos assuntos. Me contou sobre quando viajou pela França pedindo carona em sua juventude e quando perambulou por Edimburgo para localizar guitarras e guitarristas quando era garoto, também falou sobre a cena beatnik, na qual ele estava no centro, na Londres de início dos anos 1960. Uma das primeiras perguntas que fiz a ele foi se, quando ele estava no Pentangle e eles tocavam seu híbrido de música psicofolk, achavam que as então chamadas bandas "pesadas" eram realmente *posers* sem muita importância, do jeito que eu tinha imaginado. Ele sorriu; nunca tinham feito aquela pergunta antes. Pegou seu chá, ainda sorrindo, e disse: "O que você acha?".

Bert e eu conversávamos muito e sobre temas sérios. Fiquei honrado pela consideração que ele tinha por mim e pelo valor que dava à nossa amizade. Ele era uma alma inteligente com uma calma autêntica, e assim como com Joe Moss, eu sentia que Bert via algo em mim que eu mesmo não enxergava. Eu sempre me sentia bem após passar um tempo com ele. Falávamos de assuntos profundos quando tocávamos juntos, e tocar era sempre muito louco. Um de nós sentia a atmosfera do quarto e lançava um riff, e o outro acompanhava. Assim que estabelecíamos o que iríamos fazer, nós dois começávamos a levar a música para mais longe até que estivéssemos em uma viagem juntos. Quando chegávamos a um lugar que fosse bonito ou pesado, ficávamos por lá até termos esgotado, depois nos movíamos para outro lugar onde estivéramos e que já não existia mais. Às vezes, essas excursões de guitarra eram longas e, em outras vezes, nós só saímos para dar uma volta. No entanto, não importava aonde fôssemos, era sempre bom.

Uma vez, quando ele estava na estrada, veio ficar em minha casa. Chegou quando Angie estava fora, e estávamos tocando guitarra na cozinha quando ela entrou. Angie era fã de Bert e essa era a primeira vez que ela o encontrava. Ele e eu estávamos bem no meio de uma intensa improvisação, e quando tirei os olhos da minha guitarra ela estava em pé atrás dele, olhos bem abertos e balbuciando as palavras: "AI... MEU... DEUS! É BERT... JANSCH! Ai... MEU... DEUS!". Ficou paralisada. Eu nunca a tinha visto tão impressionada. Ela conhece bem *guitar music* e não tinha nos ouvido improvisar antes. E sempre diz que essa foi a melhor coisa que já me ouviu tocar na guitarra.

Em 2000, o The Healers tocou no Scala Cinema, em Londres. Saí do palco no final do show e cinco minutos depois meu técnico de guitarra entrou no camarim gritando: "Onde está sua guitarra? Acho que ela foi roubada!". As luzes da casa se acenderam e todo mundo ficou agitado procurando minha Gibson SG, com a qual eu tinha tocado na turnê inteira. Sabia que tinha sumido. Por estarmos em Londres, havia um monte de convidados fazendo fila para entrar no camarim, e o que era para ser uma celebração estava virando um velório, já que todo mundo entrou para dizer como sentia muito por minha guitarra ter sido roubada. A polícia veio, e na filmagem da câmera de segurança vimos um cara saindo pela porta da frente com o resto do público, segurando minha guitarra como se fosse normal. Era incrível: ele simplesmente subiu no palco, pegou e saiu andando.

Mesmo que você seja muito sortudo e tenha muitas guitarras, ainda assim acaba se apegando a um instrumento. Escolho as guitarras que uso não apenas pelo som ou como elas me fazem tocar, mas também porque tenho um pressentimento sobre elas. Você tem um pressentimento de que precisa tocar determinado modelo, e quando encontra esse modelo, é amor. Passo por situações com minha guitarra como se fosse uma companheira: esperando nos bastidores para entrar no palco, tocando, guardando e pensando em mim e na guitarra. Quando você aparece em uma sessão de gravação, sua guitarra precisa entregar algo para você. Eu vinha tocando apenas aquela SG, e quando me dei conta que ela tinha sumido, fiquei deprimido. Desde criança sempre pensei que qualquer pessoa que pudesse roubar um instrumento de um músico estava no patamar mais inferior das baixezas. Soltei um comunicado com a promessa de uma recompensa por qualquer informação que levasse a recuperar minha guitarra, mas não soube de nada. Estava até no noticiário nacional, e comerciantes de guitarras no país todo me ligavam para dizer que ficariam atentos.

Eu estava em um táxi passando pelo Hyde Park dois dias depois quando ouvi sobre o roubo da minha guitarra no rádio. Eu disse ao motorista para dar meia-volta e me levar para onde Bert morava em Kilburn e, quando saí do carro, esperava de verdade que ele estivesse em casa. Ele atendeu a porta, e eu me sentei com ele e contei que minha guitarra havia sido roubada. Ele ficou em silêncio e quando eu tinha terminado de falar, me olhou por alguns segundos e disse: "Você vai encontrar outra". Eu sabia que ele estava certo. Ele estava tão sereno. Finalmente atingi um nível zen de aceitação da situação, e isso se tornou uma lição perfeita de desapego em que o Dalai Lama mesmo não poderia ter pensado, mesmo que a guitarra dele tivesse sido roubada e ele conhecesse Bert Jansch.

De fato, consegui outra guitarra que amava, e as pessoas às vezes me perguntavam sobre a minha SG roubada. Dez anos depois, eu estava em Toronto quando recebi uma ligação de Joe. Um policial que era meu fã tinha se incumbido da tarefa de tentar descobrir o que tinha acontecido. Depois de espalhar a notícia durante meses, finalmente recebeu uma denúncia sobre um cara que tinha alegado ser dele a guitarra que era minha. O policial seguiu a pista e investigou. Encontrou o cara e em seu apartamento estava minha guitarra. Finalmente a tive de volta.

O estilo de vida que eu tinha adotado começou a não ser bom. Nos últimos anos, tinha adquirido o hábito de beber todas as noites, e noite após noite virava semana após semana e mês após mês. Ficar acordado no estúdio, me reunir com amigos, sair com outros, ou mesmo sozinho era sempre acompanhado de bebida, e mesmo que eu nunca bebesse durante o dia, sempre que eu me ouvia dizer "Nunca bebo durante o dia", sabia que estava na verdade dizendo: "Bebo todas as noites", e isso virou um problema para mim.

Eu conhecia duas pessoas que não bebiam. Notei que elas não tinham aparência acabada de manhã e nunca precisavam se desculpar por ter dito alguma merda estúpida na noite anterior. Eu odiava a ideia de cair no clichê do roqueiro de meia-idade, curtindo bêbado com os amigos no camarim. É complicado e não era uma imagem que queria para mim. Pensei muito nisso e sabia que tinha de mudar, mas levou um tempo para pôr minha cabeça no lugar. A sociedade é organizada de forma que todo mundo bebe, e é inusitado se você não fizer parte. Minha sorte foi que sempre gostei de mudar, e quando vi que estava me libertando de algo que já não era divertido, e me dando algo bom, em oposição a me negar algo legal, parei de beber para sempre e nunca mais voltei.

Quando parei de beber, eu encontrava pessoas que sempre pressupunham que, porque eu não bebia, eu devia ter sofrido um "inferno de bebidas e drogas", principalmente por ser músico. Elas ouviam que eu não bebia e imaginavam que eu tinha passado os anos 1980 balançando meus filhos ao som de Ozzy Osbourne, o que não fiz. Eu gosto de não beber e não sou uma daquelas pessoas que precisa atrapalhar a diversão dos outros. Outra coisa que acontece quando você para de beber é que alguns de seus amigos começam a agir de forma estranha e a ficar paranoicos sobre ficar bêbados porque têm medo de que você vá julgá-los. Não julgaria ninguém e duvido que pudesse ser puritano. As escolhas das pessoas são da conta delas, embora, como uma droga, eu não ache que a bebida tenha conseguido deixar alguém mais legal do que já era. Minha vida toda fiquei acordado até tarde e ainda fico, e se eu estiver me divertindo com pessoas que estão bebendo às 4h da manhã e se for engraçado ou interessante, está tudo bem. Se, no entanto, fico preso com algum bêbado idiota que fica repetindo a mesma coisa, então vou olhar no relógio e ir embora, já estou interessado no amanhã.

O álbum do The Healer foi chamado de *Boomslang*, depois de um sonho que tive com uma cobra, que julguei simbólico por causa da ideia de cobras serem imprevisíveis e trocarem de pele. As músicas estavam todas prontas e ensaiadas antes de gravá-las tocando ao vivo, mas antes de o álbum ser finalizado senti que precisava capturar um sentimento específico que me cercava na época e tinha se tornado um conceito na minha mente durante todo o verão. A ideia era cruzar a sexualidade do blues com o erotismo da música eletrônica. Eu estava me hospedando com o mago da eletrônica do The Healers Lee Spencer e com a percussionista Liz Bonney em Londres, e apareci com uma música chamada "You Are the Magic". Quando terminamos de gravar, eu tinha um "filme aural" de 70 minutos que era essencialmente uma trilha sonora para sexo psicodélico. Eu pretendia lançar a música em sua forma completa, e ainda quero fazer isso um dia. O álbum do The Healers foi finalizado em 2003, e "You Are the Magic", "The Last Ride", "Bangin' On" e "Down on the Corner" representam como estava a minha vida naquela época.

Tirei uma folga da música para praticar snowboard e fugi para o Canadá e França com Angie e as crianças para repor as energias. Essas férias foram muito divertidas, tempo precioso que passei com minha família e longe de tudo. As montanhas proporcionavam uma forma de pensar e um panorama diferente do negócio da música. É muito bom para a mente e para o corpo sair da natureza obsessiva de ser artista e, como todo mundo que já praticou snowboard vai dizer, é necessário ter atenção plena e muito rigor físico para subir ao topo de uma montanha e se jogar em cima de um pedaço de plástico, chocando-se com a neve em alta velocidade.

O FIM DE UM DIA PERFEITO

Quando o telefone toca em uma hora incomum, você já entra em pânico. Eu soube da morte de Kirsty MacColl por meu amigo Matt, que adivinhou que eu não devia saber e pensou que seria melhor ser informado por um amigo antes de ver no noticiário. Não conseguia acreditar. Ela foi morta por uma lancha enquanto estava nadando com os filhos? Não estava certo, não, não, não estava certo.

Kirsty tinha ido mergulhar no México com seus dois meninos quando uma lancha de um rico homem de negócios, um magnata, estava velejando ilegalmente em alta velocidade no que eram consideradas águas seguras e a matou. A última ação que fez foi empurrar os meninos para fora do caminho da lancha e salvar a vida deles, mas não conseguiu se salvar. Eu tinha falado com Kirsty não muito tempo antes. Tudo em que eu conseguia pensar era na conversa animada que tivéramos e como as coisas estavam indo bem na vida dela. Ela tinha um parceiro, James, que adorava, e finalmente tinha superado o medo de palco que a tinha atormentado por anos e estava amando fazer shows e cantar. Eu podia dizer que ela se sentia amada não apenas por James, mas por fãs de música, e como amigo fiquei feliz por ela porque realmente merecia e sabia que os fãs de música a amavam. Kirsty e eu sempre falávamos sobre compor mais músicas juntos, e eu estava orgulhoso dos discos que tínhamos feito. Ela tinha sido gentil comigo quando me deixou morar em seu apartamento na época dos Smiths, e foi uma boa amiga, daquelas que poderiam te dar uma chamada se estivesse sendo um idiota. A morte dela me abalou muito e foi ainda pior pela forma como aconteceu. Já é ruim o suficiente perder alguém para uma doença ou mesmo um trágico acidente, mas o fato de que ela foi morta por um ato suspeito e que poderia ter sido evitado era duro de aceitar. Ela foi uma pessoa magnética, e minha eterna lembrança dela vai ser de quando eu estava em sua casa e ela tinha nos divertido tocando seus discos favoritos enquanto dançava e cantava junto. Ela se soltava com "Surf's Up" ou "See my Baby Jive", e era encantador vê-la deixar-se levar por sua paixão pela melodia. Foi um privilégio conhecê-la, e quando ela morreu senti, como todos os seus amigos, que eu e Kirsty não tínhamos acabado.

Logo depois da morte de Kirsty, fui a Los Angeles e fiquei em Hollywood Hills, onde Aldous Huxley morou. Comecei a me sentir mal e não sabia por quê. Fiquei sozinho na Califórnia por duas semanas. Li e tentei melhorar. Eu olhava para a vista da cidade à noite e pensava sobre a vida na indústria da música. Sempre me senti sortudo por fazer o que gosto, e tenho feito desde antes mesmo de estar nos Smiths. Quando você segue um caminho, é uma vocação, sem mesmo parar para questionar, você às vezes pode ficar preso em outras considerações e esquecer que o que está fazendo é expressar algo que está em você. Alguns fazem isso pintando e outros, atuando. E se você tem algo que se conecta com outras pessoas, então tem sorte. Por meio da música, aqueles que o seguem têm algo de você na vida deles, e de alguma forma eles são como você, mesmo que pensem que são só fãs. Foi uma época estranha e eu precisei pensar no que estava fazendo. Não estava melhorando e meus sintomas pioravam. Eu tinha desenvolvido uma tosse constante, mesmo tendo parado de fumar, e parecia estar sempre com a temperatura levemente elevada. A princípio, pensei que devia me livrar disso, mas então a temperatura de repente subiu acompanhada de crises de suor frio. Fui a um médico que recomendou que fosse para casa o mais rápido possível. No avião de volta à Inglaterra, fiquei em mau estado. Assim que cheguei ao médico na Inglaterra, ele me disse que eu tinha pleurisia, e eu deveria ficar em frente a uma lareira por algumas semanas, enrolado em cobertores até que melhorasse – era isso ou ficar no hospital por um tempo. Fiz o que ele recomendou e me sentava em frente a uma lareira com um cobertor em volta de mim todos os dias. Era má notícia. Eu estava congelando e tremendo e sentia como se tivesse um caminhão estacionado em cima de mim. Depois de duas semanas, comecei a melhorar e então tive uma recaída ocasional por um ou dois dias, o que era preocupante, mas devagar saí disso e voltei ao normal.

Uma noite, recebi um telefonema de Neil Finn, que eu tinha encontrado no concerto para Linda McCartney em Londres. Ele estava planejando fazer uma semana de shows em Auckland com seus amigos e músicos favoritos e queria saber se eu voaria para lá para fazer os shows com ele. Eu não tinha certeza se estava pronto para entrar em um avião e voar para o outro lado do mundo depois de ter estado doente recentemente. Vinha planejando reduzir o ritmo por um tempo, mas, depois de ouvir o novo álbum solo de Neil, *One Nil*, e de gostar muito, decidi ir.

Angie e eu voamos para a Nova Zelândia, e no avião estavam Ed O'Brien e Phil Selway do Radiohead. Foi bom encontrá-los e comparar anotações nas músicas que precisávamos aprender para a semana de shows. Era uma perspectiva intrigante. Os shows de Neil Finn eram conhecidos por serem espontâneos e de livre fluxo, e ele às vezes seleciona qualquer canção de seu catálogo. Significa que, como músico tocando atrás dele, você tem que estar alerta e saber bem o que está fazendo, mas também é muito estimulante e divertido.

Quando chegamos a Auckland, Neil e sua esposa, Sharon, nos deram as boas-vindas em seu mundo e a sensação em torno de sua família e de todos os músicos era positiva e acolhedora. Na banda com Ed O'Brien e Phil Selway estava meu amigo Sebastian Steinberg, do Soul Coughing, uma compositora e cantora que eu amava chamada Lisa Germano, e o amigo de longa data de Neil, Eddie Vedder do Pearl Jam. Os ingressos estavam esgotados e os shows iriam acontecer três dias depois, e Neil deixou escapar que tocaríamos cerca de 28 músicas e também que filmariam os shows. Ensaiamos todo dia por volta de 12 horas, e me aproveitei do jet lag acordando por volta das 5h da manhã para começar a aprender algumas das canções sozinho. Quando chegou o dia do primeiro show, toda Auckland sabia dele. As pessoas me paravam na rua e gritavam de seus carros enquanto eu caminhava até o local do show, e me ocorreu que coisa maravilhosa é haver pessoas do outro lado do planeta que sabem quem você é apenas pelo jeito como toca guitarra.

Os músicos se apresentaram pelo nome coletivo "The Seven Worlds Collide" e todos os envolvidos tiveram que estar em sintonia para fazer tudo funcionar. Era algo ambicioso, mas Neil é um líder tão bom que, com a intenção certa e um pouco de sorte, o evento prometia ser muito especial. Quando subi ao palco pela primeira vez, minha cabeça estava nadando em meio a títulos e mudanças de tons para todas as músicas que eu tinha acabado de aprender. Na passagem de som, Neil me perguntou se eu me importaria de tocar uma música dos Smiths. Eu não havia tocado uma música dos Smiths desde que a banda se separou e não pretendia. A ideia não me agradou de início, mas eu tinha que tomar uma decisão rápida e compreendi que deveria lidar bem com o passado e que os Smiths eram meu legado. Quando tocamos "There Is a Light That Never Goes Out" todo mundo enlouqueceu. Foi legal entregar aquela música de volta ao público e a mim mesmo, e tenho que agradecer a Neil por isso.

Depois dos shows em Auckland, todos sentimos que tínhamos feito algo importante juntos, e a amizade que Angie e eu desenvolvemos com a família Finn e com outros músicos tem tido longa duração. Em Ed O'Brien, encontrei outra alma gêmea, que, como músico, se tornou cada vez melhor com o Radiohead e que permanece um dos meus amigos mais próximos.

Eu estava esgotado quando Zak e eu levamos o The Healers de volta aos palcos do mundo. Precisava encontrar uma nova inspiração e criar novas lembranças em algum lugar, e queria mudar minha história. Decidi ir ao Marrocos e ver o que acontecia. Sempre quis ir a Tânger porque escritores e artistas como Paul Bowles, William Burroughs e Christopher Gibbs tinham morado lá. Então Angie e eu fizemos as malas e rumamos a uma antiga *riad* às margens do deserto. Quando cheguei ao Marrocos, me interessei por nutrição e comecei a estudar metabolismo e a praticar meditação. Queria ver se o isolamento poderia me levar a outro lugar dentro de mim mesmo e da minha vida. Eu ia para o telhado da casa quando o sol nascia, observava as montanhas Atlas a distância e ia expulsando os efeitos das turnês e dos estúdios. Estava determinado a mudar meu estilo de vida além de parar de beber e encontrar uma nova perspectiva para meu futuro. Já fazia tempo que não tinha qualquer interesse em drogas e queria tentar me livrar do máximo de toxicidade possível. Fiz o maior esforço para me afastar de qualquer tipo de mídia o máximo possível, para ver se teria algum efeito em minha vida e qual seria. Todo mundo parecia estar viciado nas notícias do mundo. Eu evitava todos os jornais e noticiários de televisão, e foi interessante descobrir que não me senti desinformado sobre nada que pensei ser importante. Foi libertador, e compreendi que tudo que realmente precisava saber acabaria sabendo.

Uma noite, estava sentado no telhado olhando para a estrada cheia de poeira vermelha que se estendia em direção às montanhas e pareceu um bom lugar para correr. Não pensei muito, apenas saí e comecei a correr e pareceu muito natural. Curti a novidade e disse a mim mesmo que poderia parar a qualquer momento, e logo esqueci que seria difícil. Continuei olhando para a frente e fui pegando o ritmo, apenas prestando atenção na minha respiração e no som do meu pé atingindo o chão. Eu vinha ouvindo música na minha cabeça o tempo todo, e notar o silêncio e a quietude do entorno com as silhuetas das palmeiras ao longo do caminho valeram cada passo. Quando voltei fiz um pacto comigo mesmo para ir de novo no dia seguinte. Dizem que é necessário fazer algo oito vezes até que se torne um hábito e por oito semanas para que vire um estilo de vida. Comecei a correr todo dia, e isso se tornou um hábito, depois virou um estilo de vida do qual, por mais que fique difícil de vez em quando, nunca me arrependi.

Quando voltei do Marrocos as coisas mudaram e minha rotina me deu uma ideia de quem eu poderia ser. Eu gostava de não beber, e o fato de não beber tornou mais fácil ficar saudável, nem que fosse apenas por não ter de lidar mais com as ressacas. As pessoas pensam que, se você fica mais saudável, tem que se privar daquilo que gosta, mas se estiver supersaudável, você pode comer o que quiser e beber o quanto quiser e ficar acordado até tarde. A questão é que você tende a não querer fazer essas coisas porque está se sentindo bem demais para se importar com elas. A ideia de que ser saudável significa que automaticamente você se torna conservador ou careta é uma completa bobagem. Pelo contrário, ficar bastante saudável me deu mais atitude e me acelerou na medida certa.

PORTLAND

Em 2005, Joe veio me visitar, pois ele havia recebido uma consulta inesperada de uma banda estadunidense chamada Modest Mouse, queriam saber se eu me interessava em me juntar a eles. Olha que curioso: fui apresentado a muita música durante a turnê do The Healers por um amigo que pensou que eu gostaria das bandas atuais da cena norte-americana, e eu vinha ouvido muito Lilys e Yeah Yeah Yeahs, mas principalmente Broken Social Scene e Modest Mouse. As novas bandas estadunidenses me proporcionaram renovado entusiasmo pela *guitar music* e me deram um perfeito antídoto contra a cena do pós-britpop que, com exceção de umas duas bandas, eu considerava um beco sem saída.

Fiquei intrigado com o Modest Mouse. Quando ouço algo pela primeira vez, geralmente consigo identificar as influências, mas com o Modest Mouse não conseguia nem arriscar o que eles estavam fazendo, eu simplesmente gostava. Parecia oscilar entre a emoção de uma poesia sombria de uma paisagem estadunidense e a dura confrontação, o absurdo da vida. Eu adorava o imaginário das letras e o jeito com que construíam as guitarras. Só podia ser uma banda estadunidense, que naquela época soou para mim como algo bom.

Recebi uma ligação do líder da banda, Isaac Brock. Tivemos uma longa conversa e ele me convidou para ir a Portland, no Oregon, para me juntar à banda imediatamente. Foi uma conversa inusitada. Isaac era um completo estranho me ligando de forma totalmente inesperada, mas, ao ouvir sua música, fiquei curioso com ele como músico. Era envolvente e tinha uma forte visão do que queria fazer. Concordamos em conversar de novo. Depois de pensar um pouco, propus que nos reuníssemos por um período de composição em Portland para ver como seria.

Eu estava ansioso para visitar Portland. Era um lugar de que tinha gostado quando estive lá em turnê, e nunca havia tido tempo suficiente para conhecer. Sabia de sua reputação como uma das cidades estadunidenses mais liberais, e o cantor e compositor Elliott Smith tinha me falado muito sobre a cidade quando o conheci alguns anos antes, já que ele morava lá na época. Pensei que tocar com o Modest Mouse poderia ser bom, mas intencionalmente evitei me envolver demais pela música deles dali em diante, pois queria levar meu próprio som e sensibilidade para ela. Era uma perspectiva interessante e poderia ser uma aventura, mas antes de ir eu tinha que fazer uma coisa.

Patti Smith tinha me convidado para tocar no Meltdown Festival cuja curadoria ela estava fazendo em Londres. Ela tinha sido uma inspiração desde a noite em que fiquei na frente do palco no Apollo com 14 anos de idade. Cheguei ao Royal Festival Hall com a minha banda e fui apresentado a Roy Harper, que também iria tocar. Eu era fã da música de Roy e fiquei feliz em conhecê-lo, depois descobri que Neil Finn estava em Londres para tocar, então o convidei para subir ao palco comigo para duas músicas. Durante a passagem de som, o guitarrista e líder da banda de Patti Smith, Lenny Kaye, sugeriu que ele, Patti e Roy se juntassem a mim no meu bis. Patti veio ao palco falar oi, e eu a agradeci por me dar tantas ideias com *Radio Ethiopia* nas manhãs antes de eu ir para a escola e disse como ela tinha sido uma ligação entre mim e Morrissey quando formamos os Smiths. Ela disse que estava feliz e que ficou contente como as coisas acabaram, e no bis eu toquei uma música do Strawbs chamada "Lay Down", com Patti cantando no meu microfone de um lado e Roy Harper cantando do outro, e eu imaginando o que tinha feito para tudo dar tão certo na minha vida.

Quando fui a Portland, não fazia ideia de como a situação rolaria com o Modest Mouse. Para algumas pessoas, podia parecer um comportamento excêntrico simplesmente fazer as malas e viajar 6 mil quilômetros, como um capricho, e ir tocar com uma banda que eu nunca tinha encontrado antes, quando estava prestes a gravar meu próprio álbum, mas para mim eu estava fazendo o que tinha feito desde criança, seguindo meu instinto musical. Na minha cabeça, estava preparado para não dar certo, mas algo me dizia que, se desse, poderia ser ótimo. Conhecia algumas pessoas que tiveram contatos com a banda, e as palavras que chegavam a mim eram "geniais" e "imprevisíveis", que pareciam boas para mim e tornavam a ideia mais intrigante ainda.

Dei entrada no hotel, desfiz minhas malas e Isaac veio me buscar para me levar à sua casa para que pudéssemos começar a compor imediatamente. Estávamos conversando no caminho e descobri que dos trabalhos que fiz de que ele mais gostava eram as músicas com o Talking Heads. Era incomum para mim ser mais conhecido por algo que tinha feito depois do The Smiths e fiquei animado com o que poderíamos criar juntos.

Nos colocamos um de frente para o outro e notei que Isaac tocava no volume máximo com um amplificador Fender Super Six, que é três vezes maior que um amplificador comum e estava virado bem para mim. Eu sabia que meu Fender Deluxe nunca conseguiria competir com o dele, então liguei minha guitarra em um dos Super Six dele que estavam sobrando para ficarmos quites. Quando fiz isso, identifiquei uma guitarra preta Fender Jaguar em um suporte, juntando poeira. Gostei dela e perguntei a Isaac se ele se importaria se eu a usasse. Um jarro de vinho surgiu então ao lado de Isaac, e nós dois ligamos e começamos a tocar na potência máxima, um ataque completo.

Vinte minutos depois, estávamos improvisando freneticamente e lançando riff de um para o outro. Comecei a me sentir tonto quando os efeitos da viagem e o jet lag se apossaram de mim, e as coisas ficaram surreais. Isaac colocou boné e óculos de aviador dos anos 1940 e parou de tocar de repente, chegou a alguns centímetros da minha cara e perguntou "Tem algum riff aí?". Gostei da objetividade, sem enrolação, e eu tinha um riff. Era algo que eu vinha criando no Marrocos, dançante e sincopado, e comecei a tocar. Algo na Fender Jaguar fez o riff decolar, e Isaac agarrou o microfone e começou a cantar uma letra do nada. *Well, it should've been, could've been, worse than you would ever know, the dashboard melted but we still had the radio.*[16] Então ele desenrolou um monte de versos sobre um carro descendo uma montanha com partes dele caindo, mas estava tudo bem porque ainda restara o rádio. Os versos iam saindo enquanto ele cantava uma música inteira usando boné e óculos de aviador. Gostei. Nunca tinha visto ninguém mandar um verso após o outro assim antes: *The windshield was broken but I like the fresh air, you know?*[17] Gostei de tocar a Fender Jaguar também, parecia que era a guitarra que eu vinha procurando a minha vida toda, e desenvolvemos a música até que nós dois ficamos um pouco loucos com o volume, vinho e jet lag.

"Tem mais algum riff?", perguntou Isaac, e como eu tinha, nós dois mergulhamos nele com entusiasmo imprudente. Surgiu outra letra: *We've got everything, we've got everything, we crashed in like waves into the stars.*[18] Era 3h da manhã e fazia quase 28 horas que eu estava acor-

16 "Bem, deveria ter sido, poderia ter sido, pior do que você jamais imaginou, o painel derreteu, mas ainda temos o rádio." (N.T.)

17 "O para-brisas estava quebrado, mas eu gosto de ar fresco, sabe?" Trechos da música "Dashboard", do Modest Mouse. (N.T.)

18 "Temos tudo, temos tudo, nos chocamos como se fossem as nuvens batendo nas estrelas." (N.T.)

dado. "We've got everything" soou como outra boa canção para mim, e Tom Peloso, outro membro do Modest Mouse, se juntou a nós e começou a tocar trompete e sintetizador.

De volta ao hotel, eu estava acordado após algumas horas, imaginando onde estava. Quando me dei conta, compreendi que devia ter composto duas boas músicas para o Modest Mouse com alguém que não era mais um estranho para mim. Combinamos de nos reunir cedo no dia seguinte, na hora em que achei que já era hora de ir para a cama, e ouvimos o que tínhamos feito na noite anterior. Parecia que o experimento de Portland daria certo.

O plano para os próximos dias era que os outros membros do Modest Mouse chegassem um a um e finalmente trabalhássemos todos juntos nas novas músicas.

Tom Peloso, que era o multi-instrumentista da banda, já estava conosco, e Joe Plummer foi o primeiro dos dois bateristas a chegar, seguido de Eric Judy e Jeremiah Green, baixista e baterista que tinham formado a banda com Isaac em 1992. É uma situação levemente esquisita chegar com sua guitarra em um grupo já existente de pessoas superunidas. A primeira coisa que deseja fazer é assegurar aos membros que você não é o figurão. Todos os caras no Modest Mouse eram intuitivos, inteligentes e muito acolhedores, e gostaram das músicas que eu e Isaac já tínhamos começado a compor. Desde jovem, evitava ficar em uma sala esperando que as canções surgissem só por ficar improvisando. Aprendi que isso pode levar a horas de zigue-zague aleatório, e isso foi de fato uma motivação para aprender a como compor músicas. Com o Modest Mouse, a atmosfera em torno de todos era relaxada, mas, ainda assim, criativa o bastante para fazer música incomum, que foi o que começou a acontecer.

Eu trabalhava o dia todo com a banda e sempre passava por um momento de tontura proveniente do jet lag à noite. Seguia tocando e usava como um estado de mente surreal e criativo. Ajudava o fato de a energia em torno do Modest Mouse ser um misto de punk rock, comédia, chapação, testosterona e álcool, com algumas fantasias, e tudo era parte de estar na banda. Assim como riffs e alguns pontos de partida para canções, uma contribuição que eu dei ao processo foi comprar um gravador de fita grande e barato da Radio Shack, que eu carregava comigo o tempo todo. A banda fazia uma pausa para fumar, e se eu notava alguém brincando no seu instrumento sozinho, fazendo algo que soasse bom, eu gravava e depois todos trabalharíamos juntos naquilo. Ao longo dos dias, essas pequenas ideias se desenvolviam entre duas ou três permutações da banda, como pequenos incêndios pela sala, então os outros ficavam em volta e se juntavam aos poucos e, por fim, tínhamos uma enorme fogueira. Gravávamos tudo e escolhíamos algumas partes, quebrávamos em partes menores e depois tocávamos de novo.

Depois de alguns dias, decidi que estava com um grupo de pessoas muito legais. Estávamos tocando uma tarde, e enquanto eu ouvia o que estávamos fazendo me ocorreu que eu não tinha a menor ideia sobre qual tipo de música era aquele. Um dos bateristas estava tocando algo comum, o outro fazia algo completamente diferente, o baixo soava como uma melodia celta e os teclados, uma canção de marinheiro. Para completar, a guitarra de Isaac estava mandando um punk rock louco e eu fazia algo incisivo e melódico. Eu estava tocando com essa banda e ainda não sabia que tipo de música era. Tudo o que eu sabia era que soava bom e parecia excelente, e isso é raro, principalmente quando você está fazendo isso há muito tempo.

Eu voltava para o hotel todo dia por volta da 1h da manhã, dormia algumas horas e depois acordava. Foi o começo de um estado de espírito do meio Atlântico privado de sono que ficaria comigo pelos anos seguintes. Eu sempre levava as fitas dessas sessões comigo e costumava me levantar no meio da noite para ouvir de novo o que tínhamos feito e passar a trabalhar em ideias novas para o dia seguinte. Quando havia luz do lado de fora, colocava minha roupa de corrida e saía para explorar Portland. Comecei a gostar bastante do lugar: tinha tudo que eu apreciava nos Estados Unidos e uma ausência benéfica do que eu não gostava. Não havia muito trânsito e o horizonte no centro da cidade tinha cara suficiente de Estados Unidos, mas não era imponente e dominante como algumas cidades estadunidenses podem ser. O rio que divide Portland de leste a oeste era largo e bonito, e eu corria ao longo da margem por vários quilômetros para o norte e para o sul, e então cruzava para o outro lado em qualquer uma de suas lindas pontes que me atraíssem. Cada dia era uma experiência nova, tanto com a banda quanto com a cidade. Eu corria toda manhã por um lugar que estava começando a amar, sabendo que estaria fazendo uma música ótima com novas pessoas.

Todos os caras do Modest Mouse eram interessantes. Joe Plummer, que tocava bateria, me levou para conhecer a cidade e me apresentou para todo mundo, o que eu valorizei, pois ainda não conhecia ninguém em Portland. Ficamos amigos imediatamente e tínhamos muito em comum. Ele também me apresentou para o que estava acontecendo na cena artística estadunidense. Tom Peloso, que tocava de tudo, desde contrabaixo até guitarra havaiana e sintetizadores, me mostrou a cidade à noite em seu carro, um Ford detonado que ele tinha comprado por 500 dólares de um cara no acostamento da estrada e que nomeei de "A Duquesa", e toda noite depois de ensaiar, cruzávamos as pontes e as ruas do centro, ouvindo música clássica. Tom era da Virginia, e por meio dele fiquei conhecendo a antiga e a nova música dos Apalaches, com a qual eu conseguia me identificar por causa da Irlanda e por conhecer um pouco de música country. Jeremiah Green era um dos músicos mais inovadores que eu já conhecera. Sua pegada na bateria era completamente única, e tocava com uma criatividade que ele aplicava a praticamente tudo em sua vida. Eric Judy simbolizava as raízes da banda, e por meio dele obtive um pouco da história por trás de tudo. Eric me recebeu na banda de um jeito bastante acolhedor e genuíno, e, como todo bom músico, sua personalidade transparecia no seu modo de tocar. Ter Isaac como líder significava que sempre haveria animação. Ele é extremamente criativo e gosta quando as coisas chegam ao limite; odeia quando a vida fica entediante. Isaac e eu desenvolvemos uma pegada na nossa forma de tocar guitarra desde a primeira noite quando ambos dávamos a máxima energia, mas também conseguíamos que um complementasse o outro. Eu ouvia com bastante atenção enquanto tocávamos competindo em alto volume, parecia dois carros de corrida dando voltas em uma faixa – às vezes até trombávamos um no outro. Era excitante tocar e ouvir, e isso nos deu nosso próprio estilo, tão poderoso quanto qualquer *guitar band* que já havia ouvido.

Depois de estar com o Modest Mouse por uma semana, todos sabiam que estava dando certo. Quando todo mundo trabalha intensamente, você sente que tem bastante coisa em jogo, vocês passam por algo juntos e aquela relação se torna uma fraternidade. A banda queria que eu entrasse e tinha sensação de pertencimento. Voltei para a Inglaterra como planejado e combinamos que voltaria a Portland assim que possível. Tínhamos uma missão e eu estava ansioso para ver as músicas prontas. Angie, Nile e Sonny estavam comigo quando toquei as fitas em casa, e os Marr embarcaram todos no navio do Modest Mouse.

Enquanto estava em Portland, soube por Joe que Andy Rourke estava tentando me contatar. Fazia quase dez anos que Andy e eu tínhamos nos visto no tribunal, e pedi a Joe que desse meu número. Andy me mandou uma mensagem que dizia: "Oi, Johnny. Espero que esteja tudo bem. Acho que devíamos ser amigos". Foi legal. Fiquei feliz que pudéssemos passar por cima dos velhos dramas dos Smiths e combinamos de nos encontrar no Night & Day Café em Manchester antes que eu voltasse a Portland para me reunir com o Modest Mouse.

Foi bom ver Andy de novo, mesmo que um pouco estranho. Aconteceu muita coisa na separação dos Smiths e havia muito a ser superado. Supus que o motivo que fez Andy decidir entrar em contato foi porque nossa amizade significava algo para ele, e depois de nos sentarmos para conversar conhecíamos um ao outro bem o suficiente para ver que ainda éramos as mesmas pessoas.

Ele estava em boa forma, tendo deixado seus demônios para trás muitos anos antes, e valorizei que tivesse tomado a iniciativa de fazer a reconciliação acontecer. Passamos o dia colocando o papo em dia e nos recordando, e no final concordamos em fazer isso de novo e manter contato. Algumas semanas depois, soube de Andy de novo. Ele estava organizando um grande show para levantar fundos para o hospital Christie de tratamento de câncer, em Manchester, e me convidou para tocar. Era um empreendimento ambicioso e uma grande causa, e fiquei impressionado e orgulhoso por ele estar fazendo isso. O New Order também iria tocar e concordei em aparecer. Pedi a Andy para tocar uma música comigo. Montei uma nova formação do The Healers com um grande músico de quem tinha ouvido falar, chamado James Doviak, na segunda guitarra e nos teclados, e fizemos um repertório de algumas novas músicas solo que eu tinha composto além de duas músicas dos Smiths. Quando chegou em "How Soon Is Now?", chamei Andy ao palco. Era a primeira vez que tocávamos juntos desde o último show dos Smiths em Brixton, e todo mundo no lugar ficou louco. Estava tocando com meu amigo com quem eu tinha tido bandas desde que estávamos na escola e que estava lá quando conheci Angie e quando a polícia me deu uma geral na parede. Foi um bom momento para nós e para os fãs dos Smiths, e deixou algumas questões para trás na melhor forma que podíamos.

Fui para Mississippi com o Modest Mouse para gravar nosso álbum. Um caminhão de mudanças parou na casa de Isaac para colocarmos nosso equipamento, e fiquei pensando por que as bandas estadunidenses não tinham roadies. Carregamos nossos amplificadores, órgãos, banjos, sintetizadores, guitarras e duas baterias, e então nosso vocalista se sentou no banco do motorista e ele mesmo dirigiu os mais de 3 mil quilômetros com todo o equipamento da banda para nos encontrar em Mississippi e gravar um álbum. Achei incrível estar em uma banda com um vocalista que dirigia o caminhão com o equipamento da banda pelos EUA para gravar, mas era representativo da forma com que o Modest Mouse se apegava à sua essência, independentemente do sucesso, e um exemplo de autenticidade do homem que gravou discos chamados "Interstate 8" [Interestadual 8], "Truckers Atlas" [Atlas do caminhoneiro] e "This Is a Long Drive for Someone with Nothing to Think About" [Esta é uma longa jornada para alguém que não tem nada em que pensar].

Oxford, no Mississippi, é uma cidade bonita no condado de Lafayette, e é conhecida principalmente por ser a terra natal de William Faulkner. Íamos ficar dois meses, em quartos que eram celeiros e estábulos, nas dependências de uma antiga casa de campo sulista. O álbum seria chamado de *We Were Dead Before the Ship Even Sank* e estava sendo produzido por Dennis Herring, que tinha produzido o álbum anterior do Modest Mouse, *Good News for People Who Love Bad News*, que continha o single "Float On". Nosso regime de trabalho era intenso, com duas semanas de dias de 14 horas antes de um dia de folga, e depois mais duas semanas de trabalho e assim por diante. Mississippi no verão era quente e úmida demais, então qualquer minuto fora do estúdio era como estar em um forno. Todo dia eu me deitava no chão do estacionamento para falar com Angie no telefone, assando no calor enquanto ela me atualizava de tudo que estava acontecendo em casa. Era duro ficar tanto tempo longe. A família toda estava animada por causa do álbum, mas foi o maior tempo que eu e Angie ficamos distante e a diferença de fuso horário tornava tudo mais difícil ainda. Enquanto eu estava gravando o disco, recebemos a notícia de que o pai de Angie havia sido diagnosticado com câncer. Foi um golpe em todos nós e principalmente nas crianças, que eram muito apegadas ao avô. Eu ligava para descobrir como estava a situação e fazer o que eu pudesse, mas o pai de Angie estava desvanecendo e me cortava o coração não estar lá com eles. Eu tinha que fazer o máximo para terminar o álbum e esperava que pudesse voltar para casa a tempo.

Todo o trabalho que a banda dedicou à composição valeu a pena, e ter as partes de guitarras já trabalhadas significou que eu podia direcionar a minha energia para desenvolver sons da forma que tinha aprendido a fazer com o The The, quando eu estava "produzindo com os meus pés". Estar em uma banda estadunidense de raiz era algo totalmente novo, e eu gostava de misturar a ciência da guitarra com a energia do pântano do Mississippi.

Uma grande ideia que tive durante a gravação do álbum foi construir minha própria guitarra Jaguar. Eu tinha ficado tão acostumado a tocá-la que comprei de Isaac, que não conseguia me imaginar tocando outra. Tive muita sorte de conseguir fazer uma grande coleção de guitarras que eu empregaria para fazer sons bem específicos durante os anos, e agora com o Modest Mouse, eu tinha encontrado a guitarra que não apenas se encaixava perfeitamente comigo, mas que fazia o trabalho de várias guitarras, e que também estava me levando para um novo território, do mesmo jeito que a Rickenbacker tinha feito com os Smiths. Fiquei obcecado com Jaguars e Jazzmasters, e as usei apenas no álbum. Mas, um dia, meu amigo Clay Jones me falou de um cara em Tupelo, Mississippi, que tinha umas guitarras raras. Eu não precisava de muitos motivos para ver uma guitarra, mas, quando pensei na possibilidade de conseguir uma de Tupelo, o local de nascimento de Elvis Presley, não perdi a oportunidade. Fui lá encontrar a antiga casa de Elvis e conseguir uma Jaguar.

Quando cheguei ao lugar onde ficava o homem das guitarras, fiz o que qualquer outro guitarrista na minha posição faria: enlouqueci e comprei um monte. O fato de que eu era da Inglaterra e de repente me encontrava no local de nascimento do Rei do Rock pareceu tornar absolutamente crucial aproveitar isso e obter alguns tesouros genuínos direto do lugar onde tudo começou. Comprei uma velha Jaguar 1962, uma Jazzmaster 1965 e uma Guild Acoustic dos anos 1970, antes de achar o número 306 da Elvis Presley Drive e prestar minhas homenagens e fechar o negócio com bênçãos cósmicas. Cheguei à pequena casa branca onde Elvis Presley havia nascido, e não havia uma alma por ali. Havia uma cadeira de balanço na varanda a que não pude resistir. Me sentei lá e pensei sobre onde eu estava, e tive que ligar para Angie para dividir esse momento com ela. Esperava que atendesse.

Ela atendeu o telefone e na minha melhor voz de Elvis Presley comecei a cantar "Are you Lonesome Tonight?". Ela me deixou cantar a música toda, e então Angie, que, devo dizer, não é fã de Elvis, respondeu: "Você é um tonto mesmo".

Uma das coisas que eu mais gostava de fazer com o Modest Mouse era compras com Jeremiah. Todos na banda eram as pessoas mais consumistas que eu tinha conhecido na vida, e em cada posto de gasolina que parávamos era uma oportunidade para estocar bonés, óculos 3-D e redes de pesca. Estar no Walmart em Mississippi às 3h da manhã com Jeremiah era educativo e um deleite, já que ele passeava pela loja escolhendo uma infinidade de objetos, desde brinquedos para crianças até ferramentas de jardinagem com o ar casual de um especialista, e eu ficava maravilhado com a diversidade estética do homem. Objetos para fazer placas, coisas para fazer outras coisas e itens para colar em cima de outros itens: tudo ia para o cesto. Quando voltávamos para o estúdio, ele desaparecia com suas aquisições e depois reaparecia dias depois, após criar algo bem impressionante. Em uma manhã, fui até seu quarto e notei algo incomum. Os móveis tinham sido pintados com tinta spray dourada. Foi nessas incursões noturnas que comecei a encontrar enfeites para colar nas minhas guitarras. Era algo para se fazer às 3h da manhã e parecia uma arte digna.

Quando o disco estava pronto, achei que tínhamos feito algo que não soava como nada mais. Gostava do fato de que não tínhamos analisado muito a situação, mas a descrição de Isaac de que o disco era "uma brincadeira de carnaval com uma balalaica náutica" parecia ser adequada. Observar Isaac escrevendo as letras era fascinante, porque se você não estivesse procurando por isso, nem notaria o que ele estava fazendo. Nós já tínhamos o que pensei ser uma música muito boa, e então ele escrevia mais, dando às palavras nuances e significados extras até que soassem como uma colagem de alteridade, e um outro nível surgia. Em Isaac, encontrei alguém cujas palavras eu conseguia ler por prazer pessoal, estivesse envolvido ou não.

While we're on the subject
Could we change the subject now?
I was knocking on your ears
Don't worry you were always out
Looking towards the future
We were begging for the past
Well, we know we had the good things
But those never seemed to last.

Everyone's unhappy
Everyone's ashamed
Well, we all just got caught looking
At somebody else's page
Well, nothing ever went
Quite exactly as we planned
Our ideas held no water
But we used them like a dam

Oh, and I know this of myself I assume as much for other people
Oh, and I know this of myself
We've listened more to life's end-gong
Than the sound of life's sweet bells.[19]

19 "Enquanto estamos falando disso, poderíamos mudar de assunto agora? / Eu estava batendo nos seus ouvidos, não se preocupe, você sempre esteve fora / Olhando para o futuro, estávamos implorando pelo passado / Bem, sabemos que tivemos coisas boas, mas elas nunca pareceram durar. / Todos estão infelizes, todos estão envergonhados / Bem, fomos pegos olhando na página de outra pessoa / Bem, nada nunca foi exatamente como planejamos / Nossas ideias não retiveram água, mas as usamos como um dique / Ah, e eu sei disso por mim mesmo / Suponho bastante pelas outras pessoas / Ah, e eu sei disso por mim mesmo / Ouvimos mais o gongo do final da vida do que os sons dos doces sinos da vida." Letra da música "Missed the Boat". (N.T.)

A BOA NAVE MODEST MOUSE

Angie e as crianças vieram para Portland e todos nos sentimos em casa. Nile se identificou com a cultura em Portland e, aos 16, estava pensando seriamente em compor e tocar guitarra também, tendo sido influenciado por Elliott Smith e Broken Social Scene. Ele tinha surgido na música do noroeste da costa do Pacífico, e o Modest Mouse tinha sido sua banda favorita. Eu havia deixado de me hospedar em hotéis e estava alugando um apartamento, e a família vinha visitar sempre que podia nessa época, por causa de minha agenda de trabalho e da escola das crianças, e o restante do Modest Mouse os acolheu no mundo da banda de forma tão calorosa como tinha me acolhido.

Com o álbum prestes a sair, eu estava pronto para fazer a turnê mais longa que já tinha realizado. Seria desafiador estar longe de casa por tanto tempo, mas a expectativa que sentíamos com a banda e o disco significava que também havia muito pelo que ansiar, e eu estava comprometido com o Modest Mouse por esse longo trajeto. Estávamos fazendo os preparativos de última hora em Portland quando recebi notícias ruins de casa. O pai de Angie estava muito doente e eu precisava voltar. Cheguei um pouco antes de ele morrer. Eu conhecia o pai de Angie desde quando ela e eu nos encontramos quase 30 anos antes. Ficamos muito próximos ao longo dos anos, e ele era um homem excelente. Minha preocupação principal era cuidar da minha família. Minha esposa tinha perdido o pai e meus filhos, o avô. Precisávamos passar por isso juntos.

Era um pouco estranho voltar para a Inglaterra e ver em primeira mão como minha entrada para o Modest Mouse estava sendo abordada na imprensa. A banda já era grande nos Estados Unidos, mas apenas os fãs de música mais antenados a conheciam no Reino Unido, e o tom da matéria na imprensa britânica era na linha de "Lenda dos Smiths se junta a roqueiros estadunidenses esquisitos e barbudos". Não tinha problema para mim o viés que normalmente era dado ao que eu estava fazendo, mas às vezes me incomodava quando meus parceiros de composição tinham que lidar com a carga dos Smiths, quando tudo o que eles queriam era fazer música boa com seu guitarrista e amigo. Por sorte, meus companheiros de bandas eram todos adultos e artistas, e tinham tido sucesso e noção o suficiente para lidar com o questionamento óbvio que viriam em nossa direção em menos de dez minutos de entrevista. Ainda assim, eu desejava que as pessoas pensassem um pouco mais alto às vezes.

Eu estava em casa, fazendo as malas, quando recebi uma ligação do empresário da banda, Juan Carrera.

— Oi, Johnny, o que você tá fazendo?

— Estou fazendo as malas para a turnê... Por quê?

— Pensei que iria gostar de saber que o álbum entrou nas paradas norte-americanas no primeiro lugar.

Foi um momento maravilhoso, que nunca esperei. Fiquei parado um tempo pensando "Não!... É verdade? É verdade mesmo?". Mas tinha, de fato, acontecido. O álbum do Modest Mouse tinha entrado direto nas paradas estadunidenses no primeiro lugar. Liguei para Angie e contei, e ela voltou de onde estava para ficar comigo e celebrar. Depois Joe ligou. Ele estava eufórico. Durante todo o tempo que toquei com os Smiths e depois, nunca prestei muita atenção nas posições das paradas. Fiquei feliz e senti uma grande realização quando *Meat Is Murder* foi número um no Reino Unido, e foi importante que o Electronic teve seus sucessos, mas eu nunca me lembrava da posição de nada, e realmente não ligava se um single não chegasse a um lugar bom nas paradas. Quando um disco era gravado, se ele soava bom, eu ficava feliz por ter composto e gravado. Assim que era lançado, meu foco mudava. O Modest Mouse entrar no número um nos Estados Unidos, no entanto, era diferente. Encarei não apenas como uma conquista para a banda e para o trabalho que realizamos ao compor as músicas, mas como um triunfo para a *guitar music* alternativa. Música como a nossa não conquista o primeiro lugar nos Estados Unidos, mas conseguimos.

De volta a Portland, subi no ônibus e ao estilo verdadeiro do Modest Mouse parecia que estávamos embarcando em alguma viagem épica. Centenas de datas se espalhavam no horizonte quando partimos para nossa brincadeira de carnaval com uma balalaica náutica ao redor do mundo para sabe-se lá onde. Eu estava na banda fazia um tempo, e meu papel como guitarrista britânico especialista pareceu cair bem para mim. Embora houvesse uma unidade na banda, era uma novidade enorme para todos ter um britânico por perto, e ninguém perdia a oportunidade de menosprezar, zombar e ridicularizar todas as diferenças culturais entre nós. Minha "inglesidade" era uma grande fonte de diversão, e tive de ouvir os mais bizarros sotaques *cockneys* e uma gozação brutal, até eu ter que lembrar todo mundo em voz alta que eu, na verdade, era uma estrela do rock lendária e que eles deviam ficar quietos. Eu gostava de todo mundo envolvido com o Modest Mouse: da equipe, do empresário e dos amigos e das famílias dos membros da banda. Gostava muito do público. A banda tinha uma relação especial com os fãs, e quando eu subia ao palco tinha ciência de que estava tocando para pessoas interessantes. Os shows eram imprevisíveis e geralmente muito loucos quando nós seis subíamos entre harmônios, trompetes e banjos, e atacávamos o lugar com força total, partindo para explorações itinerantes dentro da música. Como o clima da noite é que ditava como seria o show, às vezes descartávamos o set list e tocávamos qualquer música que desejássemos, e talvez de modo diferente ao que tínhamos feito antes. Às vezes, eu tratava o palco como um espaço de improviso. Tudo girava em torno de tocar, mais do que eu tinha feito com qualquer outra banda antes. Isaac embarcava em uma ideia espontânea e, dependendo de como estávamos nos sentindo, acabávamos fazendo uma sessão totalmente improvisada que poderia durar dois ou dez minutos. Era uma música fora do comum, e música para a cabeça. Música incomum para a cabeça.

Viajamos sem parar, e a história e o status da banda nos Estados Unidos significavam que fomos a muitos lugares que eu nunca tinha ido antes. Meu estilo de vida na estrada se tornou mais ascético. Me tornei 100% vegano, algo que vinha considerando fazia tempo, e aumentei minha corrida para 16 quilômetros e passei a cronometrá-la para terminar antes da hora do show e entrar no palco vibrando. Os shows eram tão divertidos e eu me sentia tão bem que não conseguia imaginar viver de outra forma. Quando estivemos no Canadá, corri na neve ao longo da estrada na direção do tráfego enquanto os carros se dirigiam ao local da apresentação. Não importava onde estivéssemos nem as condições, eu saía e seguia minha rotina, mesmo que estivesse completamente travado e ficasse apenas dando voltas em torno da arena, como no Arizona.

A banda voltava para Portland periodicamente após estar longe algumas semanas. Não fazia muito sentido para mim ficar indo e voltando da Inglaterra, e por fim Angie e eu compramos uma casa e a família vinha ficar comigo sempre que eu voltava à cidade. Em um domingo, estava em Portland e fui convidado para uma festa onde fui apresentado a um britânico que, depois fiquei sabendo, era Gary Jarman, do The Cribs. Antes de sair da Inglaterra, havia duas bandas de que eu realmente gostava: uma era Franz Ferdinand e a outra era The Cribs, que ouvi pela primeira vez quando "Hey Scenesters" explodiu no rádio do carro uma noite e quase me fez parar imediatamente. Gary e eu nos encontramos bastante em Portland. Éramos os únicos músicos ingleses na cidade e nos reuníamos sempre que voltávamos de turnês com Modest Mouse e The Cribs.

Comecei a sentir falta da Inglaterra, e estava com saudades da minha família e de Joe. A cultura musical britânica era uma parte inegável do meu DNA, e ficar longe alguns anos tinha me feito pensar sobre minhas influências e o som e a atitude das bandas com as quais eu tinha crescido. Minha amizade com Gary Jarman era uma ligação com o Reino Unido e com o lar para nós dois, e foi bom encontrar alguém que tinha interesses similares. Voltei ao Reino Unido com o Modest Mouse em turnê e os shows estavam esgotados. Tocamos em Glastonbury e no Royal Albert Hall, e foi legal estar de volta.

Na manhã do show em Manchester, eu estava em um hotel e fui acordado por uma ligação telefônica de Angie para dizer que Isaac estava no hospital. Ele tinha sido atacado no rosto com uma garrafa na noite anterior em Nottingham depois que o restante da banda tinha deixado a cidade. Era um problema sério. Ele teve a cara costurada às 3h da manhã, mas estava a caminho para o fazer o show com o lendário mascote da banda e líder espiritual, Tim Loftus, pois não queria que eu perdesse a oportunidade de tocar em Manchester. Quando ele se encontrou com o restante de nós, seu rosto estava tão cortado que eu não conseguia acreditar que ele conseguiria tocar, mas fizemos o show e Isaac tinha uma desculpa legítima para usar um tapa-olho no palco. Estar em Manchester por dois dias me deu a oportunidade de apresentar todos a Joe Moss e mostrar minha cidade natal para a banda. Um dia eu estava com Joe Plummer e apontei para a casa da Shelley Rohde, onde eu morava quando montei os Smiths e onde Morrissey e eu compusemos nossas primeiras músicas. Foi a primeira vez que me atentei ao fato de que a avenida se chamava Portland Drive. Mais tarde, quando fomos ao centro e mostrei a Joe onde os Smiths tinham ensaiado nos escritórios da Crazy Face de Joe Moss e onde tocamos "Hand in Glove" pela primeira vez, notei que estávamos em Portland Street.

A costa noroeste do Pacífico e excursionar com o Modest Mouse foram toda a minha existência por quatro anos, e isso trouxe uma quantidade enorme de mudanças na minha vida. Meus filhos cresceram enquanto eu fazia parte de uma banda estadunidense, e em Portland encontramos uma nova cidade para ser nosso lar. Cultivei um estilo de vida totalmente novo enquanto viajava e tocava com o Modest Mouse e essa foi a melhor época da minha vida. Tive um disco em primeiro lugar nas paradas de sucesso nos Estados Unidos, tinha começado a fazer minha própria guitarra e tinha até cantado "Are You Lonesome Tonight?" para a minha esposa na varanda de Elvis. Tudo estava bem, e senti que era a hora de compor umas músicas de novo e gravar um novo disco.

O Modest Mouse agendou uma nova rodada de shows no Japão e na Austrália, e então nos Estados Unidos de novo, dessa vez com o R.E.M. Eu estava cansado de turnês e precisava voltar para a Inglaterra, e como não havia gravação em vista para a banda, senti que a próxima turnê provavelmente seria meu canto do cisne com o Modest Mouse, pelo menos por um tempo. Não havia nenhum sentimento ruim. Todos entenderam, e eu e a banda sabíamos que podíamos facilmente trabalhar juntos no futuro de novo. Fomos para a estrada com o R.E.M. Em um show, o estádio foi atingido por um raio durante nossa apresentação. Eu o vi se formando e atingindo o local, e a banda toda parou por alguns segundos enquanto o público começou a dispersar, então continuamos com a música de uma forma bastante nervosa até que fomos tirados do palco pela organização.

Peter Buck do R.E.M. e eu já tínhamos amizade, pois tínhamos saído juntos em Portland. Eu o vi segurando seu *set list* um dia, peguei uma caneta e escrevi "Fall On Me" nele porque era minha música favorita do R.E.M. A banda a adicionou ao repertório e me convidou para tocá-

-la com eles todas as noites no bis. Após os shows, dependendo da diferença de fuso horário, eu ficava acordado até mais tarde e ligava para Joe. Eu ficava do lado de fora sozinho, nos atualizávamos sobre tudo e falávamos sobre muitos assuntos, como sempre.

Durante a turnê, a fabricante da guitarra Fender, que ficou sabendo que eu estava redesenhando minha Jaguar, entrou em contato comigo para criar uma guitarra com minha assinatura. Eu ia poder desenhar uma guitarra com especificações exatas, que eles então acrescentariam ao catálogo e venderiam em lojas de guitarras pelo mundo todo. É algo muito conceituado você ter uma guitarra com seu nome, e uma verdadeira honra seguir os passos de pessoas como Les Paul e Chet Atkins, que foram os pioneiros da moderna guitarra elétrica. Eu vinha tocando uma Fender Jag desde que entrara para o Modest Mouse: era perfeito para o meu estilo e soava como eu. Mas, por mais que a amasse, havia elementos na Jaguar que eu sabia que podia melhorar, e comecei a pensar em como torná-la perfeita. Experimentei muitas outras Jaguar antigas, testando e comparando-as em ambientes diferentes para obter delas o melhor que eu pudesse. Primeiro, experimentei em ensaios e passagens de som, mas depois criei coragem e comecei a testá-las durante os shows, e não há nada como estar diante de milhares de pessoas para ajudá-lo a tomar uma decisão rápida. A turnê do Modest Mouse com o R.E.M. chegou a Nova York, e íamos tocar no Madison Square Garden. Eu tinha pegado emprestada uma Jaguar antiga 1960 para testar, e eu tinha que ter certeza de que estava funcionando antes do show, mas esqueci de fazer isso. Na metade do repertório, eu a pluguei e fui tocar uma música, comecei a palhetar e... nada... apenas um completo... silêncio. A banda ficou olhando para mim, esperando para começar a música, e meu roadie corria freneticamente pelo palco me xingando por não checar a guitarra antes do show. Peguei a que estava funcionando e toquei o resto do show com ela, mas isso me ensinou a sempre me certificar de que uma guitarra antiga esteja funcionando antes de querer tocá-la no Madison Square Garden. O Modest Mouse tinha agendado um segundo show no Brooklyn para mais tarde na mesma noite. Depois do nosso set, toquei com o R.E.M. e depois pulei num táxi para alcançar o Modest Mouse e subir ao palco em Williamsburg. Começamos o show do Modest Mouse por volta das 3h30 da manhã, e quando a noite acabou, caminhei na calçada às 7h, atordoado, mas me sentindo bem, tendo tocado três vezes em uma noite em Nova York.

OS NOVOS COMPANHEIROS

De volta a Londres, eu estava recebendo um prêmio pelo conjunto da minha obra da revista *Q Magazine*, no Grosvenor Hotel, quando um notável rock star independente se aproximou de mim e disse com um sotaque de Yorkshire "Ei, Johnny, sou Ryan, irmão do Gary, do The Cribs. Devíamos gravar um single juntos", antes de rumar em outra direção. Gostei da ideia. Um EP de sete polegadas de *guitar music* explosiva. Fiquei com isso na cabeça e achei que devíamos fazer.

Eu tinha algumas ideias para músicas: estava sendo atraído pelo tinido de duas guitarras e a adrenalina do punk, e estava pegando a sensação de insatisfação que atualiza a melhor música britânica. Eu tinha vontade de fazer um barulho e uns bons riffs, e então o The Cribs me convidou.

A primeira vez que toquei como The Cribs foi em fevereiro de 2008 no Glasgow Barrowlands, e não foi diferente de quando o The Smiths tocou lá em 1985. Desviei de cada caneca de cerveja que veio em minha direção e escapei de cada sapato que passou pertinho da minha orelha. Os shows deles eram uma experiência de energia muito alta e uma celebração comunal exuberante. Era alto e animado, e eu tinha que me concentrar para evitar ser levado pelo ciclone que estava se formando em torno de mim. Para mim, o The Cribs tocava *guitar music* britânica de rua, mas com atitude de banda estadunidense. Eles cresceram devorando a cultura alternativa dos EUA nos anos 1990 que tinha sido liderada por bandas como Sonic Youth e Nirvana, o que significava que o The Cribs era diferente de seus colegas, que não tinham a mesma ideologia anticorporativa nem a mesma força.

Musicalmente, me encaixei por entrelaçar meu modo de tocar guitarra com o de Ryan do mesmo jeito que fiz quando tocava com Isaac, e tentei tornar um compromisso nosso ter um ataque de duas guitarras bastante deliberado. Quando conheci Ryan, ele era uma figura proeminente na imprensa musical, e parecia resumir um tipo de personagem imprevisível que poderia se lançar a algo perigoso a qualquer minuto. Teria sido fácil para ele aceitar o rótulo de novo Sr. Famoso, mas ele era sério e multifacetado demais para cair nessa. A banda tomava bastante cuidado para não se deixar enganar por algo passageiro e não tinha gosto pelo convencional. Sua visão se baseava em um legado de shows apaixonados e gravações de discos que significavam algo para os fãs.

Quando fomos compor músicas, sugeri que fôssemos para uma sala suja em um velho moinho nos arredores de Manchester, porque pensei que o que estávamos fazendo precisava funcionar naquele ambiente primeiro e, então, poderíamos levar para o conforto do meu estúdio. Deve ter intrigado a banda que alguém com um estúdio profissional em casa escolheria ir a uma sala detonada por aí, mas entenderam a lógica disso e confiaram que eu sabia o que estava fazendo. O momento-chave para mim e o The Cribs chegou quando preparamos nosso equipamento para tocar. É algo simples, mas para mim aquele processo é tanto ritualístico quanto completamente natural, como se você tivesse nascido para isso, e se enxergar isso em outra pessoa, sabe que são feitos da mesma substância. The Cribs preparava seu equipamento do mesmo modo que eu, e quando estávamos prontos para começar, falei: "Tenho esse aqui" e toquei um riff pungente e todos entramos nele imediatamente. Soou legal e em 40 minutos tínhamos nossa primeira música. Nos dias seguintes, todos demos ideias. No final da semana, tínhamos um punhado de boas canções, que talvez soassem exatamente como The Cribs na medida certa apenas comigo tocando. A química funcionou, e por causa disso decidimos continuar tocando juntos. Eu tinha pensado que a ideia de fazer parte de uma gangue já tivesse ficado para trás, mas há coisas que você não consegue mudar. Acho que depende apenas de encontrar a gangue certa.

Me perguntaram muito sobre estar em uma banda com três irmãos, como se pratos fossem jogados nos bastidores e guitarras fossem sempre estraçalhadas na cabeça das pessoas, mas não havia nada disso. O que significa é que eles têm uma ligação dentro e fora do palco e, para eles, isso é uma força. Com certeza foi incomum entrar para uma banda que é uma família, mas no final estar na família Jarman era um privilégio especial, e meu papel era mais como o do meio-irmão que voltava de guerras. Ficaram todos na minha casa em Manchester quando estávamos gravando pela primeira vez, e nossas famílias se tornaram muito próximas. Meus filhos tinham passado a adolescência perto do Modest Mouse e do The Cribs, e não podiam ter ficado mais felizes. Estávamos todos juntos: os Marr e os Jarman, e um cão leão-da-rodésia chamado Riff.

O imbróglio envolvendo os Smiths continuava nos bastidores, indo e vindo de vez em quando. O catálogo da banda tinha sido passado para a Warners por Morrissey e por mim em 1992, quando fomos aconselhados a resgatá-lo da Rough Trade, que estava à beira da falência. A Rough Trade devia muito dinheiro, mas tinha conseguido continuar no negócio ao vender discos dos Smiths e usar o dinheiro para pagar as dívidas antes de pagar a banda, portanto, ninguém da banda recebeu royalties por um longo tempo. Com bem poucas opções e sem tempo, Morrissey e eu conseguimos fazer um acordo apressado com a Warners para lançar os discos dos Smiths e impedir que o catálogo caísse nas mãos de receptadores. Não foi o melhor acordo do mundo, mas pelo menos deixou as músicas com as pessoas que já conhecíamos.

A primeira ação da Warners quando adquiriu o catálogo dos Smiths foi relançar os álbuns em CD, o que significou que eles os remasterizaram. Masterizar é o último estágio da gravação de um disco, pelo qual as canções são colocadas na ordem correta com a extensão exigida de silêncio entre elas. O volume de cada canção é checado e ajustado de forma que tudo fique no mesmo nível, consistente e, com sorte, soando tudo perfeito.

Sempre participei do processo de masterização dos discos do Smiths. Eu encarava isso como uma obrigação profissional enquanto produtor, então não ia deixar alguém bagunçar o som dos álbuns depois de tanto trabalho que eu tinha dedicado a eles. Há muito a se fazer no processo de masterização para fazer o disco soar melhor, se for preciso. É possível adicionar equalização de alta tecnologia e fazê-lo brilhar mais ou adicionar ou reduzir níveis de baixo para deixá-lo mais ou menos encorpado. Infelizmente para os Smiths, não fui consultado quando o catálogo foi remasterizado para os CDs nos anos 1990. Os álbuns todos foram relançados depois de algum engenheiro de masterização ter feito ajustes aleatórios, o que significava que eles não soavam em nada parecidos com quando eu os gravei. Foi uma enorme frustração e uma decepção ver os álbuns lançados quando eu sabia que eles soavam errados, e estava determinado a corrigir isso. A Warners e eu gastamos muito tempo tentando achar uma solução, que foi complicada pelas contínuas batalhas legais entre Morrissey e Mike Joyce. Depois de muita luta, cheguei a um acordo com Morrissey e a Warners. Eu pegaria todas as fitas másteres e masterizaria todos os discos de novo com um engenheiro do maior gabarito para que nosso catálogo ficasse como deveria ser, de uma vez por todas. Seria um longo processo e uma tarefa colossal, mas acreditei que valeria a pena.

Passar pelo catálogo todo dos Smiths e trabalhar canção por canção foi uma verdadeira prova de amor. Comecei com "Hand in Glove" e fui cronologicamente até o final. Eu conhecia cada parte da guitarra, nota de baixo e batida nos pratos, e quando analisei os discos fiquei impressionado ao notar como a banda era boa como conjunto e como todos éramos jovens quando tocamos juntos. Minha função era ser o mais técnico possível ao restaurar os discos para serem exatamente como eles soavam no estúdio, mas fui capaz de me lembrar da intenção e da emoção exatas que foram depositadas em cada nota e palavra quando cada canção foi originalmente criada. Trabalhar nesses discos de novo me deixou orgulhoso da banda. Então, mandei uma mensagem para Morrissey e Andy: "Dá para ouvir o amor ali". Foi bom ter recebido uma resposta legal de cada um deles.

As negociações com a Warners significavam que Morrissey e eu estávamos em um raro momento de comunicação. Um dia em setembro de 2008, nos contatamos e, como estávamos a apenas alguns quilômetros de distância um do outro no sul de Manchester, combinamos de nos encontrar em um pub próximo. Fiquei feliz em ver meu ex-parceiro de composição. Fazia dez anos ou mais desde a última vez que tínhamos nos visto. Havia muito assunto sobre o que conversar. Eu estava interessado no que ele estava fazendo, e comparamos nossas experiências de morar nos Estados Unidos. Ambos tínhamos excursionado muito nos últimos anos e falamos sobre os shows e os lugares para onde viajamos, coisas de que gostamos e de que não gostamos muito. Foi bom. Nos atualizamos sobre a vida pessoal, a família e lembramos os velhos tempos, até falamos como tinha se cumprido a lista que eu tinha feito para a banda no dia que nos reunimos pela primeira vez na casa de Shelly.

O suco de laranja desceu e a cerveja desceu, e nossa conversa entrou em aspectos mais profundos. Morrissey começou a falar como, depois de tanta água ter passado por debaixo da ponte, nossa relação tinha sido controlada pelo mundo exterior, e quase sempre de uma forma negativa. Tínhamos sido definidos por outros em muitas áreas de nossa vida profissional. Gostei que ele falou isso, pois era verdade. O proprietário não conseguia acreditar no que estava testemunhando, já que as bebidas continuaram sendo pedidas e conversamos por horas em seu tranquilo pub. Conversamos, como sempre fazíamos, sobre os discos que amávamos e, por fim, nossa conversa entrou "naquele assunto". Houve rumores na mídia durante anos de que os Smiths iriam se reunir e sempre foram mentirosos. Nunca busquei viabilizar a volta da banda, nunca quis isso. Falamos sobre os rumores mais recentes e de onde eles poderiam ter vindo, e era interessante como o assunto estava pronto para ser discutido. Sem dúvida foi legal estarmos juntos. De repente, estávamos falando sobre a possibilidade de a banda voltar e, naquele momento, pareceu que, com a intenção certa, era algo que poderia, de fato, acontecer e poderia até ser excelente. Eu ainda trabalharia com o The Cribs no nosso álbum e deixei claro que faria isso primeiro, e Morrissey também tinha um álbum para lançar. Passamos mais algum tempo ali e depois de mais suco de laranja e mais cervejas, nos abraçamos e nos despedimos.

Nos dias seguintes, estivemos em contato e planejamos nos encontrar de novo. Eu estava genuinamente feliz por estar em contato com Morrissey de novo, e The Cribs e eu falamos sobre a possibilidade de eu fazer alguns shows com os Smiths em algum momento. Por quatro dias, essa foi uma possibilidade real. Teríamos que achar alguém novo para a bateria, mas pensei que, se os Smiths quisessem mesmo voltar àquela altura, poderia ser bom e deixaria muita gente feliz, e com toda nossa experiência, poderíamos ser até melhores do que antes. Morrissey e eu continuamos nosso diálogo e eu fui ao México com o The Cribs alguns dias depois, e então, de repente, o silêncio se estabeleceu. Nossa comunicação cessou, e as coisas voltaram a ser como eram e como eu espero que elas sempre sejam.

COMPARTILHAMOS O MESMO CÉU

The Cribs planejou gravar o álbum em Los Angeles com o produtor Nick Launay, que conhecíamos de seu trabalho com o Yeah Yeah Yeahs e com Nick Cave, mas primeiro fomos a um celeiro de um estranho em Oregon City, que Gary tinha visto anunciado em um jornal local. O lugar era uma mistura do esconderijo de um serial killer com um covil de sequestrador, e parecia que o enredo de *Horror em Amityville* tinha de fato ocorrido ali. Todo dia dirigíamos pelas estradas desertas do interior para o meio do nada e o proprietário, que era um comerciante de guitarras amador com um ar levemente sinistro, ficava esperando para beber algumas cervejas e se divertir sabe Deus como com os companheiros. Havia bonecas velhas esfarrapadas e outros brinquedos de crianças espalhados pelo chão, mas nenhuma criança, e nosso anfitrião com seu mullet estava sempre sozinho. Éramos estoicos, no entanto, e havia um disco a ser composto, então ficamos no celeiro mal iluminado sem sair a fim de completar nossa missão, e também porque tínhamos medo. Ficar preso em um celeiro fazia esse papel. Compomos algumas canções boas em tempo recorde e então demos o fora de lá sem nem olhar para trás.

Fomos até a Califórnia para gravar o álbum *Ignore the Ignorant*. As sessões deveriam ter ido de vento em popa, mas eu estava na casa de um amigo um dia quando recebi uma ligação de Ryan dizendo que Ross estava no hospital. Ele decidiu aprender a andar de skate no dia anterior ao início das sessões, subiu a mais íngreme ladeira de Los Angeles e desceu. Basta dizer que ele ia muito rápido e, quando pulou para tentar parar, caiu e quebrou o braço. Era uma má notícia para um baterista e não era típico dele, que é uma das pessoas mais espertas que conheço. Era o dia anterior às sessões, e ele estava no hospital com o punho quebrado. Ele conseguiu achar uma forma de tocar bateria, e gravamos o álbum sob o sol de Los Angeles. Ross sofria por sua arte, e havia dor em cada batida.

Ter um bom produtor e colegas de banda trabalhando em conjunto significou que pude ter um pouco de tempo para mim mesmo. Estávamos no vale onde as estradas são retas e longas, e minha rotina de corrida foi forçada ao extremo. Se eu tivesse tempo antes das 11h da manhã, correria 8 quilômetros em uma direção e depois voltaria. Outra possibilidade era, se eu tivesse tempo antes do anoitecer, com um pouco mais de ambição, rumar às montanhas no horizonte, com a estrada se esticando à minha frente. Eu ficava envolto em pensamento e esvaziando minha cabeça ou ouvindo a velha música soul do norte ou música eletrônica. Depois de 11 quilômetros, a endorfina atingia o pico e eu corria para as montanhas. E continuava até chegar a 16 quilômetros e depois voltava.

No percurso de volta, eu estava em transe; a música ia tocando e eu ficava em um estado meditativo, me sentindo ótimo, o sol já baixo. Quando voltava ao estúdio tinha corrido 32 quilômetros, e refazia isso a cada dois dias. Algumas semanas se passaram, e eu estava tão em forma que cogitei esticar um pouquinho no final, assim quando voltasse teria corrido 42 quilômetros, a distância de uma maratona. Fiz isso uma noite e depois estava completamente arruinado e desorientado. Minha mente não funcionava e não tinha sobrado nada de mim. Entrei na cozinha do estúdio e vi uma expressão estranha no rosto de Ross, preocupado com seu novo guitarrista, que poderia estar acabado antes de terminar a gravação do disco.

— Você está bem? — ele perguntou.

— Sim... Eu... é... — Não conseguia falar e não conseguia pensar.

Vinte minutos depois, apaguei, caindo no mais profundo sono, mais profundo do que quando eu ia escavar a rua com meu pai. Tive que me restabelecer mentalmente, mas, apesar de doer muito, fiquei bem e voltei a gravar. No dia seguinte me sentia ótimo. Estava exultante por ter percorrido a distância de uma maratona, então fiz de novo. Dessa vez, foi mentalmente mais fácil já que eu sabia que tinha feito antes. Voltei e me restabeleci, mas evitei Ross, já que não queria preocupá-lo. Duas maratonas em dois dias parecia bom. Me senti bem no dia seguinte, então tentei uma terceira vez. Há uma teoria que diz que a terceira vez que você faz algo exigente é a mais difícil, já que você já superou a sensação de realização, e a novidade já passou como no terceiro dia após parar de fumar. Minha terceira corrida foi muito difícil por essas razões e provavelmente porque eu estava destruído. Não corri no dia seguinte, mas no dia depois sim e no outro também. Quando terminei, tinha feito cinco maratonas em uma semana. Fiquei muito surpreendido comigo mesmo e foi como um grande feito, mais ainda quando olhei para trás e percebi o que tinha feito, mas eu estava correndo tanto naquela época que não liguei muito.

Dali em diante mantive minhas corridas entre 16 e 22 quilômetros, mas eu percorria a distância da maratona às vezes quando conseguia. Mantive esse ritmo por um ano mais ou menos e então caí num padrão em que em alguns meses corria mais, em outros, menos. Por fim, acabei com uma média de 56 quilômetros por semana, alguns dias 12 quilômetros, outros, 14. E agora, se por algum motivo eu fico mais de dois dias sem correr, não gosto nem um pouco.

Em Los Angeles naquela época, um dia acordei com a notícia da morte de Michael Jackson. Eu estava hospedado na cidade e, quando tentei sair do hotel, não consegui deixar o prédio de tanta gente que tinha em Hollywood Boulevard. Um repórter me reconheceu e me parou para perguntar qual era minha faixa favorita de *Thriller*. Fiquei imaginando qual seria a melhor forma de responder e acabei decidindo dizer a verdade. Falei que não gostava de *Thriller*. Ele me olhou como se eu fosse louco ou estivesse brincando, ou como se fosse um cara muito mau, mas eu só estava sendo honesto. Sua morte foi trágica, mas claro que eu não gostava de *Thriller*, eu era dos Smiths.

O álbum do Cribs *Ignore the Ignorant* era ótimo, e entrou no top 10 das paradas na Inglaterra. "We Share the Same Skies", "City of Bugs" e "Cheat on Me" eram músicas que se destacavam. Excursionamos por 18 meses, fazendo shows frenéticos para multidões muito barulhentas. Havia quase a mesma quantidade de garotas e garotos nos shows do Cribs, e desde o momento em que subíamos no palco com um uivo de retorno, uma massa de corpos se juntava para celebrar e esquecia da escola e da faculdade por uma noite. Eu deixava os colegas irem na frente, Ryan balançando já que todo mundo tinha enlouquecido, e Ross começando o show em pé no banquinho da bateria enquanto batia nos pratos, e eu seguia Gary, que caminha no palco do jeito mais descolado do que qualquer outro. Eu plugava e começava o riff de "We Were Aborted" e daí era completo, som berrante de guitarra e o público cantando junto do início ao fim. The Cribs tocava no volume máximo e, no final, Ryan ficava deitado no palco, a cabeça girando, enquanto Gary arranhava seu baixo no amplificador e Ross chutava a bateria de cima do suporte. Eu fazia os barulhos mais altos e estranhos que conseguisse para acompanhar o caos e era um massacre; todos ficavam acabados.

Terminei meus shows com o Cribs em 2010 depois dos festivais de verão. Foi uma época boa, e o sol até saiu em Glastonbury. O último show que fizemos juntos foi no Reading Festival, que era um lugar adequado para terminar, pois completava o ciclo no palco onde eu tinha feito minha primeira apresentação oficial com o The Cribs. Algo interessante sobre as bandas com as quais toquei é que nos tornamos amigos bem próximos. Eu não poderia ter viajado para toda parte, dormindo em beliches e esperado em aeroportos e locais de shows o dia todo se não tivesse sido daquele jeito, e assim foi com The Cribs. Foi ótimo ter feito parte da banda, e me manteve conectado ao significado de estar em uma banda. Excursionamos por dois anos e gravamos um álbum, e quando a banda estava planejando tirar um tempo de folga eu, como de costume, comecei a pensar em fazer algo diferente na sequência.

A Maratona de Nova York é a mais renomada. Angie tinha me inscrito sem me falar, e então me vi em pé em Staten Island às 6h da manhã num frio congelante com outros 50 mil corredores, esperando para cruzar a largada. Quando você começa uma maratona, sente que está envolvido em algo histórico, e é estranho e uma premissa esquisita ter que explorar um sentimento de concentração solitária enquanto cercado por muitas pessoas, todas se sentindo da mesma forma, sem falar nos 42 quilômetros à frente. Foi um bom dia para correr, céu azul e sol brilhando. Estava feliz por já ter percorrido aquela distância antes, e fiquei pensando em todas as pontes e absorvendo as vistas. Como a maioria das pessoas, eu amo Nova York, e correr livre pelas ruas em todos os distritos sem dúvida é a melhor maneira de ver a cidade. Ao que mais tive que me adaptar foi a multidão. Comecei a correr sozinho, e a natureza solitária disso era um dos principais motivos de gostar da coisa. Mas ver todo mundo torcendo e os rostos sorridentes faz você sentir a festividade do evento, é como uma celebração da cidade assim como do espírito humano. A diversidade de dezenas de milhares de pessoas com quem você está correndo a Maratona de Nova York é extraordinária. Há pessoas do mundo todo e de todo tipo de vida, e quando todas lutam juntas nesse sério teste de resistência, você compreende que é parte da raça humana. Meu objetivo era apenas tentar curtir e terminar antes de 4 horas, e completei em 3 horas e 54 minutos, o que achei bom. Ao final, eu estava exausto, como era de se esperar, e ao terminar no Central Park tinha esquecido como o lugar é acidentado, mas são esses tipos de experiência que fazem você compreender que às vezes pode, sim, superar seus limites. De verdade, senti que tinha passado por algo grandioso e iria fazer de novo.

A ORIGEM

Angie e eu fomos ao cinema uma noite em Manchester. Estávamos assistindo aos trailers quando Angie se inclinou e disse: "Tem um filme novo de Christopher Nolan saindo que parece bem legal". Passaram mais dois trailers e então veio o do novo filme chamado *A Origem*, com Leonardo DiCaprio. "É esse aí", ela disse, "dá uma olhada". Assisti e gostei da música e notei que tinha sido composta por Hans Zimmer. Quando voltamos do cinema, fazia apenas cinco minutos que estávamos em casa e o telefone tocou.

— Olá, é Johnny Marr? — disse a voz. — Aqui é Hans Zimmer.

Eu nunca tinha encontrado ou falado com Hans Zimmer antes, mas ele tinha meu número e me disse que queria que eu trabalhasse em um filme que ele estava fazendo. Hans tinha composto a trilha sonora e queria "alguém como Johnny Marr" para tocar nela, mas compreendeu que tinha que me encontrar e me convencer a tocar. Perguntei qual filme era, e ele me disse que era o novo filme do Christopher Nolan, *A Origem*, então contei a ele sobre o trailer e ele explicou que usaram uma música diferente, pois a trilha sonora não tinha sido concluída. Foi uma coincidência muito esquisita, muito para a minha cabeça, mas nossa conversa foi ótima, Hans era encantador e a ideia de fazer algo com ele no filme era boa demais para perder. Ouvi falar do trabalho de Hans Zimmer pela primeira vez no filme *Amor à queima-roupa* e depois me tornei um grande fã da trilha sonora de *Além da linha vermelha*. Eu mesmo tinha acabado de fazer a trilha para o filme *Morte por encomenda*, estrelado por Antonio Banderas, que tinha sido uma boa experiência, mas trabalhar agora em um filme com Hans Zimmer era algo diferente.

Fui para Santa Mônica para encontrar Hans e Christopher Nolan e vi o filme pela primeira vez. *A Origem* era uma história conceitual sobre o potencial da mente humana e o mundo do subconsciente, em que o personagem principal rouba segredos e busca rendição invadindo os sonhos das pessoas. Achei o filme excelente: era algo novo e inteligente. Totalmente original. E a trilha de Hans era emotiva e bonita. Guitarras geralmente não aparecem em trilhas sonoras de filmes de Hollywood, mas consegui me ouvir nela assim que assisti ao filme. Hans e Christopher me deram liberdade para tentar coisas diferentes, e fiquei livre para abordar o filme da forma que quisesse.

Trabalhar em um filme é completamente diferente de compor canções. Uma canção exige um esforço subjetivo e você trabalha para atingir seus próprios critérios, quaisquer que sejam. A música para um filme tem que expressar algum aspecto da emoção que está acontecendo na tela, e emoção não necessariamente significa "sentimental". Uma cena pode ter várias emoções diferentes — tensão, medo, sensualidade, alegria — e enquanto você está assistindo a um filme e absorto no que está acontecendo, a música pode ajudar a explorar todo tipo de sentimento. Ela pode conferir à história outra dimensão e mais complexidade.

Trabalhei longos dias e noites em *A Origem*, imerso na emoção do filme enquanto eu tocava. É curioso, mas há artistas que, quando você ouve a música ou vê a pintura deles, têm uma qualidade em seu trabalho que faz você se conectar com eles e então pressupõe que vão se entender. Isso aconteceu comigo e Hans Zimmer. Ele era a pessoa que pensei que fosse quando ouvi sua música. Nós nos entendemos, e o que fizemos juntos se tornou uma parte muito importante da minha vida musical.

Na noite de lançamento de *A Origem*, toquei a trilha com Hans e a orquestra em um concerto especial em Hollywood. Executar uma música tão dramática, com alguns dos melhores músicos do mundo na orquestra atrás de mim, foi um dos pontos altos da minha vida, e depois, quando o filme ficou pronto e *A Origem* estava em primeiro lugar nas bilheterias, me ocorreu que eu não teria sido capaz de fazer isso quando era mais jovem. Eu não tinha a habilidade técnica ou o foco mental para realizar essa tarefa naquela época. Às vezes não há mesmo nada que substitua a experiência.

CIDADÃO INDIVIDUAL

Minha atividade com o Modest Mouse e o The Cribs por cinco anos me colocou no palco mais do que estivera antes, e meu mundo virou o espaço entre mim e meu amplificador. Estava viajando tanto que eu tinha que gostar ou não conseguiria fazer tudo funcionar física ou mentalmente. Quando você é jovem e começa a excursionar, as viagens constantes e o estilo de vida têm um impacto, e a saúde, a vida caseira e os relacionamentos entre os membros da banda são afetados pelo esgotamento físico, pelas ressacas e pela vida em uma bolha. Me adaptei aos anos de turnê quando fiquei mais velho estando o mais em forma que podia e usando as viagens e a atividade para me energizar, especialmente nas cidades. Comecei a conhecer mais os lugares a que eu ia, mais do que em qualquer momento antes na minha vida, e tinha a disposição e a mentalidade para tirar o máximo proveito disso.

Naquelas turnês, tive muitas ideias para letra e música. Algumas foram parar em discos e outras reuni em um caderno. Depois de um tempo, comecei a imaginar um disco com inspirações do que vi nas cidades e pela observação das pessoas e da cultura. Musicalmente, estava mais interessado em riffs incisivos que não eram diferentes do que eu estava fazendo nas bandas em que estava antes dos Smiths e continuei escrevendo letras e títulos com a sensação de que virariam algo.

Comecei a trabalhar no estúdio em horas incomuns, por volta das 5h ou 6h da manhã. Meus hábitos de sono sempre foram não convencionais, e os anos anteriores de turnês tinham me deixado em um estado perpétuo, mas útil de jet lag. Uma manhã, na volta para casa após ter levado Sonny para a escola, eu estava pensando em como o primeiro-ministro britânico, David Cameron, tinha dito na mídia que era fã dos Smiths. Pensei em como era estranho ele ter mencionado os Smiths casualmente, já que todo mundo que era fã da banda sabia que éramos contra tudo que ele e o Partido Conservador representavam. Não comprei a ideia de que ele era fã, mas, se queria dizer que gostava dos Smiths, o que eu podia fazer sobre isso?

Meu amigo que cuida da minha mídia social vinha tentando me coagir a usar o Twitter por algum tempo a fim de me engajar mais com as pessoas e informá-las sobre o que eu estava fazendo. Considerei o Twitter no mínimo divertido e sempre que o usava eu era o mais surreal e frívolo possível. Sem pensar muito sobre isso, peguei meu celular e digitei "David Cameron, pare de falar que gosta dos Smiths. Não, você não gosta. Te proíbo de gostar". Satisfeito por fazer meu protesto, fui tirar um cochilo.

Duas horas depois, o telefone tocou e fui acordado por Joe. Ele não entendeu que eu estava dormindo e disse de sua maneira esnobe de costume "O que você espera que eu faça com todos os pedidos que tô recebendo? Você quer que eu dê andamento a algum?". Eu não sabia do que ele estava falando, e perguntei o que queria dizer. "A história do Cameron", ele disse, "o lance do Twitter, tá uma loucura". Enquanto dormi, o tuíte que postei explodiu. Estava sendo retuitado por milhares de pessoas e tinha sido detectado pela mídia no mundo todo. Saí da cama e vi que meu telefone estava cheio de mensagens. Havia e-mails da relação pública me pedindo para dar entrevistas para todo mundo, da BBC News ao *New York Times*. Quando tinha ido dormir tinha por volta de 10 mil seguidores; quando acordei tinha 30 mil.

Fiquei completamente desconcertado, mas também era muito engraçado. A ideia de qualquer um "proibir" outro de gostar de algo era muito divertida para mim, mas gostei da oportunidade de forçar David Cameron a fazer uma declaração sobre os Smiths. Ele tinha tentado cooptar a banda e parecer confiável pela associação, e pela mídia social fui capaz de responder do meu jeito. Muitos fãs que não gostavam do primeiro-ministro tinham ficado genuinamente enojados por ele se associar à banda, e a reação geral ao que eu tinha feito foi extremamente hilária e alegre.

Deixei rolar por um tempo, e foi interessante testemunhar alguns dos aspectos mais decepcionantes de nossa sociedade que aparecem na mídia social e ver como as pessoas adoram ser agressivas. Teve a reação inevitável de uns tipos mordazes que estavam ávidos para descarregar e dizer coisas como "Desde quando Johnny Marr tem o direito de proibir alguém de gostar de sua música?". E melhor ainda: "Aposto que Johnny Marr não devolveria as dez libras que o Sr. Cameron gastou comprando *The Queen Is Dead*". Fiquei impressionado. Alguém que não viu humor nenhum na situação, independentemente do aspecto político, tinha que ser meio estúpido, e qualquer um que tenha pensado seriamente que David Cameron tinha comprado *The Queen Is Dead* devia ser muito idiota também. A única coisa a fazer era se divertir um pouco. Sonny e eu passávamos o trajeto todo para a escola todos os dias pensando no que eu poderia dizer. Ficávamos parados no trânsito, criando tuítes e rindo histericamente. Eu inventava algo e então dizia: "Não... não... não posso dizer isso. Algumas pessoas vão se ofender", e ela acrescentava algo que deixava ainda mais engraçado e então me desafiava a postar: "Senhor, por favor me perdoe por ter tirado sarro do governo. Eles são muito legais e muito gentis com as pessoas pobres e os estudantes. Amém". Minutos depois que recebia uma enxurrada de insultos de moralistas sem senso de humor me acusando de ser um rock star socialista pagão, e nós respondíamos "Ó, e seus fãs também têm um senso de humor maravilhoso. Obrigado... Amém".

A história com David Cameron atraiu cada vez mais o interesse da imprensa nas semanas seguintes ao ponto de o Sr. Cameron em pessoa ser chamado para comentar o assunto durante a sessão de Perguntas ao Primeiro-Ministro na Câmara dos Comuns. A parlamentar do Partido Trabalhista Kerry McCarthy se levantou e disse que o Sr. Cameron devia estar chateado por ter sido proibido de gostar dos Smiths e então acrescentou "Os Smiths são, claro, a arquetípica banda de estudantes. Se ele vencer a votação de amanhã à noite, quais músicas ele acha que os estudantes estarão ouvindo? 'Miserable Lie', 'I Don't Owe You Anything' ou 'Heaven Knows I'm Miserable Now'?". O Sr. Cameron aproveitou a oportunidade para mostrar suas credenciais de verdadeiro indie: "Acredito que se eu aparecer não vão tocar 'This Charming Man'". Essa foi boa. Foi tudo muito divertido e pensei que era totalmente bizarro.

A votação a que Kerry McCarthy estava se referindo em sua pergunta ao primeiro-ministro era a proposta de aumentar as taxas anuais nas universidades de 3.290 para 9 mil libras, mesmo tendo prometido não fazer isso na campanha eleitoral. A coalizão voltou atrás naquela promessa, e isso levou os alunos às ruas para protestar em todo o país. Estudantes britânicos tinham sido traídos pelo vice-primeiro-ministro e líder dos liberais democratas, Nick Clegg, e seu futuro estava em perigo, já que enfrentavam mais cortes na educação e uma devastadora dívida a longo prazo. Cinquenta mil pessoas protestaram pelas ruas de Londres, e fiquei orgulhoso em ver os estudantes tomarem uma posição e chamarem os políticos para prestar contas por suas promessas quebradas. É algo raro e os achei muito respeitáveis. A situação chegou a um ponto crítico no dia em que a lei foi aprovada, quando a polícia reprimiu os estudantes usando uma tática chamada "chaleira", em que se encurrala as pessoas dentro de uma área confinada e as mantém lá contra sua vontade por horas no frio. Os estudantes mantiveram suas convicções bravamente.

No dia seguinte ao protesto da Parliament Square, me mandaram uma foto de uma manifestante que estava confrontando a polícia usando uma camiseta dos Smiths. Olhei para a foto e levei alguns segundos para compreender o que estava vendo. Uma moça em total rebeldia, encarando uma força muito mais poderosa do que ela, mas que parecia mais fraca por causa da convicção e da crença dela no que era certo. Era incrível. Olhei para a foto de novo, a postura dela, o Parlamento. Primeiro pensei que a imagem tivesse sido tratada, mas era muito real. O significado de ela estar usando uma camiseta dos Smiths me causou grande impacto. Me ocorreu que, além da música que criamos, aquela imagem poderia ser o mais poderoso testamento do legado dos Smiths. Vi o Parlamento atrás da garota na camiseta dos Smiths e compreendi que a música pop não fica muito mais poderosa do que isso. O fato de que o grupo que iniciei ao bater em uma porta acabaria sendo tão simbólico era espantoso. A única outra pessoa que eu sabia que compreenderia isso da mesma forma era Morrissey, e então mandei a foto a ele por e-mail. Fazia tempo que não havia nenhum contato entre nós, mas fazia sentido para mim e pensei que era uma oportunidade adequada para um gesto simpático. Recebi a resposta em poucos minutos. Ele não tinha visto a foto e estava tão surpreso e impressionado quanto eu. Nossa comunicação continuou por um ou dois dias, alguns comentários concisos de um lado para o outro, e apesar de eu sentir que tinha criado um momento de amizade, em algum nível percebi que um ar de insatisfação e descrédito permanecia entre a gente. Era uma pena.

Continuei trabalhando todo dia e as músicas começaram a jorrar. Bem rápido senti que tinha um bom álbum, embora não tivesse certeza de como iria apresentá-lo exatamente. Sabia que não queria entrar na banda de outra pessoa e pensei que a música tinha que ser enérgica e soar boa no caminho para a escola ou o trabalho. Agora que minha base era a Inglaterra de novo, senti que estava me reconectando com minhas raízes musicais e com os valores das bandas que eu gostava quando estava começando. Queria duas guitarras com bateria nas alturas e letras que refletissem o que eu via que estava acontecendo à minha volta – algo que pensei como "música para fora". Parecia que muita música no rock de repente tinha ficado séria demais e preocupada ao extremo em expressar uma turbulência interna, algum mal-estar pessoal que todos compartilhávamos – como se toda música moderna tivesse que ser sobre derrotar a adversidade enquanto todos nos unimos em um campo de batalha. O que era essa angústia comunitária sobre a qual todo mundo estava cantando? Pensei que seria legal fazer algo que falasse de outros elementos: cidades, meio ambiente, sociedade, outras pessoas.

Tive uma ideia sobre a forma como fazemos da tecnologia um fetiche e escrevi uma música sobre um homem que ganha na loteria e troca sua esposa por um equipamento cardíaco com o qual mantém uma relação amorosa. Outra música, chamada "Say Demesne", foi inspirada por uma rua em Manchester onde prostitutas adolescentes trabalham; e a partir de um programa de TV que vi nos Estados Unidos sobre crianças que fizeram uma cirurgia para ajudá-las a ficarem mais famosas fiz uma música chamada "Sun and Moon". Poucas semanas depois de iniciado esse processo, meu coprodutor, James Doviak, disse: "Isso é um disco solo, certo?". Eu não tinha a resposta. Eu havia pressuposto que o lançaria sob o nome The Healers e foi só quando Doviak sugeriu isso que pensei em usar meu próprio nome. Convivi com essa ideia por duas semanas e fazia sentido. Quando chegou a hora de encontrar outros membros para a banda, encorajei Doviak a tocar a segunda guitarra e os teclados e convidei Iwan Gronow e Jack Mitchell, que eu havia produzido quando eles estavam no Haven, para tocarem baixo e bateria. Jack e Iwan não apenas eram amigos, mas a melhor sessão rítmica que eu conhecia, e eu estava feliz que minha banda não era só eu e umas mãos contratadas.

O álbum foi gravado em Manchester, Nova York e Berlim, e a foto da capa foi tirada pelo meu amigo Mat Bancroft quando estávamos andando sob uma ponte quando o sol surgiu. Mat sacou sua câmera e disse "Faça algo que mostre como se sente sobre sua vida agora".

Pensei na pergunta e comecei a caminhar como se estivesse em uma corda bamba, tentando me equilibrar. Mat tirou a foto e disse "Vai ser a capa do álbum".

Chamei o álbum de *The Messenger*, mas dois dias antes de entregá-lo à gravadora decidi que faltava algo. Eu estava feliz por ele ser barulhento e tinha "música para fora", mas sentia que precisava de algo pessoal meu. Criei uma melodia na guitarra, chamei a banda e terminamos a música em um dia, o que me deixou com um dia para escrever a letra e cantá-la. Ouvi a música e a sensação me fez pensar no dia em que decidi sair da escola e dar uma volta na cidade com Angie, sonhando em ter uma banda. Um dia quando imaginei que meu futuro estava lá para mim, se eu estivesse preparado para ir atrás dele e fazer o que tivesse que ser feito. Eu estava trabalhando naquele sentimento, e então compreendi que poderia cantar a história daquele dia: *Left home a mystery, leave school for poetry.*[20] Cantei e pedi a Sonny para fazer o backing vocal, pois ela já tinha feito para outras músicas no álbum. Criei uma boa dimensão para a música e quando a estávamos mixando, Nile apareceu e sugeriu a parte final da guitarra para a sessão instrumental. Pensei que ele poderia tocá-la e o que ele fez ficou perfeito. "New Town Velocity" entrou no álbum e se tornou a faixa favorita de muitas pessoas.

Você pode ter várias considerações quando está gravando um disco: ele é tão bom quanto o anterior? Deveria soar diferente dos outros? As pessoas vão gostar dele? E por aí vai. Faz sentido ter algumas ideias sobre o que você quer conquistar, e pessoas diferentes têm motivações distintas. Fiz meu disco solo de forma muito deliberada, com apenas algumas considerações, e ignorei todo o resto. A primeira era que eu queria compor canções que fossem interessantes para serem tocadas ao vivo. Isso significava que qualquer ideia que tivéssemos no estúdio que não pudéssemos recriar os quatro tocando ao vivo seria descartada. Gravei

20 "Deixei em casa um mistério, sair da escola em busca de poesia." Trecho da letra da música "New Town Velocity". (N.T.)

discos com muitas bandas diferentes ao longo dos anos e tinha começado a gostar de excursionar e viajar cada vez mais com o passar do tempo. Realmente passei a valorizar a experiência de tocar ao vivo mais tarde na minha carreira, o que era algo bom, e o que eu fazia ao vivo se tornou mais prioritário. Eu gosto do ato físico de estar no palco. Isso o recarrega ao mesmo tempo que o esgota, e é algo poderoso estar rodeado pelo volume da música. E quando acaba e estou sentado no ônibus, fico mudo e observo a animação pós-show de todo mundo e me sinto bastante sereno. Outra coisa que eu queria para meu disco solo era que os fãs gostassem dele, o que pode parecer bastante óbvio, mas você pode fazer um esforço criativo com a intenção de desafiar as expectativas e querer se desvencilhar daquilo que o tornou conhecido, e isso é algo que fiz muito. Sempre acreditei que é prerrogativa de qualquer artista não fazer tudo sempre igual e experimentar tudo que quiser, mas se você continua com essa atitude quando fica mais velho ao ponto de deixar de fazer o que faz melhor, então está ignorando a sorte e precisa parar. Decidi que, se minhas canções saíssem naturalmente como eu e parecessem legais, estava tudo bem. Deixaria o público decidir.

Quando finalmente virei um artista solo, já tinha um público. É extremamente gratificante encontrar tantas pessoas que ficaram comigo durante tudo de diferente que fiz, e é incrível saber que há pessoas que cresceram com você. Alguns entre meu público estavam na escola quando me ouviram pela primeira vez nos Smiths, e a música que fiz ao longo dos anos tem sido uma trilha sonora para a vida delas. Meu público ama *guitar music*, eles sabem o que eu faço e estão contentes que eu ainda esteja fazendo isso. Havia muitas pessoas jovens nos meus shows também que tinham conhecido os Smiths depois que nos separamos e que tinham sido apresentadas a mim pelo The Cribs e o Modest Mouse. Tudo contribuiu para uma boa mistura de gente.

Assim que comecei a fazer shows com a minha banda, levamos a coisa muito a sério e queríamos ser a melhor banda ao vivo que existia. Considerei uma boa ambição. Liderar um quarteto new wave com uma guitarra era natural e não muito diferente do que havia feito na minha adolescência. Cantar com o Modest Mouse e o The Cribs tinha sido uma boa prática, e eu sabia como queria que a banda soasse. Tem tanta mitologia envolvendo cantar, o mito mais comum é o de que uma música só é autêntica se ela for entregue com a máxima emoção e sinceridade. Não ouço nenhum histrionismo no The Velvet Underground ou qualquer cantar macio no Buzzcocks, e os cantores e cantoras que me inspiraram – Ray Davies, Patti Smith, Debbie Harry, Eric Burdon – não seguem nada disso; são descolados.

Meus shows foram estimulantes desde o começo. O álbum foi um sucesso e eu e minha banda tocamos as novidades e minhas favoritas do passado também. Todas as músicas solo funcionaram ao vivo, o que significava que, quando tinha que tocar músicas dos Smiths ou do Electronic, eu sentia que tinha representado bem minha atual direção, e tocar as canções antigas se tornou uma celebração e deu ao público algo que eles conheciam e amavam. Sempre me perguntavam se tocar músicas dos Smiths era algo muito emotivo ou catártico para mim, mas isso vale tanto para o público quanto para mim. Quando toco "There Is a Light That Never Goes Out" ou "Please, Please, Please, Let Me Get What I Want" estou oferecendo às pessoas algo que elas adoram. É sobre o poder da música e o que ela significa na vida das pessoas. Algumas pessoas inevitavelmente comparavam como eu e Morrissey tocávamos as músicas, o que é tão redundante quanto absurdo. Não imagino qual seria a reação das pessoas se eu pegasse o microfone durante um dos meus shows e fizesse uma interpretação como Morrissey. Não seria nem engraçado. Não faço ideia do que seria.

Depois que passei a gostar de excursionar, quis rodar o mundo o máximo que pudesse e por um tempo não parei. Fomos aos Estados Unidos algumas vezes, Austrália, Japão, assim como todo o Reino Unido e repetimos. Em 2013, voltei a tocar em Glastonbury. Já tinha voltado antes com o Modest Mouse e o The Cribs, mas, por algum motivo, naquele ano pareceu um retorno de verdade. O tempo estava ótimo, as pessoas conheciam as músicas, e quando toquei as antigas, não houve nenhuma invasão no palco, apenas muitas pessoas sentadas nos ombros de outras, cantando junto com lágrimas nos olhos. Nessa época, eu tinha meu próprio ônibus de excursão, embora encarasse numa boa aparecer na velha Mercedes branca.

Viajar e trabalhar tanto me inspirou que, antes de terminar de excursionar com *The Messenger*, já estava compondo outro álbum, chamado *Playland*. Eu compunha músicas na estrada e depois as gravava entre um show e outro. Em Londres, gravei em um estúdio à beira do rio. Tinha registrado uma faixa instrumental que eu gostava, mas não tinha a letra. Era tarde da noite e fui fazer uma caminhada. No labirinto de concreto e vidro, cruzei com uns bêbados desagradáveis da área financeira da cidade tirando dinheiro em um caixa eletrônico, sem nem reparar em um casal congelando no chão enrolados em um cobertor. Depois de desviar de algumas de suas brincadeiras idiotas, fui caminhando e imaginei um cenário onde um deles acordaria e se veria como sem-teto, tendo simplesmente sonhado que tinha aquele outro status. Voltei ao estúdio com a música "Speak Out, Reach Out" pronta: *Sophisticated minds, you are your country, situated in a line in my city, reach out to get what you want 'cos all you've got is all that is.*[21] Joe me encorajou a insistir nas minhas preocupações com letras: ele gostava de como eu tinha me inspirado nos poetas *beats* e pensou que eu estava bem animado com as novidades. O título *Playland* veio de um livro chamado *Homo Ludens*, do escritor holandês Johan Huizinga, sobre o papel do jogo e da criatividade na sociedade, que casei com minhas lembranças de uma galeria detonada com o mesmo nome que havia em Piccadilly Garden nos anos 1970. Quando foi lançado, Playland se tornou meu segundo disco solo no top 10, e o primeiro single, "Easy Money", acabou sendo uma das canções mais bem-sucedidas que lancei.

21 "Mentes sofisticadas, vocês são seu país, situado em uma linha em minha cidade, estiquem a mão e peguem o que quiserem, pois o que vocês têm é tudo o que há." (N.T.)

Lançar-me em carreira solo significava dar um monte de entrevistas, e foi interessante ver o quanto sou considerado um artista político. Em partes, isso se deve à posição tomada pelos Smiths, mas também ao fato de que parece haver bem poucos músicos hoje em dia que têm interesse em expressar suas opiniões políticas e preocupações sociais. Venho de uma geração da qual se espera que os músicos comentem os problemas na sociedade e a forma com que as instituições operam. Minha entrada na vida adulta na Grã-Bretanha da era Thatcher e a observação dos eventos subsequentes só fortaleceram minha crença de que os poderosos sempre agem em favor dos privilegiados e sempre vão tratar os menos afortunados na sociedade como inferiores a fim de manter a desigualdade. Não é que vou subir em um palanque. Quando identificam que você possui certos ideais políticos, assume-se que, em alguns lugares, você sempre vai procurar fazer críticas, mas se vem da classe trabalhadora e lhe perguntam sobre desigualdade, você tende a ter uma opinião. Também considero como uma prerrogativa do artista zombar das instituições. Se não for assim, de que adianta?

Nas entrevistas, é difícil evitar ser repetitivo quando fazem as mesmas perguntas o tempo todo. No meu caso, o que é certeza que vou ouvir é "Os Smiths vão voltar?". Cocei a cabeça por 30 anos com essa pergunta, e às vezes até me diverti com ela. É bizarro que um entrevistador possa de fato pensar que a resposta seja: "Ah, sim, acabamos de decidir retomar a banda hoje de manhã. Vou contar a vocês sobre isso". Outro detalhe sobre essa pergunta é que me faz pressupor que a pessoa perguntando nunca viu nenhuma das minhas entrevistas, porque, do contrário, teria me visto responder a essa pergunta de toda forma possível. Tentei evitar soar duro dizendo "Nem pensar! Só por cima do meu cadáver!", porque, se eu fizesse isso, a manchete seria "Marr diz que prefere morrer a reunir os Smiths". E se eu escolher dizer "Bem, nunca se sabe, gostaria de encontrar os caras", então sei que, por um mês, estaria por todos os lugares "Marr diz que Smiths podem voltar", o que é pior. O que a maioria dos outros artistas faz é pedir a alguém para informar os jornalistas que "Não são permitidas perguntas sobre os Smiths", mas assim fica parecendo que você tem um grande problema e não consegue falar do passado. Não dá para ganhar. Antes isso me frustrava, mas agora não mais. Só tento torcer para que o jornalista seja um pouco antenado e tome cuidado o bastante para não fazer uma pergunta tão previsível, mas, se não tomar, pelo menos hoje em dia dá pra dizer "procura no Google", o que pode ajudar.

Prêmios são uma coisa engraçada. Você espera 30 anos para receber um, e então vem um monte de uma vez, ou algo assim. Nunca recebi um prêmio quando estava nos Smiths, mas, quando lancei *The Messenger* e *Playland*, de repente fui agraciado com vários deles. Tinha ido a várias cerimônias no passado e ficava feliz em entregar um prêmio para outros músicos, pois sempre era bem-merecido e significava um encontro divertido com pessoas que eu pouco via. Eu mesmo não desejava receber prêmios nem precisava deles para minha autovalorização ou validação, porque consigo isso só com o que faço. O que acho interessante sobre prêmios dados a músicos, ao contrário de atores ou outras pessoas da televisão, é que músicos geralmente estão cagando para eles, porque a cultura do rock é construída sobre a ideia de rebeldia. Na indústria da televisão e de filmes, é diferente, porque ganhar um prêmio é tido como um elogio e um sinal de qualidade e sucesso. Quando em entrevistas me perguntam sobre prêmios, às vezes há um traço de cinismo, mas tudo o que sei é que quando estou em pé num lugar aplaudindo Pete Townshend ou Ray Davies por terem recebido um prêmio estou pensando "Valorizo o que você fez e estou feliz por estar aqui em sua honra", então, sempre que recebi prêmios, encarei da mesma forma e fico genuinamente honrado por olhar em volta e ver uma sala cheia de pessoas que respeito felizes por mim e desejando que eu saiba disso.

A premiação suprema é o Oscar. *A Origem* estava concorrendo a quatro estatuetas, e fiquei feliz por todo mundo que estava envolvido no filme. Eu tinha sido avisado que o Oscar seria terrivelmente enfadonho, mas achei muito divertido. O lance do tapete vermelho é que se espera que você olhe para toda câmera e fale para todo microfone que é enfiado na sua cara sobre filmes que você não viu, para pessoas que não estão ouvindo e que, de repente, desaparecem assim que chega alguém mais famoso, o que acontece a cada minuto. Outro detalhe sobre o tapete vermelho é que é muito, muito longo, então decidi que passaria o tempo analisando cada figurino que visse. Foi legal. Maravilhoso, na verdade. Aqueles vestidos são mesmo impressionantes. Scarlett Johansson foi a vencedora, em um vestido de renda marrom Dolce & Gabbana.

Em 2007, me tornei professor de música popular pela Salford University, o que era algo que eu não previa, e o resultado é que eu teria de dar uma aula inaugural. Chamei a aula de "Uma visão sempre de fora: rebeldes e inovadores construindo sua própria arca", e era sobre se infiltrar na indústria da música. Examinei a ideia que algumas pessoas têm de que o negócio da música é um tipo específico de local físico mobiliado com grossos carpetes e iluminação sexy onde os sonhos automaticamente se realizam, e que você precisa da indicação especial de um membro para ser admitido. Eu propus a ideia de que quase todas as inovações na cultura pop foram promovidas por pessoas de fora sem experiência anterior, mas que possuíam visão e espírito rebelde, pessoas como Brian Epstein, Andrew Oldham, Malcolm McLaren, Joe Moss e Rob Bretton, que foram o ponto de entrada ou portal para uma carreira de sucesso para muitas bandas importantes. Dar uma aula foi outro salto para o desconhecido, mas as pessoas pareceram gostar, e embora tivesse dado muito trabalho, valeu a pena. Dois anos depois, recebi um diploma honorário de Doutor em Arte pela Salford University, que significa que sou tanto doutor quanto professor, embora ninguém ainda tenha me chamado nem de um nome nem de outro. Também me tornei patrono honorário da University Philosophical Society pela Trinity College Dublin, que achei o máximo já que tenho a companhia de William Yeats, Samuel Beckett e Helen Mirren.

Todas esses feitos são incríveis para alguém que é conhecido por tocar guitarra, e o mais impressionante de tudo foi ser convidado para uma audiência com Sua Santidade o Dalai Lama como um amigo oficial do Tibete, o que aconteceu depois que ajudei a organizar um evento para o Dalai Lama dois anos antes. Seus colaboradores souberam do meu apoio ao Movimento para a Independência do Tibete e que eu colocaria as bandeiras deles no meu amplificador. Fui levado a uma sala com Angie e algumas outras pessoas e o Dalai Lama nos agradeceu pelo nosso apoio. Foi uma experiência de bastante humildade e muito surreal, e ele não me perguntou se os Smiths iriam se reunir, o que achei legal demais.

Um dos privilégios de ter sua própria banda é que você convida as pessoas preferidas para tocar com você no palco. Eu mesmo fui convidado tantas vezes por outros músicos, então é legal poder retribuir e o público também gosta. Ronnie Wood, com quem eu sempre amo tocar, meu amigo Kevin Drew, do Broken Social Scene, Neil Finn, Robyn Hitchcock, Billy Duffy e Noel Gallagher todos tocaram em bises comigo. Bernard Sumner e eu reunimos o Electronic para uma noite quando ele tocou "Getting Away With It" comigo, e virou uma tradição Andy Rourke subir ao palco e tocar duas músicas dos Smiths comigo sempre que eu tocasse em Nova York. É sempre especial para nós. Há algo que acontece quando tocamos juntos que funciona exatamente do mesmo jeito que funcionava quando estávamos nos Smiths.

Meu filho, Nile, tocou comigo no palco e no disco. Ele e Sonny cresceram em meio a artistas e guitarras e ele aprendeu a tocar sozinho quando era jovem. Ele começou a fazer seus próprios shows solo e passou seus anos de adolescência tocando onde conseguisse e aprendendo a compor. Montou sua primeira banda depois que nos mudamos para Portland e se envolveu na cena do noroeste da costa do Pacífico antes de começar a lançar discos com sua banda, Man Made. Ele trabalha constantemente e vive entre Manchester e Portland, mas passa a maior parte do seu tempo viajando com sua banda em uma van. Sonny fez backing vocals em músicas como "European Me", "Dynamo", Upstarts" e "Easy Money". Ela mora em Londres, onde trabalha com editoração, e às vezes toca uma Fender Mustang vermelha Dakota. Sempre perguntam aos meus filhos como foi crescer em torno dos Smiths, mas eles nasceram muito depois que a banda tinha acabado. Eles aprenderam sobre os Smiths com o mundo exterior. Eu não falava muito disso para eles nem entrava nas velhas histórias de disputas, e eles também não pediam para ouvi-las. Todos estávamos ocupados com aquilo com o que estávamos envolvidos na época, e jovens não vivem no passado. Nile e Sonny cresceram em torno do Modest Mouse e The Cribs, e consideram essas bandas como parte da família. Eles ficam sabendo apenas o que querem saber sobre os Smiths; são de uma geração diferente e têm os próprios gostos e opiniões.

TARDE DEMAIS PARA PARAR

Quando chegamos a Manchester para a turnê de Playland, toquei no Apollo. Tinha sido um sonho de Joe que eu tocasse lá, já que ele sabia toda a minha história com o lugar quando era menino e porque nunca tínhamos tocado lá com os Smiths. Havia uma razão pessoal para Joe querer que eu tocasse no Apollo. Ele tinha sido diagnosticado com câncer e sabia que não tinha muito tempo. Nos vimos e conversamos muito quando soubemos da notícia. Ele foi categórico sobre a continuidade da turnê e ficou muito orgulhoso da forma como as coisas tinham acontecido para mim. Ele via o show no Apollo como minha volta para casa e me garantiu que estaria lá nem que fosse levado em uma urna.

No dia do show, Joe se casou com sua companheira de longa data, Sarah, e todos fomos no ônibus da excursão de manhã ver a cerimônia. Foi um lindo dia e, mais tarde, quando chegou a hora de tocar, caminhei até o Apollo para o show triunfante de regresso que Joe tinha desejado. Foi perfeito, ele conseguiu assistir e amou, e no final da noite todo o público cantou "There Is a Light That Never Goes Out" para ele e Sarah. Quando saí do palco, ele me abraçou e disse: "Muito bem, Johnny... nada mal para um garoto com uma guitarra na mão". Então me lembrei de algo que ele costumava falar quando começamos e disse a ele "Tarde demais para parar agora, Joe. Tarde demais para parar".

Joe lutou contra sua doença até a última noite da turnê *Playland*. Ele aguentou até que o último show terminasse. Continuou a ser meu empresário e cuidou de mim até morrer. A morte de Joe deixou um buraco na minha vida que nunca será preenchido. Ele era mais do que um empresário, ele era meu amigo e tinha um jeito tão específico de fazer tudo que conhecê-lo significava conhecer uma filosofia, e uma filosofia não morre.

"Nada mal para um garoto com uma guitarra na mão." Pensei muito sobre aquela frase. Quando conheci Joe e me apresentei como um "músico frustrado" foi porque era isso que eu era. Quando você é jovem e está começando, o que mais quer é ser ouvido e ter a oportunidade de fazer o que ama. Fama, dinheiro e status são sonhos, mas ser ouvido é o que você precisa. Você precisa disso porque trabalhou tentando ficar bom o bastante e tem que saber se está certo. Se conseguir ser ouvido e descobrir que está certo, você pode comunicar suas ideias e opiniões sobre tudo para as pessoas que você espera que as aceitem, pessoas como você mesmo, e isso é ser um artista. Cresci procurando uma forma de deixar o mundo mais interessante e mais compreensível e fui feliz o bastante para encontrar uma forma de fazer isso com algo que eu amava. Não quis dizer que a vida se tornou mais fácil ou menos incompreensível de uma hora para a outra, às vezes as coisas ficavam até mais difíceis, mas me deu uma direção e uma paixão e isso é tudo o que você precisa.

Houve um tempo na minha carreira em que se referiam a mim como "um artífice" ou "atirador de aluguel", como se entrar em bandas, tocar guitarra nos discos de outras pessoas e colaborar com meus artistas favoritos não fosse algo maravilhoso. Minhas escolhas sempre fizeram sentido para mim. Segui uma missão que, por sorte, me foi dada quando ainda era menino e minha natureza permaneceu sempre a mesma. Primeiro me tornei conhecido por estar em uma banda grande e isso era mais do que eu tinha sonhado. Dei duro para montá-la e torná-la bem-sucedida, e do tamanho que ficamos, os Smiths só podiam ter durado o quanto duraram por causa das diferenças entre minha personalidade e a de Morrissey. Entendo o apelo e a segurança de permanecer com o mesmo grupo por 40 anos, mas eu não podia nem imaginar fazer isso. Nunca foi meu destino ficar fazendo a mesma coisa para sempre. Sou bom em coordenar grupos e fiz isso desde menino, mas fui sempre eu mesmo e sempre precisei me sentir livre. Queria continuar melhorando e aprender todos os diferentes modos de criar música com uma guitarra, e a única forma de fazer isso que eu conhecia era ir a fundo nas situações independentemente de qual fosse, e depois seguir em frente. Tive o melhor emprego do mundo. Toquei com minhas bandas favoritas, com minhas pessoas favoritas, e meus heróis se tornaram meus amigos. Amo meu trabalho e sempre valorizei a sorte que ele me trouxe.

Nunca descobri por que me sentia tão atraído pela guitarra quando era criança e por que ela me acompanhou por toda minha vida. Ser guitarrista tem sido minha identidade, para o mundo exterior e para mim mesmo. Tem sido desse jeito desde que vi a primeira em uma vitrine quando era um menino de 5 anos, e não conheço uma vida diferente disso desde aquele momento.

Criar uma guitarra com meu nome foi uma completa obsessão. Assim que consegui um protótipo usei em toda situação para torná-lo o mais versátil possível. Trabalhei muito nela enquanto fazia constantes melhorias, e depois de tocar centenas de shows com ela, a trouxe para o estúdio e elevei o nível com orquestras para trilhas sonoras de filmes. Quando já estava finalizada, a Jaguar com minha assinatura tinha evoluído para o que considero ser a perfeição, e foi só então que a devolvi para a Fender para recriá-la tão fielmente que cada uma com meu nome é idêntica à minha.

Quando finalmente ficou disponível, a Fender Johnny Marr Jaguar recebeu o prêmio de Melhor Instrumento Internacional, e isso foi uma conquista de verdade.

De tudo que aconteceu na minha vida, não sei dizer do que tenho mais orgulho: as bandas de que fiz parte, encontrar o amor da minha vida, meus filhos, as músicas ou ter uma flor nomeada em minha homenagem.[22] Para um menino de Manchester com origens irlandesas e sua guitarra, foi muito bem. Acho que tenho mais orgulho do fato de que ainda faço o que sempre fiz e espero que sempre faça. Isso é algo do que se orgulhar — e ter uma guitarra nomeada em minha homenagem, pintada de branco, igual à que comprei na lojinha da Emily.

22 A ironia é que a planta nomeada em sua homenagem é carnívora, *Sarracenia Johnny Marr*. (N.T.)

Escrever este livro foi uma experiência interessante e agradável e que fiquei feliz de ter realizado. Gostaria de agradecer a todos na Century por fazê-lo acontecer e Susan Sandon por seu tempo e sua competência para ajudar a guiar o espírito poético. Agradeço também a Carrie Thornton e Graham Sim.

Quero agradecer também a Dave Cronen pelo gerenciamento e a Derek Fraser, Andy Booth e Pat Savage por toda a ajuda todos os dias, e a Mat Bancroft, Jane Arthy e Andy Prevezer e todos na Tibor Jones pelo ótimo trabalho e apoio.

Um agradecimento especial para minha família e para Bill e Mary Brown por todo o amor e a compreensão, e especialmente para Nile e Sonny por serem pessoas tão maravilhosas que me deixam orgulhoso. E aos amigos que estão comigo há tanto tempo e que tiveram um papel importante na minha história: Jon Savage, Fiona Skinner, John e Kathy Featherstone, Neil e Sharon, Andy Rourke, Zak, Liz Bonney e Lee Spencer, Christine Biller, Leslee Larson, David Palmer, James Hood, Guy Pratt e Mark Mahoney. Sabem que amo vocês. E obrigado aos meus companheiros de banda, James, Jack e Iwan, por serem os melhores.

Gostaria de aproveitar esta oportunidade para agradecer a todos os técnicos de guitarra e equipe de turnês que trabalharam comigo nesses anos todos, especialmente Bill Puplett por cuidar tão bem das minhas guitarras e por fazer um trabalho tão maravilhoso me ajudando a criar a Jaguar com a assinatura.

Por fim, gostaria de dizer obrigado a todas as pessoas que compraram os discos e foram aos shows, e que estão comigo por todas essas voltas e reviravoltas. Espero que tenham curtido tanto quanto eu.

Este livro foi composto em Aleo e impresso em pólen soft 80 g pela gráfica Pallotti, em maio de 2022.